国家社会科学基金一般项目
（批准号：12BKS007）

列宁社会主义宏观经济
管理思想及其当代价值研究

彭进清　著

中国社会科学出版社

图书在版编目（CIP）数据

列宁社会主义宏观经济管理思想及其当代价值研究／彭进清著 . —北京：
中国社会科学出版社，2016.10
ISBN 978 – 7 – 5161 – 9106 – 4

Ⅰ.①列…　Ⅱ.①彭…　Ⅲ.①列宁主义 – 社会主义经济 – 宏观经济管理 –
思想评论　Ⅳ.①A821.66

中国版本图书馆 CIP 数据核字（2016）第 252812 号

出 版 人	赵剑英
责任编辑	宫京蕾
责任校对	秦　婵
责任印制	李寡寡

出　　版	中国社会科学出版社
社　　址	北京鼓楼西大街甲 158 号
邮　　编	100720
网　　址	http：//www. csspw. cn
发 行 部	010 – 84083685
门 市 部	010 – 84029450
经　　销	新华书店及其他书店

印刷装订	北京市兴怀印刷厂
版　　次	2016 年 10 第 1 版
印　　次	2016 年 10 月第 1 次印刷

开　　本	710×1000　1/16
印　　张	13
插　　页	2
字　　数	191 千字
定　　价	52.00 元

凡购买中国社会科学出版社图书，如有质量问题请与本社营销中心联系调换
电话：010 – 84083683

目　　录

引　言

党的十八届三中全会明确提出全面推进国家治理体系和治理能力现代化，这既是对新时期中国共产党执政能力建设提出的新的目标与要求，更是摆在中国共产党面前的一项重大课题与宏大工程。在推进国家治理体系和治理能力现代化建设中，我们既要坚持兼容并蓄，海纳百川，不断学习国外好的东西，更要坚持自己的"独特逻辑"，有主张、有定力，始终以马克思列宁主义为指导，不忘老祖宗。这不仅是因为马克思列宁主义是我们党的立党之本，更是因为马克思列宁主义始终是我们党的治国理政之基。这正如习近平总书记所说，老祖宗的东西"一定不能丢，丢了就丧失了根本"[①]。

国家治理包括经济、政治、文化、社会、生态文明等方方面面，其中经济治理是国家治理的重要组成部分，其治理体系和治理能力现代化，是国家治理体系和治理能力现代化的主要标志与重要方面。关于无产阶级政党执政后如何治理国家经济问题，马克思、恩格斯囿于历史条件，虽然未能及其细目，但为我们提供了精神要义。列宁是把无产阶级政党带上执政舞台的第一人，他在这个舞台上，虽然时间不长，从十月革命胜利时算起，到他离世，仅仅 6 年多一点时间，但却对无产阶级执政党治理和发展国家经济问题进行了深入探索，形成了极为丰富的理论成果与历史经验。系统归纳、深入挖掘这些理论成果与历史经验，并从中寻求理论指导与现实启示，对当前我国推进国家治理体系和治理能力现代化，具有重大意义。

实际上，列宁主义思想体系中蕴含着丰富的国家经济治理思想，

---

① 《习近平谈治国理政》，外文出版社 2014 年版，第 9 页。

但却长期被人们所忽视。无论是苏俄列宁思想的早期继承者斯大林，还是列宁思想在中国的最早传播者瞿秋白，他们基本上都将列宁主义整体定位在"无产阶级革命尤其是无产阶级专政的理论和策略"上，忽视列宁主义思想体系中的国家经济建设与经济治理理论。毛泽东虽然曾说过"列宁还有关于社会主义建设的学说"①，但从中国革命的实际需要出发，他基本上也多是强调列宁的革命理论与革命策略，特别是阶级斗争、无产阶级专政和无产阶级政党等思想。总之，由于受传统认识的影响，人们误以为似乎在列宁主义那里只有无产阶级革命和专政的理论。

　　诚然，无产阶级革命和无产阶级专政理论的确在列宁主义思想体系中占有重要地位。然而，十月革命胜利后，对列宁来说，思考更多的是如何改变苏俄落后的经济文化现状，如何组织苏俄国家宏观经济建设与管理。围绕这一问题，经过实践中的反复探索，他提出了一系列宝贵的思想主张，如：要把党和国家工作重心从夺取政权、剥夺剥夺者转向经济建设；要加强对国家宏观经济的集中统一管理，建立"上面实行集中＋下面实行自由"的国家宏观经济管理体制；要坚决地实行有计划地调整生产，同时要重视并发挥商品货币关系与市场的作用；要加强国家宏观经济监督，构建国家宏观经济监督的组织体系与方法体系；要借助于伟大革命所产生的热情，并同个人利益结合；要保证党对经济工作实行坚定领导，提升布尔什维克党宏观经济管理能力；要为国家经济建设创造良好国际环境；等等。这些思想主张为无产阶级执政党科学组织管理国家宏观经济指明了方向。这些思想主张虽然散见于他十月革命前后写成的众多文章、著作和报告中，而不是由某几本专门的学术著作集中系统地呈现出来，但却是列宁对执政党组织管理国家宏观经济进行深入探索与思考的结果，具有深刻的理论性；这些思想主张是列宁立足于俄国落后的经济文化实际，从实际出发，大胆创新的结果，具有鲜明的实践性；这些思想主张是列宁为马克思主义所增添的最重要的新东西，是列宁主义思想体系中"最具

————————

① 《毛泽东选集》（第 5 卷），人民出版社 1977 年版，第 322 页。

历史意义和现实意义的内容"，是列宁主义思想体系的精华。深入研究这些思想主张，构建列宁社会主义宏观经济管理思想体系，有利于再现列宁思想的本来面目和本真内涵，正确认识和看待列宁主义；深入研究这些思想主张也是马克思主义理论研究和建设工程中的重要内容。

本书以马克思辩证唯物主义和历史唯物主义方法论为指导，综合运用文本分析法、归纳分析法、系统分析法、比较研究法，特别是历史与逻辑相统一方法等，分析研究了列宁社会主义宏观经济管理思想形成发展的历史背景与理论渊源，梳理了其发展演进的历史轨迹与主要阶段，并站在体系构建的高度，从社会主义经济建设的战略地位与执政党工作重心转移、社会主义宏观经济管理属性、社会主义宏观经济管理体制、社会主义宏观经济调节、社会主义宏观经济监督、社会主义宏观经济发展动力机制、争取经济建设的良好国际环境、提升布尔什维克宏观经济管理能力八个方面归纳分析了列宁社会主义宏观经济管理思想的主要内容。此外，本书还从马克思社会主义宏观经济管理理论在实践中的新发展、列宁主义思想体系不可或缺的重要组成部分、毛泽东邓小平等中国化马克思社会主义宏观经济管理理论的重要思想来源三个角度，分析了列宁社会主义宏观经济管理思想的历史地位，并联系当前我国宏观经济管理实际探讨了其当代价值，指出：以列宁社会主义宏观经济管理思想为指导，要求我们必须始终坚持经济建设的中心地位，绝不能因为其他方面的建设要求而丢掉这个中心，搞"两个中心"或者"新中心"；必须切实加强社会主义核心价值体系建设，在发挥利益驱动作用的同时绝不可忽视共同理想、民族精神对调动人民群众积极性、创造性和推动社会经济发展的巨大作用；必须妥善处理国际争端与纠纷，努力为经济发展争取良好国际环境；必须既要社会主义的计划，又要社会主义的市场，把计划与市场结合起来，不断完善社会主义市场经济制度；必须坚持实践发展永无止境，改革创新永无止境，坚持不懈地推进社会主义宏观经济管理改革等。

本着以创新研究为宗旨，本书提出并论证了一些新的学术观点。比如，在列宁社会主义宏观经济管理思想的逻辑起点及发展阶段划分的问题上，提出：不能把十月革命视为列宁社会主义宏观经济管理思想的逻辑起点，应将其起点追溯至 1917 年俄国二月革命胜利后，同时在对列宁社会主义宏观经济管理思想的发展进程进行阶段划分时，不能把列宁十月革命前的思想与十月革命后的最初时期的思想分隔开来，应把列宁 1918 年春和平喘息时期的思想、国内战争结束后至新经济政策前的思想、病重期间的思想等分别作为相对独立的阶段。再如，关于列宁从战时共产主义到新经济政策转变的原因，本书认为，经济与政治危机是其直接原因，但其背后的深层原因却是文化，战时共产主义以直接消灭资本主义为目的的激进制度变革，与苏俄革命后人民大众的思想文化觉悟严重脱节甚至不兼容、不协调，从而导致缺乏支持其运行的基本文化价值系统，这是列宁终结战时共产主义，改行新经济政策的深层次原因。还比如，本书认为：列宁晚年病重期间虽然提出把工作重心转到和平的"文化"组织工作上去，这并不是对早前"经济建设重心说"的偏离与否定，而是以化解俄国经济建设的文化困境为目标，从文化建设这个更高的层次、更宽的视野审视如何加强国家经济建设，是对"经济建设重心说"的进一步深化；列宁最后的书信与文章并不仅仅是其最后的权力斗争与政治遗嘱，而是他对社会主义经济建设与管理问题的深层次与广角度的思考，它以十月革命胜利后苏俄社会主义经济建设正反两方面经验总结为基础，系统回答了一系列关于社会主义经济建设与管理的深层次长远战略问题，它是列宁对自己毕生的实践创造和理论探索进行回溯后的思想结晶，是列宁社会主义经济建设与管理思想理论的制高点。此外，本书还指出：相对于马克思运用管理二重性原理揭示资本主义管理二重属性时强调其管理的阶级属性而言，列宁在运用管理二重性原理揭示社会主义宏观经济管理的二重属性时，更加强调管理在组织共同劳动与实现生产力方面的一般共同属性，这为社会主义者借鉴资本主义先进管理经验建设社会主义，奠定了理论基石；列宁的新经济政策并没有解决商品、货币、自由贸易、市场等与社会主义的关系问题，没有把社会主义与商品经济统一起来，没有提出社会主义商品经济思想；新经济政策时期，列宁的动力机制思想有些转向，强调同个人利益结合，但仍未忽视劳动群众的革命热情，那种关于列宁在新经济政策时期强调物质利益原则，否定人民群众革命热情作用的观点，是不符合列宁原意的，等等。当然，这些观点均是一家之言，敬请学界同人批评指正。

列宁社会主义宏观经济管理思想研究，是一个十分复杂的巨大工程。本书的研究仅是本人在这一领域研究里的一个初步开端，必定存在诸多不足与缺陷，期待学界同人与前辈批评完善。

第一章

列宁社会主义宏观经济
管理思想的形成与发展

第一节 列宁社会主义宏观经济管理
思想形成的历史背景

每一种划时代的思想体系，无不形成于特定的历史背景之下，列宁社会主义宏观经济管理思想的形成与发展也不例外。实际上，列宁社会主义宏观经济管理思想的形成与发展，是与当时"帝国主义和无产阶级阶级革命"的时代背景、俄国半文明半亚细亚国家的现实国情、十月革命后苏俄面临的风云变幻的国际国内形势及俄共（布）执政后面临的现实难题等紧密联系的。脱离这些历史背景，孤立地去理解列宁社会主义宏观经济管理思想，就等于把不能离开空气和水的生命放到真空中去观察一样，这样看到的往往不是它鲜活的一面、真实的一面，而是相反的一面。因此准确把握列宁社会主义宏观经济管理思想的科学内涵，必须首先全面了解其形成与发展的特殊历史背景。

一 帝国主义和无产阶级革命的时代背景

任何一种思想理论体系的形成与发展都离不开它所处的那个时代特定的时代背景。所谓时代，是指在社会发展方向、基本矛盾、国际关系基本特点及起决定作用的社会力量等方面，具有鲜明特点的社会发展的一定时期或一定阶段。1917 年，俄国十月革命取得胜利，列宁把马克思科学社会主义从理想憧憬拖进日常生活，并领导苏俄人民拉开社会主义建设大幕。这时的世界历史已经进入一个全新的时代：一方面是世界资本主义已跨入帝国主义阶段，垄断是帝国主义最深厚的经济基础与最本质的特征，它不仅没有从根本上消除资本主义社会固有矛盾，反而在更深刻的基础上积累了矛盾双方的能量，加剧了矛盾的对立性质，并使这一矛盾进一步外化至世界更大范围。整个世界范围内，不仅资本与劳动、无产阶级与资产阶级、帝国主义与广大殖民地人民之间的矛盾已激化至极点，而且帝国主义国家相互之间的矛盾也十分尖锐。总之，一句话，垄断使资本主义世界所固有的一切矛盾都尖锐化了。另一方面是全世界劳动人民争取自身解放与民族独立的革命运动汹涌如潮，单在亚洲和非洲就爆发了中国人民的"五四"运动、朝鲜人民的"三一"运动、印度的"非暴力不合作运动"、埃及的"华夫脱运动"及土耳其的"凯末尔革命"等。这些国家的人民为推翻本国资产阶级统治及帝国主义国家殖民压迫进行着不屈不挠的斗争。总之，十月革命胜利后，列宁领导苏俄人民进行的社会主义建设正是在"帝国主义和无产阶级阶级革命"这一时代大背景下进行的，列宁对社会主义宏观经济管理许多重大问题的思考与把握也正是从这一世界历史的大视野角度展开的。正如列宁自己说："只有在这个基础上，即首先考虑到各个'时代'的不同的基本特征（而不是个别国家的个别历史事件），我们才能够正确地制定自己的策略。"[①] 把握列宁社会主义宏观经济管理思想形成的时代特征，有助于我们正确理解列宁社会主义宏观经济管理思想的深刻内涵。

二 半文明半亚细亚国家的现实国情

1917 年十月革命取得胜利，此时的俄国，就其发展水平来看，既不是被马克思科学社会主义选作研究背景的西欧发达资本主义国家，也不是像亚细亚国家那样纯粹的前资本主义国家。用俄罗斯的大哲学家恰达耶夫的话说，它代表着"人类除了被称为西方和东方之外的第三个方向"[②]，用列宁自己的话说："俄国是个介于文明国家和初次被

---

① 《列宁全集》（第 26 卷），人民出版社 1988 年版，第 143 页。
② 刘文飞：《别样的风景》，人民文学出版社 2008 年版，第 287 页。

这场战争最终卷入文明之列的整个东方各国即欧洲以外各国之间的国家"①，即是一个介于文明西欧与落后东方之间的国家，其国情具有典型的二重性特点：

一方面它不同于落后的东方，它是一个半文明的国家。实际上，自 1861 年开始，沙皇亚历山大二世推行的废除农奴制改革，就已经使俄国走上了资本主义发展道路。经过近半个世纪的发展，到 20 世纪初，俄国已经是一个中等程度的资本主义国家，其工业发展水平排名世界第五，1913 年的生铁产量虽不及美国、英国、德国，但也与法国相当②。不仅如此，俄国资本主义的集中化程度也相对较高。到 1913 年，全国建立了约 150 个不同形式的垄断组织。其中，12 家最大的银行集中了俄国所有银行 80% 的固定资产及 90% 的信贷业务，3 家石油垄断联合组织控制了全俄 60% 以上的石油产量，独霸屯巴斯的"煤炭公司"辛迪加占据了主要矿区 75% 的采煤量，橡胶业辛迪加更是控制了全国所有橡胶产品的销售，制糖业辛迪加控制了全国 75% 的食糖生产。此外，全国有 80% 以上的冶金工业产品集中在"五金公司"辛迪加，90% 的铜产量集中在"铜业"辛迪加。1913 年俄国 40% 的工人集中在千人以上的大企业工作，而德国当时只有 14%，垄断资本在俄国国民经济中已占统治地位。这正如列宁所说，俄国资本主义不但得到了发展，而且"俄国的资本主义也成了垄断资本主义"③。

另一方面，它又不同于西欧，它是一个半不文明、半亚细亚的国家。这主要体现在三个方面：一是小农业占主导地位，小农生产者占人口大多数。从 1861 年开始，俄国资本主义虽然得到了长足发展，但并没有改变俄国落后农业国的地位。1913 年，俄国虽然号称是世界上第五大工业国，然而，实际上其工业总产值仅有法国的 40%、英国的 21.7%、德国的 16.7%、美国的 7%，工业劳动生产率水平约为美

---

① 《列宁全集》（第 43 卷），人民出版社 1987 年版，第 370 页。

② 1913 年的生铁产量：美国 3090 万吨，英国 1020 万吨，德国 1920 万吨，法国 520 万吨，俄国 479 万吨。

③ 《列宁全集》（第 32 卷），人民出版社 1985 年版，第 216 页。

国的 1/10，工业动力设备的总马力只有美国的 1/5、德国的 1/8①。十月革命胜利时，俄国依然是一个以小农业为主的落后国家。国民经济总产值中，农业占 57.9%；全国人口中，农村人口占 86%；全部出口产品中，食品和原料占到 90%，其中，近一半为粮食出口②。二是农业生产方式落后，亚细亚的前资本主义的生产方式占主导地位。第一次世界大战前，美国和德国已经开始使用农用拖拉机，但俄国没有。俄国农业中机器与畜力的比例为 24∶100，而英国为 152∶100，美国为 420∶100。广大农村多使用羸弱的牲畜、简单的农具，普遍实行粗放经营，广种薄收，单位面积产量只及自然条件相似的德国东部地区的 1/3，广大农民"过着一贫如洗的生活，他们和牲畜住在一起，穿的是破衣，吃的是野菜；……成千上万的人不断死于饥饿和瘟疫"③。三是文化落后，国民距离普遍识字很远，有 3/4 是文盲，平均识字率远低于西欧国家，特别是"老奥勃洛摩夫"④ 精神、无法纪的古老俄罗斯观点、半野蛮人的习惯等到处存在。这种落后正如列宁1921 年在《论粮食税》一文中所描述的那样："一片片一望无际的空旷地带，可以容下几十个文明大国。然而主宰这一片片空旷地带的却是宗法制度、半野蛮状态和十足的野蛮状态。……乡村同铁路，即同那连结文明、连结资本主义、连结大工业、连结大城市的物质脉络往往相隔几十俄里，而只有羊肠小道可通，确切些说，是无路可通。到处都是这样。这些地方不也是到处都是宗法制度、奥勃洛摩夫精神和半野蛮状态占优势吗？"⑤ 总之，十月革命胜利时的俄国，用列宁的话说，"在许多重要方面无疑是一个亚洲国家，而且是一个最野蛮的、中世纪式的、丢人地落后的亚洲国家"⑥。

---

① 宋则行、樊亢：《世界经济史》（上卷），经济科学出版社 1993 年版，第 499—500 页。

② 王元璋：《列宁经济发展思想研究》，武汉大学出版社 1995 年版，第 2 页。

③ 《列宁全集》（第 4 卷），人民出版社 1984 年版，第 381 页。

④ "奥勃洛摩夫"是俄国著名作家冈察洛夫的同名小说的主人公，后来成为以消极无为、庸碌懒惰为特征的旧俄罗斯文化典型。

⑤ 《列宁全集》（第 41 卷），人民出版社 1986 年版，第 216 页。

⑥ 《列宁全集》（第 21 卷），人民出版社 1990 年版，第 426—427 页。

俄国国情的上述二重性特征形成鲜明对照，呈现出强烈反差："一方面是最落后的土地占有制和最野蛮的乡村，另一方面又是最先进的工业资本主义和金融资本主义！"① 它既苦于资本主义的发展，又苦于资本主义的不发展，它"贫穷又富饶"，"强大又软弱"。在这里，"伏尔加河上的近代轮船的汽笛声与纤夫的号子齐鸣，铁路、土路、羊肠小道并行，蒸气磨、牛拉磨、手推磨并用"②。这种二重性特征的基本国情，在俄国伟大的现实主义画家列宾的不朽之作《伏尔加河上的纤夫》中，得到了形象展现：在伏尔加河被烈日炙烤得焦黄的河岸上，一群蓬首垢面、衣衫褴褛的农民，步履维艰，痛苦不堪，迈着沉重的脚步，拖着一条原始的木帆船默默地向前缓行；走在最后的纤夫低着头、垂着手，麻木地随着队伍向前挪动，似乎已经习惯了这样日日苦役般的生活；处在队伍中部的一位少年，皱着眉、直起腰，想用手松一松肩头紧勒的纤绳，毕竟年轻，还不甘心忍受这样的苦楚；远处是两艘近代轮船，冒着黑烟，使朦胧的远天变得更加迷茫，更加暗淡，更加凄凉③。这幅作品极其形象地展现了俄国文明与落后以及劳动人民苦难生活的景象。这种基本国情决定了俄国社会主义经济建设的现实基础与历史起点，哺育出了列宁社会主义宏观经济管理思想的俄国特色与俄国情景。

三　错综复杂的国际国内环境

十月革命胜利后，按照列宁的设想，俄国革命的胜利"将是欧洲革命的序幕"，它将会激发一场欧洲范围内的社会主义革命，推动欧洲革命走向胜利，从而建立一个"世界苏维埃共和国"，至少是"欧洲苏维埃共和国"，进而形成俄国和欧洲各国一起相互援助、共同建设社会主义的局面。然而，形势的发展并没有如列宁所设想的那样。这样的一场世界革命不但没有发生，反而许多欧洲老牌资本主义国家因在"一战"中获得胜利而能够利用胜利向本国被压迫阶级作出一些

① 《列宁全集》（第16卷），人民出版社1988年版，第400页。
② 王东：《改革之路的真正源头》，北京大学出版社1990年版，第31页。
③ 姜周、徐鹏杰：《试论列宾〈伏尔加河上的纤夫〉》，《理论观察》2011年第6期。

不大的让步，从而摆脱了危机，巩固了统治。新生的俄国苏维埃处在资本主义世界的包围中，不得不面对资本主义国家的军事干涉、经济封锁、外交孤立与政治围剿。十月革命胜利后的苏俄，面临着极为险恶的国际环境。

首先，在军事上，十月革命胜利后，苏俄先是面临以德国为首的同盟国的武装进攻，1918 年 3 月布列斯特和约签订后，苏俄虽然退出了与同盟国的战争，但却使协约国企图借德帝国主义之手扼杀苏维埃政权的梦想落空，并使协约国在对德作战中失去了牵制德军的力量，因此又招致了英、法、美、日等协约国的不满。1918 年 11 月，德国投降后，英、美、法等协约国更是腾出兵力发动对苏维埃俄国的进攻。至 1919 年 3 月，苏维埃俄国已处于敌方各条战线的包围之中，新生的苏维埃国家政权面临被扼杀的危险。这正如列宁当时分析的那样："从前帝国主义者忙于互相厮杀。现在，其中一个集团被英、法、美集团搞掉了。现在英、法、美集团把消灭世界布尔什维主义、摧毁它的主要根据地俄罗斯苏维埃共和国当成他们的主要任务。"①

其次，在经济上，十月革命胜利后，资本帝国主义国家对苏俄实行严厉的经济封锁。十月革命刚取得胜利，美国政府就立即声明不承认俄国苏维埃政府，并禁止向苏俄出口商品，禁止同苏俄开展贸易。英国政府对苏维埃政权一开始也持敌对态度，并于 1918 年 1 月作出禁止对俄国出口商品的决定。1919 年 10 月 10 日，英、法、日、意、美等协约国更是联合宣布对苏俄实行经济封锁，并呼吁中立国以及苏俄的邻国同它们一起从经济上孤立俄国。在协约国的压力下，瑞典、丹麦、挪威、荷兰、瑞士等中立国也相继参加了对苏经济封锁。一时间对苏实行经济封锁的国家达到了 14 个，苏俄社会主义经济建设处于孤立无援的境地。

再次，资本帝国主义国家在军事进攻和经济封锁的同时，还竭力在外交上孤立苏俄。1917 年十月革命胜利后的短短一年时间内，所有西方国家都先后断绝了与苏俄的外交关系。特别是"一战"结束后，

① 《列宁全集》（第 35 卷），人民出版社 1985 年版，第 159 页。

协约国之间更是通过巴黎和会签订协约，密谋组建反苏国际联盟，试图建立一条"由反苏政府的东欧国家组成的封锁线，以便把西欧同布尔什维克病毒隔离开来"①。一时间，新生的苏维埃俄国几乎成为了一个"红色孤岛"。

最后，国际帝国主义除了进行军事干涉、经济封锁和外交孤立之外，还对苏维埃政权大肆进行政治舆论围剿。它们宣称武装进攻苏维埃俄国，是为了恢复民主制度，把俄国人民从"布尔什维克的暴政下"解放出来。特别是以考茨基为代表的早已背叛无产阶级革命的第二国际机会主义者们更是加入国际反苏反共大合唱。他们接连不断地发表文章、出版小册子，攻击布尔什维克，攻击十月革命及无产阶级专政。他指责布尔什维克排除异己、不讲民主，搞"一党专政"，仅把民主视为实现社会主义的一种"不中用"的手段；他攻击无产阶级专政"是取消民主"和"不受任何法律约束的个人独裁"②；他攻击苏维埃政权不是真正的民主的社会主义政权，"而是它的反面"③，"它的最终的共产主义目标，也日益成为装饰品了，仅仅成了一种记忆，或是作为诱骗社会主义理想主义者们的工具，因为独裁者是想利用这些理想主义者来达到自己的目的的。"④ 他还散布十月革命"早产论"，说什么"俄国的生产力还没有发达到足以实现社会主义的水平"，俄国社会主义"无非是一种想要超越或者用法令来取消那些自然的发展阶段的大规模试验而已"，就像"一个怀孕妇女，她疯狂万分地猛跳，为了把她无法忍受的怀孕期缩短并且引起早产。这样生下来的孩子，通常是活不成的"⑤。第二国际机会主义者们的这些言论，起到了国际帝国主义者无法起到的作用。总之，十月革命后，苏俄面临着国际帝国主义的军事干涉、经济封锁、外交孤立与政治围剿，所

---

① ［美］拉·贝茨：《美国史》（上册），人民出版社1984年版，第24页。

② ［奥］卡尔·考茨基：《考茨基文选》，王学东编译，人民出版社2008年版，第346页。

③ 同上书，第446页。

④ 同上书，第452页。

⑤ 同上书，第375—376页。

处的国际环境乌云密布，极为险恶。

此外，从俄国国内情况来看，十月革命后，俄国国内形势也异常复杂。已被革命推翻的地主和资本家剥削阶级、已被粉碎的反革命党派——立宪民主党人、孟什维克、社会革命党人、无政府主义者、资产阶级民族主义者等，所有这一切力量都不甘心失去政权与特权，他们虽然在十月革命的过程中被粉碎了，但没有放下武器，而是在外国帝国主义的支持下，组成多股武装白匪，里应外合，发动阴谋暴乱和恐怖破坏活动，穷凶极恶地向苏维埃工农政权发起进攻，以求推翻苏维埃政权，恢复资产阶级制度。苏维埃俄国面临国际帝国主义武装进攻和国内反革命叛乱的双重压力。如何粉碎国际帝国主义的武装进攻与国内反革命叛乱，冲破帝国主义国家的封锁和包围，为国家经济建设争取一个和平稳定的国际国内环境，成为列宁宏观经济管理思想的重要内容。

四 俄共（布）执政后自身面临的现实难题

十月革命的胜利，使俄共（布）第一次登上执政的历史舞台，从革命党走向执政党。然而，刚刚取得执政地位的俄共（布）自身却存在诸多的不适应，特别是在组织管理与发展社会主义国家经济方面面临着诸多难题。这些难题集中表现在以下几个方面：

一是思想理论准备不充分。虽然自二月革命开始，列宁就对无产阶级夺取政权后如何组织管理与发展国家经济问题进行了思考，并就此提出过一些初步设想与主张。但这些设想与主张，要么是着眼于革命胜利后一些迫在眉睫的实际任务，如：在《远方来信》《四月提纲》《大难当头，出路何在？》等文章中提出的"实行'普遍的劳动义务制'"①"把国内一切土地收归国有""把各个大田庄改建成'示范农场'，……由公家出资经营""立即把全国所有银行合并成一个全国性银行""立刻过渡到由工人代表苏维埃监督社会的产品生产和分

---

① 《列宁全集》（第29卷），人民出版社1985年版，第54页。

配"① 等；要么是一些根据马克思主义创始人关于科学社会主义一般原理而提出的粗线条构想，这些设想与现实之间有着一定的距离，或多或少地掺杂着幻想成分，如：在《国家与革命》中提出的"所有的人都参加国家管理"②"一个劳动平等和报酬平等的工厂""一个全民的、国家的'辛迪加'"③ 等。总之，十月革命前，对无产阶级夺取政权后如何组织管理社会主义国家经济这一课题，列宁并没有做好充分的思想理论准备。尤其是在"是依据马克思科学主义的一般原理，依靠国家直接组织生产和分配，直接走上社会主义性质的经济建设道路？还是立足俄国的现实国情，通过国家资本主义间接走上社会主义性质的经济建设道路？"这一根本问题上，列宁在思想认识上并不明确，且蕴含着内在矛盾，致使在革命成功后的建设中过多地依靠在实践中去试验与摸索，从而出现一些摇摆，走了不少弯路。

二是工作方式、方法不适应。革命党的政治军事斗争"可以在工人农民现有觉悟水平上通过激发他们的热情来完成"④，可以用强攻的方式、"高呼'乌拉'的方式""高举大旗胜利进军的方式"⑤ 来解决。但执政党的和平建设与组织管理国家经济的任务，则"更加困难、更加缓慢、更要循序渐进"，"需要更深厚的根基"⑥。执政党的和平建设工作与革命党的政治军事斗争相比，在方式方法上有巨大区别，"谁要想把这种斗争方式拿来解决摆在革命道路上的组织任务，……他就会彻底破产"⑦。然而，刚刚执政的布尔什维克由于巨大的历史惯性却跟不上这种转变，总是习惯于革命与军事斗争时期那种"英雄猛进"式的、充满革命英雄主义的斗争方式，不习惯做、不愿意做或不会做艰苦的组织建设工作。这种不适应在新经济政策时期表

---

① 《列宁全集》（第 29 卷），人民出版社 1985 年版，第 108—110 页。

② 《列宁全集》（第 31 卷），人民出版社 1985 年版，第 96 页。

③ 同上书，第 97 页。

④ 《列宁全集》（第 42 卷），人民出版社 1987 年版，第 349 页。

⑤ 《列宁全集》（第 34 卷），人民出版社 1985 年版，第 5 页。

⑥ 《列宁全集》（第 42 卷），人民出版社 1987 年版，第 114 页。

⑦ 《列宁全集》（第 34 卷），人民出版社 1985 年版，第 5 页。

现得尤其突出，列宁对此深有感触并曾感慨地说："看，我们是多么严重地落后于当前的迫切需要，我们是多么厉害地保持着1918年和1919年的传统"①，"我们老是向后看，以为经济任务用同样的办法也能完成"②。列宁认为，共产党人在革命斗争时期靠其取得政治军事胜利的那些优点，"现在成了我们最危险的缺点"③。

三是干部队伍素质不适应。革命胜利后，经过斗争洗礼刚刚登上执政舞台的俄共（布）大部分党员干部的素质远远达不到组织管理国家经济建设任务的要求。具体表现在：其一，文化素质不适应。他们多是从战火中火速提拔上来的，有一个共同的时代烙印，就是文化素质不高，仅有的一点文化知识也多为速成；他们不仅文化水平低，而且文化心理与习俗也十分落后，用列宁的话说，他们"在建设新社会，但他还没有变成新人，没有清除掉旧世界的污泥，他还站在这种没膝的污泥里面"④。其二，不懂管理。他们虽然有"社会主义的知识"，有从事革命鼓动工作的技能和经验，但"没有组织千百万人的知识，没有组织和分配产品等等的知识"，不了解究竟应当怎样组织管理国家经济事务，他们中有的人"可以当一个最有能力的革命家和鼓动家，但是完全不适合做一个管理人员"⑤，"不善于当组织者和管理者"⑥。其三，不懂经营。他们只习惯于行政命令、革命口号和军事手段，而不善于经营；他们能相当顺手地行使军事共产主义方式，但却难以接受实施新经济政策的充满矛盾的进程，"在这种意义上他们还不如那些经过大工厂大商号训练的普通资本主义店员"⑦。总之，十月革命胜利后，布尔什维克党及苏维埃政权的各级干部素质与革命胜利后经济建设需要不相适应，是俄共（布）执政后自身面临的重要难题。

① 《列宁全集》（第43卷），人民出版社1987年版，第97页。
② 《列宁全集》（第42卷），人民出版社1987年版，第349页。
③ 同上。
④ 《列宁全集》（第35卷），人民出版社1985年版，第438页。
⑤ 《列宁全集》（第38卷），人民出版社1986年版，第240页。
⑥ 同上书，第243页。
⑦ 《列宁全集》（第43卷），人民出版社1987年版，第81页。

　　四是资产阶级官僚主义的影响与侵蚀。十月革命胜利后，虽然旧的官僚制度、沙皇专制制度及农奴制度等统统被消灭了，但是，"在无产阶级与那些同它关系密切的小资产者阶层（包括农民在内）之间，并没有隔着而且也不可能隔着一道万里长城"①，它们的影响如同"奥吉亚斯牛圈"②的"异味"，长期毒害着人们的思想和行为。其中，对俄共（布）执政党毒害最深的莫过于官僚主义，且随着执政时间的延长，这种毒害也不断加深。列宁对此曾感受颇深，他说：我们"把他们赶出门外，他们又从窗口飞进来"③，"我们所有经济机构的一切工作中最大的毛病就是官僚主义，……如果说有什么东西会把我们毁掉的话，那就是这个"④。如何克服官僚主义的影响与侵蚀，从而将党和国家的经济政策指令落到实处，一直是摆在以列宁为首的俄共（布）面前的又一难题。

　　总之，十月革命后，作为执政党的俄共（布）在组织管理与发展国家经济方面思想理论准备不充分、工作方式方法不适应、干部队伍素质不适应及面临资产阶级官僚主义的影响与侵蚀等，是俄共（布）执政后自身面临的现实难题。攻克这些难题所形成的理论成果与历史经验，成为列宁社会主义宏观经济管理思想的重要内容。

第二节　列宁社会主义宏观经济管理思想发展的主要阶段⑤

　　列宁社会主义宏观经济管理思想经历了一个曲折的、跌宕起伏的

---

　　① 《列宁全集》（第 20 卷），人民出版社 1989 年版，第 69 页。

　　② 源自古希腊神话中关于赫拉克勒斯的英雄传说。奥吉亚斯（Augeas）是古希腊西部厄利斯（Elis）的国王，他有一个极大的牛圈，里面养了 2000 头牛，30 年来未清扫过，粪秽堆积如山，十分肮脏。

　　③ 《列宁全集》（第 36 卷），人民出版社 1985 年版，第 154 页。

　　④ 《列宁全集》（第 52 卷），人民出版社 1988 年版，第 300 页。

　　⑤ 本节中的部分内容以《对列宁社会主义经济建设与管理思想发展阶段划分的几点看法——兼对流行观点的商榷》一文，载于《湖南师范大学社会科学学报》2015 年第 3 期。

发展与演进的过程。对这一过程做出科学的阶段划分，是列宁社会主义宏观经济管理思想研究中的一个重要基础性课题。实际上，对列宁社会主义宏观经济管理思想的发展过程进行阶段划分，在历史编纂学中属于历史分期的范畴，只不过它不是针对人类宏观的、长时段历史的阶段划分，而是只针对个人一个有限的历史时段的一个具体的主题过程而进行的具体的阶段分割。这种分割可以使我们厘清列宁社会主义宏观经济管理思想的发展脉络，把握列宁社会主义宏观经济管理思想的科学内涵，特别是有利于我们从列宁社会主义宏观经济管理思想各阶段的发展变动中洞察人类社会主义经济建设与管理实践发展的历史进程，并在此基础上进一步探寻这一历史进程发展的内在向往与内在要求，寻出这一历史进程发展之大趋势和大动向，从而对这一历史进程未来的发展做出前瞻和预测。可以这样说，这是对列宁宏观经济管理思想发展进程进行阶段划分的大意义和大价值所在。实际上，不管我们把人类的历史看作简单的循环也好，螺旋的上升也罢，历史的某些时期往往具有相似的性质，并以某种秩序重复出现，因此，我们完全可以用类比的方法依据一个时期、一个阶段去论证和预测另一时期、另一阶段，即使这种预测是近似的和推测性的。这大概就是浪漫主义史学家卢梭所说的“历史学家应该抱着同情的心态看待人类所有的过去并致力于在其中发现价值”①这句话的真正蕴意所在，更是我们对列宁社会主义经济建设与管理思想发展进程进行阶段划分意义的深刻注解。

　　根据列宁思想发展变化的历史轨迹与内在的逻辑，笔者认为，其宏观经济管理思想大致可以划分为六个阶段，分别是二月革命后至1918 年春和平喘息时期前的思想（1917 年 3 月—1918 年 3 月）、1918 年春和平喘息时期的思想（1918 年 3 月—7 月）、战时共产主义时期的思想（1918 年 7 月—1920 年 11 月）、国内战争结束至新经济政策前的思想（1920 年 11 月—1921 年 3 月）、新经济政策时期的思想（1921 年 3 月—1922 年 12 月）、病重期间的最后思想（1922 年 12

①　赵轶峰：《历史分期的概念与历史编纂学的实践》，《史学集刊》2001 年第 4 期。

月—1923 年 3 月）。之所以要将列宁社会主义宏观经济管理思想的发展阶段划分得如此密集（有些阶段的自然时间并不长），是因为有变才可分，在列宁的那个时代，客观形势如激流一般，迅速急剧地发生着变化，一切从实际出发、不"抱住昨天的理论不放""不固守旧政策、旧口号"的列宁，也在根据客观条件的变化，迅速而急剧地改变着自己的思想主张与策略，这其中虽有一以贯之的思想主流，但更多的是激流回旋，跌宕起伏，前后形成鲜明对照。当然，这些阶段的划分不是绝对的，这不仅是因为列宁社会主义经济建设与管理思想前后存在内在的联系，而且还因为在每一个阶段都论及过其他阶段作为重点的内容。

一 二月革命后至 1918 年春和平喘息时期前的思想（1917 年 3 月—1918 年 3 月）

1917 年俄国二月革命推翻了沙皇封建专制制度，但革命后由于孟什维克以及社会革命党的软弱，导致俄国产生了两个政权（资产阶级临时政府和工兵代表苏维埃）并存的局面。这场革命并不彻底，用列宁的话说："已超出了一般的资产阶级民主革命的范围，但是还没有达到'纯粹的'无产阶级和农民的专政"[1]，只是"革命发展中的一个过渡时刻"[2]。在这种形势下，列宁一方面思考着如何将革命继续进行下去，把国家政权最终转移到无产阶级和贫苦农民手中，建立工人、农民和士兵代表苏维埃共和国；同时，列宁也在筹划革命胜利后怎样建设管理苏俄国家经济问题，并提出了向社会主义社会过渡时期组织管理苏俄国家经济的一系列行动计划与政策主张。这些行动计划与政策主张具体体现在他二月革命后至十月革命胜利前（1917 年 3 月—10 月）的一系列著作、讲话、报告中。

1917 年 3 月 26 日，列宁在其《远方来信》中提出，无产阶级在革命的第二阶段必须同贫苦农民联合起来，"采取进一步的步骤，即

---

[1] 《列宁全集》（第 29 卷），人民出版社 1985 年版，第 154 页。

[2] 同上。

对最重要的产品的生产和分配实行监督，实行普遍'劳动义务制'，等等"①。列宁认为：这些步骤虽然还不是直接实现社会主义，但却是向社会主义过渡"绝对必要的"②。在这里，列宁所称的这些"进一步的步骤"，显然是指无产阶级夺取政权后组织管理国家经济的步骤，这说明列宁对革命胜利后如何组织管理国家经济的问题在进行深入思考，并首次提出了自己的初步主张。

此后，列宁回到国内，在《远方来信》基础上，草拟了布尔什维克党著名的纲领性文献《四月提纲》。在《四月提纲》中，列宁不仅提出了无产阶级在革命第二阶段要夺取全部国家政权，建立从下到上遍及全国的工农代表苏维埃共和国的政治纲领，而且进一步思考并制定了向社会主义过渡时期组织管理国家经济的经济纲领，如："没收地主全部土地。把国内一切土地收归国有，由当地雇农和农民代表苏维埃支配"；"把各个大田庄改建成'示范农场'，由雇农代表进行监督，由公家出资经营"；"立即把全国所有银行合并成一个全国性银行，由工人代表苏维埃进行监督"；"立刻过渡到由工人代表苏维埃监督社会的产品生产和分配"③，等等。这些主张涉及国家经济制度、管理体制、管理模式与经营方式等方方面面，相对于《远方来信》来说，更加具体、明确、全面。

1917年4月10日，列宁在《无产阶级在我国革命中的任务》一文中，进一步阐述与论证了《四月提纲》中提出的经济措施，指出这些措施"在经济上完全可以实现；不采取这些措施，就不可能医治战争的创伤，不可能防止即将临头的破产"④，同时还特别强调"小经济制度决不能使人类摆脱群众生活贫困和受压迫的状况"，必须反对社会革命党人关于"消费"土地份额、"劳动"土地份额以及"土地社会化"等等空谈，"争取把没收来的地主田庄改建成大规模的示范

---

① 《列宁全集》（第29卷），人民出版社1985年版，第54页。

② 同上。

③ 同上书，第115—116页。

④ 同上书，第167页。

农场，由雇农代表苏维埃负责监督"①。五天后的 4 月 15 日，列宁在农民组织和农民代表苏维埃代表会议上再次对《四月提纲》中的土地政策进行了论证。他说："土地是不能吃的。千百万没有耕马、没有农具、没有种子的农户不会因土地转交给'人民'而得到什么好处。"② 因此，"必须考虑如何向公共经营的大农场过渡，必须立刻着手来实行这种过渡"，并"使大农场在农艺师和雇农代表苏维埃的领导下，选用最好的机器和种子，采用最先进的耕作技术，尽可能作为大规模的企业继续经营下去"③。

1917 年 4 月底，在俄国社会民主工党（布）全国七大（四月代表会议）上，列宁继续阐述、捍卫和发展《四月提纲》中所提出的向社会主义过渡的经济纲领。他说："我们现在提出社会主义的问题，提法应当不同于过去，不能再提得模糊不清，而应当提得十分具体，这就是：土地国有化，对辛迪加进行监督，等等。"④ 这说明列宁对如何使俄国经济走向社会主义，如何组织管理过渡期的国家经济问题上，思考不断深入，认识逐步清晰。此外，在这次会议上，列宁还首次提出了向社会主义过渡时期利用国家资本主义组织管理国家经济的构想。他说，在保存生产资料私有制的情况下，国家资本主义必然会加重对劳动群众的剥削和压迫，"但是，在废除生产资料私有制和国家政权完全转到无产阶级手中以后，同样的这些措施却会保证社会的改造获得成功，从而消灭人剥削人的现象并且保障一切人的物质福利"⑤。列宁的主张得到了会议的赞同，会议认为，"这样的办法在经济上已经完全成熟，在技术上完全可以立即实行，在政治上能够获得绝大多数农民的拥护。"⑥

---

① 《列宁全集》（第 29 卷），人民出版社 1985 年版，第 165 页。

② 同上书，第 269 页。

③ 同上书，第 269—270 页。

④ 同上书，第 437—438 页。

⑤ 同上书，第 441—442 页。

⑥ 《苏联共产党代表大会、代表会议和中央全会决议汇编》（第 1 分册），人民出版社 1964 年版，第 453 页。

1917 年 7 月，彼得格勒发生七月事变，政权完全落到反革命资产阶级的手中，俄国革命进入武装夺取政权的十月革命前夕。在新的形势下，列宁继续构思并论证革命胜利后组织管理国家经济的经济纲领。在《国家与革命》中，列宁将"一个劳动平等和报酬平等的工厂""一个全民的、国家的'辛迪加'"① 视为社会主义经济制度的理想模式，并再次强调社会主义条件下计算与监督的重要性，认为它是使社会主义国家经济正常运转所必需的主要条件。在《政治家札记》一文中，列宁对于土地国有化之后，农民希望平分土地，保留自己的小经济的想法首次表示了理解和支持，并希望通过"示范"的方法，使农民自愿走上大经济的道路。列宁说："农民希望保留自己的小经济，希望平均分配，定期重分……让他们这样希望吧。没有一个明智的社会主义者会因此而同贫苦农民分手。"列宁认为，如果资本的统治将被摧毁，地主的土地和农具将被没收，如果政权将由工人阶级掌握，那么"其他一切自然而然就会得到解决，就会因'示范的力量'而产生，就会由实践本身来提示"②。在列宁看来，从小经济和平均使用土地过渡到大的公有经济，只能由劳动农民根据自己的亲身经验来决定。显然，这相比七月事变前的设想（集体农场经营），更加务实。在接下来的《大难当头，出路何在？》中，列宁从银行与辛迪加国有化、取消商业秘密、企业辛迪加化、居民合作社化等方面构建了社会主义经济的计算与监督体系。在《布尔什维克能保持国家政权吗？》一文中，列宁还提出了组织管理社会主义国家经济必须利用资产阶级专家的思想，等等。

十月革命胜利后，列宁把上述设想迅速付诸实践。先后颁布《土地法令》《银行国有化法令》等，将土地、银行、大工业等收归国有。同时颁布《工人监督条例》，实行工人监督，并组织开展劳动竞赛，恢复发展生产。此外，列宁还根据革命胜利前的设想，在土地国有化的基础上，进一步颁布《土地社会化法令》，根据劳动份额和消费份

---

① 《列宁全集》（第 31 卷），人民出版社 1985 年版，第 97 页。

② 《列宁全集》（第 32 卷），人民出版社 1985 年版，第 111 页。

额将一部分土地分配给农民使用，满足农民希望平分土地的要求，另一部分（主要是地主庄园）则转交给国家，组建示范性的国营农场，建立社会主义的农业大经济。不过，在列宁思想深处，他还是始终认为，平均使用土地这一原则具有小资产阶级的局限性，将它作为一种摆脱贫困和破产方法，是靠不住的。因此，列宁要求："应尽一切力量促进实施共耕制（给以文化的和物质的帮助），同时使劳动共产主义的、劳动组合的和合作社的经济比个体经济有优先权"①。

从上述的线索梳理中可以得出下列两点结论：

一是不能把十月革命视为列宁社会主义宏观经济管理思想的逻辑起点。列宁社会主义宏观经济管理思想的逻辑起点问题，是理论界在研究列宁社会主义宏观经济管理思想时涉及的一个常见问题。关于这一问题，不少人把俄国十月革命视为是列宁社会主义宏观经济管理思想的逻辑起点。他们认为，十月革命后，列宁才开始把社会主义从理想憧憬变成现实生活中的具体实践，才开始在实践中探索并提出关于社会主义宏观经济管理的理论观点与政策主张。然而，通过上述的线索梳理不难发现，这种观点是明显站不住脚的。实际上，从 1917 年俄国二月革命胜利后开始，列宁在思考如何使政权转移到无产阶级和贫苦农民手中的同时，也在着手思考无产阶级夺取政权后如何组织管理并发展国家经济的问题。这些思考中既体现了列宁从马克思经典理论出发而试图构建起"国家生产与国家分配"的纯社会主义宏观经济管理体制的构想，又体现了列宁从落后俄国特殊国情出发试图利用国家资本主义这一中介组织管理国家经济的设想，虽然二者之间有着内在的矛盾，但毕竟勾画了苏俄社会主义经济建设与管理的大致蓝图，为革命胜利后苏俄经济建设与管理实践提前做好了理论与政策准备。这说明列宁社会主义经济建设与管理思想形成的逻辑起点应该是俄国二月革命，那种认为列宁社会主义经济建设与管理思想起始于俄国十月革命的观点是站不住脚的。诚然，俄国十月革命的胜利拉开了列宁

---

① 《苏联共产党和苏联政府经济问题决议汇编》（第 1 卷），中国人民大学出版社1984 年版，第 37 页。

社会主义经济建设与管理实践的大幕，并成为列宁社会主义宏观经济管理思想形成与发展过程中的一个重要节点，但它不是这一思想形成的起点。其实，在社会主义经济建设与管理问题上，列宁的思想认识进程并不同步于其实践探索进程。纵然，"历史从哪里开始，思想进程也应当从哪里开始"[①]，但这是从整体、宏观角度理解的，具体到某一个体而言，其思想进程与所处的社会历史的自然进程往往是不同步的。列宁关于社会主义宏观经济管理的思想认识进程早于十月革命，开始于二月革命。我们绝不能用列宁社会主义经济建设与管理的实践进程替代其思想认识进程，否则，就割断了列宁思想的真正源头，就违背了历史与逻辑相统一的原则，就犯了形而上学的错误。列宁社会主义宏观经济管理思想形成的逻辑起点是 1917 年俄国二月革命。文行至此，也许会有人说，既然把列宁社会主义宏观经济管理思想追溯到了 1917 年的二月革命，那么为什么不继续向前追溯至 1902 年列宁提出《俄国社会民主党的土地纲领》之时？诚然，早在 1902 年 3 月，列宁就在《俄国社会民主党的土地纲领》中提出了向农民归还割地的主张，1906 年 3 月又在《修改工人政党的土地纲领》中提出"没收全部地主土地（决不是那种为赎买问题打掩护的一般转让或一般剥夺）"[②] 的思想，1907 年 11 月在《社会民主党在 1905—1907 年俄国第一次革命中的土地纲领》一书中对孟什维克"土地地方公有化"的土地纲领进行了彻底批判，并依据马克思地租理论提出了布尔什维克的土地国有化纲领。但是这些思想主张不能成为列宁社会主义宏观经济管理思想的逻辑起点。原因有二：一是这一时期列宁提出的这些土地政策与主张不是针对无产阶级夺取政权后组织管理国家经济而言的，而是无产阶级在资产阶级民主革命中所应采取的一种策略，其目的是唤起农民的起义与斗争，去推翻地主阶级的统治，换句话说，这是一种斗争策略，而不是建设策略；二是这一时期，列宁只是就土地问题提出了一些初步主张，未对无产阶级夺取政权后组织管理国家经

[①] 《马克思恩格斯选集》（第 2 卷），人民出版社 1995 年版，第 43 页。

[②] 《列宁全集》（第 12 卷），人民出版社 1987 年版，第 236 页。

济的其他方面问题进行系统思考。因此，不能以此为论据将列宁社会主义宏观经济管理思想追溯至 1902 年列宁提出《俄国社会民主党的土地纲领》之时。

二是不能把列宁二月革命后至十月革命前这一阶段的思想与十月革命后至 1918 年春和平喘息时期前的思想分隔开来。在一些研究列宁经济（发展）思想或社会主义经济建设思想的理论文章和专著中，不少人以十月革命胜利为节点，将列宁二月革命后至 1918 年春和平喘息时期前的思想分隔为前后两个阶段，将前者称为"十月革命前的思想"，后者称为"十月革命胜利后的最初时期的思想"[①]。笔者认为这种分段做法多有不妥。这是因为，有变才可分，列宁在上述两个阶段关于社会主义宏观经济管理的思想是前后连贯、一脉相承的，期间并没有大的发展变动之处。实际上，俄国十月革命胜利后至 1918 年春和平喘息时期前，列宁在组织管理苏俄社会主义国家经济方面并没有提出新的理论观点、行动计划与政策主张，他只是把二月革命后至十月革命胜利前的早期设想付诸实践，并在实践中加以完善。如：颁布《土地法令》，废除地主土地所有制，将全部土地收归国有，并在此基础上组建示范性的国营农场；颁布《工人监督条例》，对重要产品的生产和分配实行工人监督，并在工农群众中开展监督竞赛；颁布《关于实行银行国有化及有关必要措施的法令》，将所有银行一律收归国有，成立统一的俄罗斯苏维埃联邦社会主义共和国人民银行；同时推行辛迪加（大工业）的国有化，实行普遍劳动义务制，组织居民加入消费合作社以正确地计算和分配粮食和其他必需品，等等。显然，这些政策措施都来源于列宁二月革命后至十月革命胜利前的理论准备。实际上，这种状况也是符合当时列宁思想的发展实际的。在 1917 年 10 月至 1918 年 3 月短暂的 5 个月时间内，面临十月革命胜利后的政权组建、对外战争及镇压国内地主、资产阶级的反抗等繁杂的政治斗争任务，列宁不可能抽出太多的时间与精力去对组织管理国家经济的问题做深入的理论思索，不可能就此提出更多新的观点与主张，只

[①]　王元璋：《列宁经济发展思想研究》，武汉大学出版社 1995 年版，第 12—16 页。

能将十月革命前准备好的理论与政策付诸实践。有变才可分，这是历史分期中的一条基本原则，列宁二月革命后至1918年春和平喘息时期前的思想未发生大的变动，因此，不能把二月革命后至十月革命前这一阶段的思想与十月革命后至1918年春和平喘息时期前的思想分隔开来。如果以十月革命胜利为节点，把列宁二月革命后至十月革命前这一阶段的思想与十月革命后至1918年春和平喘息时期前的思想分隔开来，就割裂了列宁前后思想的内在逻辑联系，就是典型的按照自然时间次序和政治的纪年次序来排比列宁的思想内容，而不是按列宁思想本身发展变化的内在次序来进行科学分段。这种分段方法从严格的思想史学理上说是不科学的，是欠妥的。

二 1918年春和平喘息时期的思想（1918年3—7月）

十月革命胜利后，经过头几个月的斗争，到1918年春，苏维埃俄国一方面击退了被打倒的地主、资产阶级的疯狂反扑，初步巩固了苏维埃政权；另一方面，通过与德国签订和约，暂时摆脱了战争。列宁及时抓住这一难得的和平喘息时机，恢复生产、发展经济，并就组织管理与发展俄国经济提出了一套系统的行动计划与政策主张，从而形成了列宁1918年春和平喘息时期的宝贵思想。然而列宁这一时期的思想，往往被学界许多同人所忽视，将之简单归并到十月革命胜利后的最初时期。这种做法忽视了列宁这一时期思想在整个列宁社会主义宏观经济管理思想中的历史地位。

实际上，从1918年3月和平喘息时期开始，到1918年7月随着反对外国武装干涉及国内战争的爆发，和平喘息时期宣告结束，期间的自然时间虽然不长，但列宁在国家经济建设与管理上的思想活动却十分活跃。这一时期他提出的有关组织管理与发展国家经济的思想主张比十月革命前及十月革命后的最初时期更加系统、更加周详。这些思想主张主要体现在《当前的主要任务》《苏维埃政权的当前任务》《经济政策特别是银行政策要点》《科学技术工作计划草案》《论"左派"幼稚病和小资产积极性》等著作和文章中。

1918年3月11日，在布列斯特和约签署后的第七天，列宁就在

《当前的主要任务》一文中，首次提出要把苏俄建设成为"真正又强大又富饶的国家"。他说："俄罗斯能够成为这样的国家"，因为"我们在天然财富方面，在人力后备方面，在伟大革命为人民创造力提供的广阔天地方面，都有足够的材料来建立真正又强大又富饶的俄罗斯。"① 在接下来的著作和文章中，列宁提出了实现这一目标的具体行动计划与政策主张。《苏维埃政权的当前任务》是列宁这一时期系统阐述其组织管理国家经济政策主张的纲领性文献。在这篇著作中，列宁在马克思主义政党历史上第一次提出把党和国家的工作重心，从夺取政权、镇压剥削者的反抗转移到管理国家、发展经济上来，并就如何组织管理与发展苏俄国家经济提出了具体的行动计划。包括：把组织对企业最严格的计算和监督提到经济工作的首位；大力发展燃料、铁、机器制造业、化学工业等，建设社会主义大工业基础；提高居民群众的文化教育水平，改善劳动组织，开展劳动竞赛，"在资本主义已经达到的基础上向高于资本主义的劳动生产率迈进"②；加强劳动纪律，在社会主义经济管理中实行民主集中制，把经常开大会讨论工作这种可贵的民主精神同铁的纪律结合起来，同劳动时绝对服从领导者一个人的意志结合起来；借鉴资本主义的先进管理经验与方法，利用旧社会遗留下来的合作社与专家，借鉴资本主义的泰勒制，等等。

此后，列宁又在《经济政策特别是银行政策要点》一文中提出要建立国有企业集中管理机构，坚决实行全国范围经济生活的集中化；在《科学技术工作计划草案》一文中提出要尽快制定改造俄国工业和发展俄国经济的统一经济计划，并对该计划的制定提出了许多具体指导意见，如："使俄国工业布局合理，着眼点是接近原料产地，尽量减少从原料加工转到半成品加工一直到制出成品等阶段时的劳动消耗"，"把生产合理地合并和集中于少数最大的企业"，"特别注意工业和运输业的电气化以及电力在农业中的运用"③ 等。

《论"左派"幼稚病和小资产积极性》是这一时期列宁写作的另

---

① 《列宁全集》（第 34 卷），人民出版社 1985 年版，第 74—75 页。

② 同上书，第 160 页。

③ 同上书，第 212 页。

一篇重要著作。在这篇著作中，列宁第一次提出俄国过渡时期存在的五种经济成分，并以论战的形式进一步阐述了他关于过渡时期组织管理及发展俄国经济的设想。如：在向社会主义过渡时期必须立足于俄国多层次的社会经济结构，充分利用国家资本主义这一中介发展国家经济；充分利用资产阶级专家组织管理国家生产等。他说：国家资本主义在经济上大大高于俄国现时的经济，"国家资本主义较之我们苏维埃共和国目前的情况，将是一个进步"①，"不经过国家资本主义和社会主义所共有的东西，就不能从俄国现时的经济情况前进。"②

　　通过上述对列宁这一时期主要文献的梳理，不难发现：虽然自1918年春开始的和平喘息时期不长，但列宁却对苏俄社会主义经济建设与管理进行了深入系统思考，并根据俄国实际，提出了一套完整的思想主张与政策方案。它既涵盖了社会主义经济建设与管理的战略目标、工作重心，又从多维角度提出了实现这一目标的具体路径与政策措施。如果说十月革命前及十月革命胜利后的最初时期列宁对社会主义经济建设与管理的构想还只是粗线条的话，这一时期的构想则是系统的、周详的。特别是这一时期，他放弃了前期思想中试图通过组织起国家生产与国家分配从而直接过渡到社会主义的幻想成分，进一步强调利用国家资本主义、利用资本主义先进管理经验及资产阶级专家等组织管理社会主义国家经济。这种构想是同当时苏俄社会经济发展水平及无产阶级队伍实际相适应的，是务实的。因为，在一个经济十分落后、产业工人数量少且文化水平低的国家里，无产阶级掌握政权以后，只能是利用现成的经济关系并稍作一些改变，只能在立足于现有经济条件的基础上探索发展国家经济的路径与措施。总之，这一时期列宁关于组织管理与发展国家经济的构想具有系统性、务实性，在列宁整个社会主义宏观经济管理思想中占有十分重要的地位。因此，应该把它作为一个相对独立的时期，单独地突出出来。

---

① 《列宁全集》（第34卷），人民出版社1985年版，第274页。

② 同上书，第281页。

三　战时共产主义时期的思想（1918 年 7 月—1920 年 11 月）

战时共产主义时期是学界公认的列宁社会主义宏观经济管理思想发展中的一个重要时期。这一时期的思想主张在列宁社会主义宏观经济管理思想中同样占有十分重要的地位。

1918 年春的和平喘息时机没有持续多久，当年夏初就爆发了得到国内地主资产阶级接应的外国武装干涉战争。"战争是对每个民族全部经济力量和组织力量的考验"[①]，面临危及苏维埃政权的这场战争，列宁被迫将整个国家经济生活转入战时轨道，按军事方式组织整个国家经济运行，集中全部力量和资源保卫新生的苏维埃政权。

战争的进行使粮食问题成为苏俄面临的一个十分尖锐的问题。为了集中粮食，保障前线和城市工人起码的口粮供应，列宁实行了粮食垄断制、余粮收集制等。在列宁看来，在国家遭到破坏、工厂开工不足、苏维埃政权无法掌握足够的工业用品用来交换农产品的情况下，实行粮食垄断制与余粮收集制，强制农民交出余粮，是苏维埃国家的唯一生路。因为，不这样就不能保障前线和工人的粮食供应，也就不可能战胜武装干涉者和白卫分子，捍卫工农政权。列宁设想，"如果每个农民自愿不吃那么饱而把余下的东西全部交给国家，如果我们对所有这些食物合理地进行分配，那么，我们就可以维持下去，虽然少吃一些，但还不致挨饿。"[②] 然而，在经济遭到破坏，工农群众思想觉悟尚未达到一定高度的情况下，要实现上述设想，通常的办法难以奏效，只能采取强制性措施。列宁说："如果在关系人民死活的食物明明不够的情况下准许贸易自由，就一定会造成疯狂的投机，使食物价格暴涨，以至出现所谓垄断价格或饥饿价格，按照这种疯涨的价格，只有那些收入大大超过中等水平的少数上层分子可以满足自己的需要，而广大群众只能挨饿。"[③] 他还说："这是一个经济规律，……因此，一切主张贸易自由的言论和一切支持这种言论的做法，都会带来

① 《列宁全集》（第 37 卷），人民出版社 1986 年版，第 316 页。

② 《列宁全集》（第 35 卷），人民出版社 1985 年版，第 408 页。

③ 同上。

极大的危害。"① 在禁止贸易自由的问题上,列宁还提出:"必须反对资本主义私有经济和为市场而工作的制度遗留给千百万劳动人民的不良倾向和习惯:我卖,我赚钱,钱赚的愈多,我就愈不挨饿,别人就愈挨饿。"② 列宁认为,这是"私有制遗留下来的恶习,它使群众甚至在国家有很多食物的时候也要挨饿,因为极少数投机分子既靠富足也靠贫困来发财致富,而人民却受苦受难,死于战争。"③ 此外,列宁还对孟什维克提出的关于通过保留自由贸易和私有制来"摆脱"饥荒的纲领进行了驳斥。他指出,在粮食空前紧张的情况下,贸易自由意味着投机商得势、资本家发财,劳动人民破产与挨饿;意味着国防被毁,革命覆亡。孟什维克以保留自由贸易和私有制来"摆脱"饥荒的纲领是高尔察克分子的经济纲领,是复活资本主义的经济纲领。

为了集中全部工业为前线服务,列宁在十月革命胜利初期大工业国有化的基础上,进一步实行了中型企业和部分小企业的国有化,并对国有化企业实行了高度集中的计划管理。最高国民经济委员会的各总管理局和委员会直接管理每一个企业的生产和分配,力图"按照一个全国性的计划,把全国所有经济活动最大限度地联合起来;使生产最大限度集中起来。"④ 基本生产资料集中在国家手中、工业生产和分配高度集中的计划管理制度,保证了苏俄最大限度地动员和集中全国的资源为前线服务,战胜国内外敌人。

为了最大限度地组织、动员人民,将一切力量投入生产,支援前线,这一时期,列宁高度强调激发工农群众的劳动热情。列宁宣布,社会主义祖国在危机中,"革命的命运就取决于这场战争的结局"⑤,不是胜利,就是死亡。列宁号召人民"用革命精神从事工作",大力推行义务劳动制,并专门著文,对星期六义务劳动给予高度评价,将之称为"伟大的创举""后方工人的英雄主义"。通过激发工农群众

---

① 《列宁全集》(第35卷),人民出版社1985年版,第409—410页。

② 同上书,第409页。

③ 同上。

④ 《列宁全集》(第36卷),人民出版社1985年版,第414页。

⑤ 《列宁全集》(第35卷),人民出版社1985年版,第13页。

空前的劳动热情，为战时生产提供了强大动力。这正如列宁自己所说："我们力量的主要源泉在于工人很自觉，很英勇，……我们能发挥群众的热情、积极性和英勇精神，把鼓起的革命干劲集中用于当前最重要的任务。"①

为了把农业生产集中起来，建设社会主义农业大经济，列宁还在农村大力推广共耕制。他认为，"分地只在开始的时候是好的，它是要表明土地从地主手里转到农民手里。但这是不够的。"② 只有实行共耕制，才能摆脱小经济弊端，振兴农业，节省人力，"使农民群众更快地过上文明生活"③。列宁还举例论证了共耕制的优势，他说："如果一个地方，因为土地分成 100 块，比方说需要 10 部犁，如果公社经营，就用不着那样多的犁，因为土地没有分得那样零碎。公社可以在整个劳动组合内、整个协作社内改善经营，而这是单个的小私有者无法办到的，如此等等。"④ 为此，列宁要求有计划地实行大规模的共耕制，并为此提出了一系列行政的、法律的和经济的措施，如：加强宣传，详细向农民宣讲共耕制组织的优越性；发挥榜样示范作用，让农民"自己理解到和意识到某种办法的好处"⑤；优先分配给共耕制组织以大量的优等土地，并在农具、耕畜和其他生产资料方面给予优待；对所有向社会主义大经济发展的农村团体和小组给予资金扶持等。当然，列宁也深知共耕制在实际推行中的难度，曾多次强调不能采用暴力，要一步一步来，循序渐进，但这只是一种工作策略，从战略上讲，列宁这一时期的整个基调是力图通过实行共耕制，直接过渡到社会主义大农业。

此外，这一时期，列宁还力图取消商品货币关系，设想用无产阶级专政条件下的"超经济"强制手段组织国家经济生活，把产品的生产、分配等直接掌握在国家手中。为此，列宁在 1919 年草拟的俄共

① 《列宁全集》（第 37 卷），人民出版社 1986 年版，第 301 页。

② 《列宁全集》（第 35 卷），人民出版社 1985 年版，第 174 页。

③ 同上书，第 357 页。

④ 同上书，第 174—175 页。

⑤ 同上书，第 174 页。

（布）党纲中提出："力求尽量迅速地实行最激进的措施，为消灭货币做好准备。"①

通过上述线索梳理可以发现：战时共产主义时期，为了集中力量保证战时需要，列宁完全抛弃此前利用国家资本主义组织管理国家经济的某些设想，转而依靠国家强制与垄断，直接按社会主义性质组织管理国家经济。显然，这种管理模式虽然符合马克思科学社会主义的经典原理，但却超越了苏俄的社会现实与历史阶段，忽视了苏俄多层次的现实经济结构及多元的利益主体结构，明显带有某种脱离实际的政治幻想和空想。

关于战时共产主义政策模式产生的原因，一些学者认为这只是列宁在战争环境下采用的一种临时措施与权宜之计。笔者认为，这种归因并不完全准确。诚然，外部战争的确是这一政策模式产生的重要原因，但仅有这方面的因素，是形不成这一政策模式的。实际上，战争环境下被迫采取的战时措施，恰巧与马克思描绘的共产主义某些特征相吻合，出于对马克思科学社会主义的理想追求，借助战争这一特殊环境，直接顺势向社会主义过渡，才是战时共产主义政策模式产生的根本原因。这一点，列宁后来自己也作了说明。1921年秋，在莫斯科省第七次党代表会议上关于新经济政策的报告中，他说："当时设想不必先经过一个旧经济适应社会主义经济的时期就直接过渡到社会主义。我们设想，既然实行了国家生产和国家分配的制度，我们也就直接进入了一种与以前不同的生产和分配的经济制度（指社会主义的经济管理制度——引者注）。"② 除此之外，十月革命胜利初期，由于苏维埃政权还不十分稳固，苏俄利用国家资本主义的种种尝试遭到失败（大资本家当时根本不相信苏维埃政权能长期坚持下去），利用国家资本主义这条路没有走通，在某种程度上也诱使了列宁转向借助于国家强制直接组织国家生产与分配，这也是战时共产主义政策模式产生的一个重要原因。

---

① 《列宁全集》（第36卷），人民出版社1985年版，第91页。

② 《列宁全集》（第42卷），人民出版社1987年版，第221页。

战时共产主义政策是列宁直接过渡思想的政策体现，它虽然超越了苏俄社会发展的历史阶段，有着明显的脱离实际、急躁冒进的成分，不是一项常态下"适应无产阶级经济任务的政策"①，然而，我们绝不可全盘否定这一政策的历史功劳。这正如列宁自己所说："由于战争和贫穷，我们曾经不得不试行最革命的方法，尽量限制商业，实行余粮收集制和最大限度的国家分配，否则我们就不能赢得战争。"② 战时共产主义政策较好地适应了战争需要，它把国家有限的资源最大限度地集中起来，为捍卫新生的社会主义国家政权作出了巨大的历史贡献。

四　国内战争结束至新经济政策前的思想（1920 年 11 月—1921年 3 月）

苏俄国内战争结束至新经济政策开始前的时期，是列宁社会主义宏观经济管理思想发展的一个特殊时期。关于这一时期的列宁社会主义宏观经济管理思想，一些学者要么将之笼统地归并到战时共产主义时期或新经济政策时期，要么未将之列入研究视线。笔者认为，这种做法，从列宁思想发展轨迹来看尚值得商榷。这是因为：

其一，这一时期列宁的思想主张不同于新经济政策时期。这一阶段，苏俄国内战争虽然已经结束，但列宁并未对战时共产主义政策进行反思（列宁对战时共产主义政策的反思是从 1921 年春开始的），并未打算对以余粮收集制、禁止私人贸易及高度中央集权管理制为主要特征的战时共产主义经济政策作根本改变。就拿余粮收集制政策来说，列宁不仅未思考及时结束这一强制政策，反而为了优先发展工业而主张对农民开展更大规模的说服和强制，不仅强制摊派农民上缴余粮，而且强制摊派、规定农民的播种面积。这一点，可以从 1920 年12 月 28 日全俄苏维埃第八次代表会议通过的《关于巩固和发展农民经济和农业的措施》中得到印证。该《措施》规定：按国家播种计划

---

① 《列宁全集》（第 41 卷），人民出版社 1986 年版，第 208—209 页。

② 《列宁全集》（第 42 卷），人民出版社 1987 年版，第 514 页。

所规定的土地面积下种是一项国家任务，必须强制农民按全国义务播种计划进行播种①。这正如列宁自己所说，"那时（战争时期——引者注）的任务并不怎么复杂，只不过要求农民交出一定数量的粮食，而现在则要求农民在自己的耕作方面作一些全国政权认为必要的改变。"② 显然，这一阶段，列宁不仅没有结束战时共产主义的余粮收集制政策，反而设想通过进一步强制农民完成国家规定的播种计划，实行更严格的余粮收集政策。

其二，这一时期列宁的思想主张也不同于战时共产主义时期。相对于战时共产主义时期激进的直接过渡思想，这一阶段，列宁又开始重新思考利用国家资本主义进行间接过渡，并第一次提出租让政策思想。所谓租让，就是苏俄按照一定的条件把自己暂时无力开发经营的矿山、土地、森林等资源，租让给外国资本家开发经营，以换取资金、设备、技术等，用于恢复和发展国内生产。在列宁看来，租让也是国家资本主义，在经过激烈战争考验下依然牢不可摧的无产阶级政权下，是不值得害怕的。相反，不实行租让，就不可能创造一个较好的国际环境去防止新的武装干涉；不实行租让，也不能得到资本主义国家的资金、设备、技术，"就不能实行我们的纲领和国家电气化"，"就不能在十年内恢复我国的经济"③。列宁要求从政治、经济两个层面上理解把握租让政策的意义，并为此规划了租让项目，颁布了《租让法令》，明确："对承租人投入企业的财产决不实行国有、没收和征用"，"保证不容许通过政府的任何命令或法令而单方面改变租让合同的条款"④，力求通过租让获取资金技术，为战后恢复国家工业创造条件。租让制是列宁的伟大首创，体现了列宁对外开放的重要思想，在列宁社会主义宏观经济管理思想体系中占有重要地位。

---

① 《苏联共产党和苏联政府经济问题决议汇编》（第 1 卷），中国人民大学出版社1984 年版，第 203—208 页。

② 《列宁全集》（第 40 卷），人民出版社 1986 年版，第 180 页。

③ 同上书，第 80 页。

④ 《苏联共产党和苏联政府经济问题决议汇编》（第 1 卷），中国人民大学出版社1984 年版，第 198 页。

其三，这一时期列宁国家电气化计划构想体现了列宁关于社会主义经济建设道路的新设想。国家电气化计划是一个宏伟而大胆的构想，其主要任务是用 10 年到 15 年时间，新建 30 座总装机容量为 175 万千瓦的电站，使全国年发电量达到 88 亿度，从而创造以电能为基础的新生产力，推动工业、农业和运输业的发展。相比之前各阶段的构想，这一构想瞄准那个时代最先进的科学技术，着眼于社会经济发展与社会技术改造相结合，侧重于从社会技术形态的改造上促进国家经济发展。实际上，在一个经济发展水平相当落后的国家里，靠什么发展生产力？是着眼于传统的生产技术与方法，依靠众多人口提供的人力资源，走小经济、小手工业的老路？还是尽可能转向采取世界最先进的科学技术与生产方法，去开创一条发展现代化生产的新路？在这里，列宁给出了明确地回答：新生的苏维埃俄国必须敢于采取电气化的最新技术，建设现代物质技术基础，走一条发展国家经济的新路。列宁说："只有当国家实现了电气化，为工业、农业和运输业打下了现代大工业的技术基础的时候，我们才能得到最后的胜利。"[①]"如果俄国布满了由电站和强大的技术设备组成的密网，那么，我们的共产主义经济建设就会成为未来的社会主义的欧洲和亚洲的榜样。"[②]实践证明，列宁指出的这条道路是完全正确的，国家电气化计划的实施为苏联建成强大的国家工业体系并迅速实现工业化，一跃为世界经济强国奠定了坚实基础。列宁国家电气化构想，从社会技术形态的改造上为列宁社会主义经济建设与管理思想体系增添了崭新的方面。

综上所述，列宁国内战争结束后至新经济政策前的思想既不完全相同于新经济政策时期，也不完全相同于战时共产主义时期。这一阶段，列宁社会主义经济建设与管理思想有崭新内容，故应将其作为一个相对独立的阶段或时期。

---

① 《列宁全集》（第 60 卷），人民出版社 1986 年版，第 156 页。

② 《列宁全集》（第 40 卷），人民出版社 1986 年版，第 158 页。

五　新经济政策时期的思想（1921 年 3 月—1922 年 12 月）

1920 年底，不断恶化的粮食形势，不仅使战后列宁从工业着手恢复国家经济的计划未能实现，而且使苏俄面临严重的经济与政治危机。面对危机，列宁转向从农业入手，通过建立工农间正常的经济联系，恢复和发展国家经济，并提出了以粮食税＋流转自由为核心内容的新经济政策。列宁在《农民问题提纲初稿》《关于以实物税代替余粮收集制的报告》《关于粮食税的报告》《论粮食税（新政策的意义及其条件)》等讲话和文章中，对这一政策进行了详细的阐释。在列宁看来，要发展工业，就必须有粮食，在战争年代，为了捍卫自己的政权，农民可以把粮食无偿贷给苏维埃政权来恢复暂时还不能向他们提供任何东西的大工业，但是在由战争转向和平的条件下，继续这种办法就不可行了，"小农只要还是小农，他们就必须有同他们的经济基础即个体小经济相适应的刺激、动力和动因"[1]，就必须给予小农一定的流转自由，以刺激农民扩大播种面积和改进农业。不过，这时列宁设想的"流转"，是不通过货币与市场的流转，是限制在当地范围内的流转，是强制在合作社机构内统一进行的工业品与农产品之间直接兑换。列宁之所以如此严格限制流转，说明当时的列宁既看到了在小农经济基础上发展社会主义经济离不开商品流转与交换，但同时又担心商品流转与交换的发展会导致资本主义倾向的复活，这是列宁矛盾心理的反映。

然而，列宁设想的这种被严格限制的流转没有取得成功，它实际上变成了私人买卖和现金交易。为此，1921 年秋，根据面临的经济现实，列宁提出，放宽对商品交换的限制，扩大商品交换范围，"从国家资本主义转到由国家调节买卖和货币流通"[2]。列宁说："私人市场比我们强大"，"我们还退得不够，必须再退，再后退"[3]，"不仅要退

① 《列宁全集》（第 41 卷），人民出版社 1986 年版，第 55 页。

② 《列宁全集》（第 42 卷），人民出版社 1987 年版，第 228 页。

③ 同上。

到国家资本主义上去，而且要退到由国家调节商业和货币流通"①，不这样就不能恢复正常的经济联系，就不能摆脱危机。从国家资本主义转到由国家调节买卖和货币流通标志着新经济政策的进一步深化。

在纵向深化新经济政策的同时，列宁还将新经济政策横向扩展，使新经济政策从农村农业领域扩展到城市工业领域。1921 年 8 月人民委员会颁布《关于贯彻新经济政策原则的指令》，要求"采用经济政策的新方针来组织国营工业的工作"，规定国营企业"根据真正的经济核算原则进行经营"，对职工的分配要"以建立工人对工作的最大的直接的利害关系为基础"②。列宁说："我们不应当规避商业核算，……只有在商业核算这个基础上才能建立经济。……如果我们不估计到这一点，就不可能以应有的方式来实行新经济政策。"③

在对新经济政策进广泛的横向扩展后，列宁又对新经济政策作了进一步深化。1921 年 11 月，他写作了《〈按商业原则办事〉一文提纲》④，这虽然是一篇没有最后完成的写作计划，但从标题上却道出了新经济政策的全部内容。因为，按商业原则办事，就意味着承认苏俄社会主义过渡期存在多元的利益主体（包括小农、企业等），承认尊重不同利益主体各自的利益及自主权，承认各利益主体间的商品货币关系；按商业原则办事，就要求各利益主体面向市场按经济核算原则进行经营，取得最好的经济效益，不亏本等。按商业原则办事是列宁对粮食税、贸易自由、国家调节买卖与货币流通、经济核算制、物质利益原则等具体新经济政策的集中概括，它"既是一个行动口号，又是一个理论观点，即找出了把'全部新经济政策'包括进去的一个公式"⑤，其精神实质是：改变战时共产主义时期靠国家政权的非经济强

---

① 《列宁全集》（第 42 卷），人民出版社 1987 年版，第 229 页。

② 《苏联共产党和苏联政府经济问题决议汇编》（第 1 卷），中国人民大学出版社 1984 年版，第 268—269 页。

③ 《列宁全集》（第 42 卷），人民出版社 1987 年版，第 239 页。

④ 同上书，第 240 页。

⑤ 杨承训：《列宁后期思想探要 1917—1923》，华中师范大学出版社 1989 年版，第 48 页。

制手段直接组织生产和分配的做法，在国家统一计划指导下，利用商品货币关系与市场，把各种经济成分的运行都统一到社会主义建设的轨道上来，形成统一的经济运行机制。正因如此，列宁合乎逻辑地得出商业"是无产阶级先头部队同农民结合的唯一可能的环节，是促使经济开始全面高涨的唯一可能的纽带"①，"是我们无产阶级国家政权、我们居于领导地位的共产党'必须全力抓住的环节'"② 等重要结论。他甚至还明确地说："在工人国家的领导和监督下利用商业……我们新经济政策的基础和实质全在于此。"③

　　当然，新经济政策提出一年后的 1922 年 3 月，列宁在俄共（布）第十一次代表大会上中提出了"停止退却"，但这并不意味着新经济政策的结束，只是说明在列宁看来让步的限度已经定了，不再后退，而让步的政策仍要继续执行。此时，列宁依然强调"新经济政策仍然是当前主要的、迫切的、囊括一切的口号"④，要求把检查实际执行情况作为工作重点，并指出："现在全部工作、全部政策的关键就在于此，全在于此，仅在于此。"⑤

　　综上所述，这一时期，列宁的新经济政策思想经历了一个从应急提出到纵向深化，再到横向拓展及再深化的展开与完善过程。这一过程体现了列宁在社会主义宏观经济管理上的迂回过渡思想，体现了尊重实际，一切从实际出发的列宁主义思想精髓。

　　从战时共产主义到新经济政策是列宁关于社会主义宏观经济管理探索的重大转变。关于这一转变的原因，学界大部分同人都将之归结为苏俄战后面临的严重经济与政治危机。诚然，经济与政治危机是这一转变的直接原因，但其背后的深层原因却是文化。实际上，对任何

---

① 《列宁全集》（第 42 卷），人民出版社 1987 年版，第 348 页。

② 同上书，第 248 页。

③ 同上书，第 335 页。

④ 《列宁全集》（第 43 卷），人民出版社 1987 年版，第 301 页。

⑤ 同上书，第 15 页。

一种社会现象而言，"文化都是一个深层次的不可不深究的根源"①，从文化的视角探究列宁从战时共产主义到新经济政策转变的原因，将为我们深入研究这一问题打开一个新的视角，同时，从中我们也可以得到一些新的启示②。

　　所谓文化，不仅包括社会成员的知识水平与科学素养，更包括人们在一定社会条件下形成的思想观念、价值规范与行为习惯等。任何社会的制度变革都与一定社会的文化息息相关。马克思、恩格斯在其经典著作中明确论及了文化与社会发展、制度变革的关系。尽管他们把生产力视为社会发展与制度变革的决定性因素，并以此与唯心主义划清界限，但同时又高度重视和强调文化在未来社会发展与制度变革中的作用。例如：恩格斯在《共产主义原理》一文中提出：未来社会"由整个社会共同经营生产和由此而引起的生产的新发展"，需要一种完全不同的"新人"③；马克思在《哥达纲领批判》中更是明确指出："权利（意味着一定的制度设计——引者注）决不能超出社会的经济结构以及由社会经济结构制约的社会的文化的发展。"④ 一个社会只有当它在道德和精神方面都摆脱了它脱胎出来的那个旧社会的痕迹，摆脱了"资产阶级权利的狭隘眼界"，"社会才能在自己的旗帜上写上：各尽所能，按需分配！"⑤

　　显然，在马克思、恩格斯看来，未来社会的制度变革与重构需要以一定的文化为条件，文化在未来社会的制度变革中起着重要作用。事实也的确如此，文化尽管不是制度的最终决定力量，却是制度的现实土壤，为制度的确立提供"拟子模版"（正因为这一点，有人视文化为一种元制度）。离开文化的支撑，制度的认同性、有效性将无法

---

　　① 任洁：《唯物史观视野中的文化与制度变迁关系研究》，中国社会科学出版社 2010 年版，第 10 页。

　　② 本目以下内容以《苏俄实行"新经济政策"的文化动因》一文，载于 2014 年 6 月 9 日《光明日报》第 11 版。

　　③ 《马克思恩格斯选集》（第 1 卷），人民出版社 1995 年版，第 242 页。

　　④ 《马克思恩格斯选集》（第 3 卷），人民出版社 1995 年版，第 305 页。

　　⑤ 同上书，第 306 页。

获得，制度将成为"乌托邦"。因此，社会的制度变革与选择，必须与社会的文化相适应，必须建立在文化演化所形成的自发秩序上。尤其是领导阶层以理性的自觉构建方式推动制度变革时，与既存文化的适应将成为其成败的关键。然而，文化的自身演进相对于社会制度的变革而言，往往又具有一定的独立性，它们之间并不总是保持同步关系。特别是当制度变革以"跳跃式"或"突变式"进行时，能够使自己的文化观念超前或同步于社会制度发展变革要求的，只是社会群体中的少数"精英"。对于普通大众而言，由于受传统习惯束缚，他们的文化心理与观念更多的是"跟不上事变的进程"，从而成为制度变革的滞后力量，并呈现出马克思在《资本论》中所说的"死人抓住活人"的现象。

战时共产主义是革命胜利后由于当时形势，列宁按共产主义原则设计的一种"准共产主义"制度模式。根据社会制度变革的一般规律，这一制度模式，无论是全盘国有化、管理集中化，还是余粮收集制、劳动义务制、分配平均化等，无一不需要以全体社会成员"超出资产阶级权利的狭隘眼界""十分习惯于遵守公共生活的基本准则""把劳动作为生活的第一需要""不拿报酬地为公共利益工作成为普遍现象"等为前提。不可否认，从这一制度模式中所体现出的制度设计者自身的文化观念是先进的、进步的，但这些先进的文化观念如果仅局限在制度设计者身上，不是或者不能转化成社会大众的普遍意识，再美好的制度都难以向现实转化。

那么，十月革命后的俄国，社会大众的实际文化情形又怎样呢？现实状况是：不用说无产阶级的文化，"就是资产阶级文化的状况也是很差的"，"距离普遍识字很远"①，3/4 的居民是文盲；半野蛮人的习惯、老"奥勃洛摩夫"习气、无法纪的古老俄罗斯观点等到处存在；传统村社中的"公共"意识与集体观念经过半个多世纪资本主义的"洗礼"，早已荡然无存，剩下的只是小私有者的"心理和习惯"；人们仍

---

① 《列宁全集》（第 43 卷），人民出版社 1987 年版，第 356 页。

然"用被迫劳动者的眼光来看待劳动量,尽量躲避加重的担子"①,甚至"还像从前那样,一心想'多捞一把,然后溜之大吉'"②。

上述这些因千百年历史积淀而生的旧的文化心理,不可能随着一场革命在短时间内获得改变,它们的滞后影响也远非"一声炮响"就能消除,它们"并不象一个人死的时候那样,只要把尸体抬出去就完事了",它们的"尸体不能装进棺材、埋入坟墓",反而"在我们中间腐烂发臭并且毒害我们"③,拖拽并制约着新社会各种美好制度原则的实现。在这样的文化心理与传统制约下,直接"按共产主义原则来调整国家的产品生产和分配"的制度原则,必然遭遇重重困境;全盘公有制、余粮收集制、劳动义务制、分配平均化……这些"似乎"只有在共产主义高级阶段才会出现的制度措施,在当时的历史条件下必然很难实现。在这样的文化心理与传统制约下,实施战略"退却",回归到与人们现实的文化心理与传统相适应的新经济政策,采取人们尤其是小农"完全可以接受完全可以理解的措施"过渡到新制度,就成为必然。

列宁说:"由于我国文化落后,我们不能用正面攻击来消灭资本主义。如果我们的文化是另一种水平,那就可以比较直截了当地解决这项任务了。"④战时共产主义以直接消灭资本主义为目的的激进制度变革,与苏俄革命后人民大众的思想文化觉悟严重脱节甚至不兼容、不协调,从而导致缺乏支持其运行的基本文化价值系统,这是列宁终结战时共产主义、改行新经济政策的深层次原因。列宁的这一政策转变,对我们今天完善和发展中国特色社会主义制度具有重要启示:一方面,我们不能脱离现实的文化国情,去盲目追求超越社会主义初级阶段的制度模式;另一方面,必须大力加强以社会主义核心价值观为主要内容的中国特色社会主义文化建设,为完善和发展中国特色社会主义制度提供思想导引和价值认同。

---

① 《列宁全集》(第33卷),人民出版社1985年版,第206页。

② 同上书,第206页。

③ 《列宁全集》(第34卷),人民出版社1985年版,第380页。

④ 《列宁全集》(第42卷),人民出版社1987年版,第193页。

六　病重期间的最后思想（1922 年 12 月—1923 年 3 月）[①]

由于长期的工作劳累与高度紧张，再加上残留在身体内的子弹枪伤，使得列宁的身体每况愈下。至 1921 年底，列宁体力不支的状态已明显显露出来。1922 年 12 月 13 日—16 日，列宁先后两次中风，不得不离职休养。休养期间，列宁仍在殚精竭虑地思考着苏维埃社会主义建设与管理中的一系列重大战略问题，设计着苏俄社会主义建设的新构想。由于身体原因，不能写作，他就要求采取口授方式。从 1922 年 12 月开始，直到 1923 年 3 月病情第三次恶化失去语言能力，列宁在病榻上以惊人的毅力口授了《给代表大会的信》《日记摘录》《论合作社》《我们怎样改组工农检查院》《宁肯少些，但要好些》等八篇书信和文章。这些书信和文章是列宁病逝前留下的最后遗作，其中蕴含了他关于社会主义经济建设与管理的最后构想，体现了他对社会主义经济建设与管理问题的深层次与广角度的思考。然而，对列宁这些"惊天地、泣鬼魂"的呕心沥血之作，西方学界却戴着灰色的眼镜，以唯心史观的狭隘视野及病理学家的心态去解读，把它仅仅归结为个人之间的政治斗争与权力争斗，有的甚至说，它是列宁在他生命最后时刻依靠少数几个妇女（他的妻子、妹妹和三四位秘书）密谋策划的一场"苦迭打"式的宫廷政变，是"列宁最后的斗争"，是一场"伟大的革命悲剧"[②]。苏联学界在很长一段时期内对列宁最后著作一直不作深入解读，直到 20 世纪 50 年代斯大林逝世后，情况才有所变化，但大多把它作为批评斯大林个人崇拜的政治武器。从 20 世纪八九十年代开始，我国学者开始解读列宁最后书信与著作，但多是从"政治遗嘱"的层面解读其政治建设与改革思想，全然忽视了这些书信与文章中所蕴含的列宁最后时刻在社会主义经济建设与管理方面的思想，并将其或者排除在列宁社会主义经济建设与管理思想研究视线

---

①　本目中的内容以《列宁最后书信与文章中的社会主义经济建设与管理思想解读》一文，载于《求索》2014 年第 6 期。

②　［法］莱文（Lewin, M.）：《列宁的最后斗争》，叶林译，黑龙江出版社 1983 年版，第 4 页。

之外；或者笼统地归并为新经济政策思想，没有把它作为一个相对独立的时期单独地突出出来。

实际上，这一时期列宁对社会主义宏观经济管理问题的思考，与他此前的实践探索有着密切联系。如何在经济文化落后的俄国组织管理并发展社会主义国家经济，是他十月革命后实践探索中贯穿始终的思想主线之一。围绕这一主线，列宁先后提出并实施了多个设想和计划，尤其是1921年春开始实行的新经济政策，虽然使列宁找到了一条组织管理并发展社会主义国家经济的正确路径，但列宁思想深处依然存在一些深层次困惑，如：如何既利用商品货币关系发展社会主义的国家经济，同时又有效防止俄国资本主义发展；如何采取有效途径恢复与发展俄国大工业；如何使苏维埃各级机关实际地落实党和国家的经济政策与指令；如何解决俄国落后文化对国家经济发展的制约等。带着以上问题，1922年12月—1923年3月病重期间，列宁对社会主义经济建设与管理问题进行了最后思考，提出了关于苏俄社会主义经济建设与管理的最后构想。主要有：

第一，通过合作社引导小农走上社会主义经济建设道路。众所周知，新经济政策解决了苏俄向社会主义过渡时期的商品货币关系与贸易自由问题，确立了把商品交换提到首要地位并按商业原则办事的原则，这虽然极大地调动了工农群众的生产积极性，但同时又使自发的资本主义因素有了抬头和发展。如何既利用商品货币关系发展社会主义的国家经济，同时又有效防止俄国自由资本主义的产生，保证经济建设的社会主义前景与方向，是列宁病重期间思考的一个重要课题。针对这一课题，在《论合作社》一文中，列宁提出了在实行新经济政策的条件下通过合作社引导亿万小农走上社会主义经济建设道路的构想。列宁认为，通过合作社，把私人交换纳入合作社的交换，可以把私人贸易纳入到国家监督和控制的轨道上，从而消除因自由贸易而引发的资本主义危险。列宁说：合作社使"我们发现了私人利益即私人买卖的利益与国家对这种利益的检查监督相结合的合适程度，发现了

私人利益服从共同利益的合适程度。"① 正是因为看到了合作社在实现
国家对私人贸易的监督和控制方面的积极作用，列宁对新经济政策条
件下合作社的巨大意义给予了高度评价，认为：合作社在新经济政策
背景下是一种引导小农走上社会主义建设道路的好方法，"在采用尽
可能使农民感到简便易行和容易接受的方法过渡到新制度方面"具有
巨大的、不可估量的意义。列宁要求立即从"合作社"原则出发，采
取名副其实的支持手段，使人人明白合作社这一原则的社会主义意
义，使俄国居民充分广泛而深入地合作化。列宁对通过合作社引导小
农走上社会主义经济建设道路的构想抱有极大的期待。他认为，合作
社的发展就是社会主义的发展，合作社虽然还不是建成社会主义，但
却是建成社会主义所必须而且足够的一切，他说："在我国，既然国
家政权操在工人阶级手中，既然全部生产资料又属于这个国家政权，
我们要解决的任务的确就只剩下实现居民合作化了。"② 总之，列宁病
重期间提出的合作社计划与合作社原则，是列宁针对新经济政策的现
实危险，总结十月革命后合作社实践正反两方面经验后的理论升华。
他把自由贸易与国家引导、战略退却与战略进攻有机地结合起来，对
新经济政策做了最后的修正与完善，提供了不同于"国家社会主义"
的"合作社会主义"的独特模式。

　　第二，采取厉行节约的办法发展俄国大机器工业，使俄国从农民
的、庄稼汉的、穷苦的马上，跨到大机器工业的马上。实行以粮食税
代替余粮收集制、允许私人贸易等为主要内容的新经济政策，虽然使
列宁找到了一条调动农民积极性、促进俄国农业恢复与发展的现实路
径，然而，在列宁思想深处，他始终认为，"要挽救俄国，单靠农业
丰收还不够，……还必须有重工业。"③ 没有高度发达的大工业，那就
根本谈不上社会主义。抱着对大工业发展的不懈追求，病重期间的列
宁仍然在苦苦探索。1923 年 3 月 2 日，他在其口授的最后一封书
信——《宁肯少些，但要好些》中，联系当时苏俄面临的严峻国际形

---

① 《列宁全集》（第 43 卷），人民出版社 1987 年版，第 362 页。

② 同上书，第 361 页。

③ 同上书，第 282 页。

势，从社会主义的前途与命运的高度，进一步阐述了发展俄国大机器工业的必要性与紧迫性。他说："西欧资本主义列强半自觉半自发地尽一切可能把我们抛回到过去的水平，利用俄国国内战争中的各种因素尽量破坏我国经济"①，它们即使不能消灭俄国革命，至少也要使它难于向社会主义发展，虽然社会主义的最后胜利是完全绝对有保证的，但是，单靠劳动生产率极低的小农经济要俄国支撑到西欧资本主义国家发展到社会主义的那一天是不容易的，必须发展大机器工业。为了发展俄国大机器工业，列宁提出，生存于帝国主义国家包围之中的俄国，必须采取厉行节约的办法。为此，他要求精简国家机关、厉行节约，把沙皇俄国及其资本主义官僚机关大量遗留在我们国家机关中的一切浪费现象的痕迹铲除干净，把任何一点积蓄都保存起来，发展国家大机器工业，使俄国从农民的、庄稼汉的、穷苦的马上，跨到大机器工业的马上。他说，只有这样，"我们才能够有十分把握地坚持下去。而且我们将能够不是在小农国家的水平上，不是在这种普遍的局限性的水平上坚持下去，而是在不断地前进、向着大机器工业前进的水平上坚持下去。"② 在这里，列宁提出了通过精简机关、厉行节约的办法发展大机器工业的思路，这一思路是符合苏俄当时的国情的。实际上，要发展大工业，就需要有大量的资金，从当时苏俄的实际情况看，一方面面临国际帝国主义的经济封锁，苏俄不可能获得富有国家的贷款，而且通过租让办法引进国外资金、设备、技术没有收到什么效果；另一方面，俄国是一个农业落后的国家，特别是广大农民在战时共产主义时期做出了巨大的牺牲，战后不能再指靠他们继续牺牲来支持大工业建设。与此同时，苏维埃国家机关机构臃肿，浪费现象严重，至1922年，在莫斯科的国家机关部门由1918年的18个增加到1922年的120个，其中真正有用的不过16个，不足1/7。在一个本来就十分贫穷的国度里，保持如此庞大的国家机构是一个沉重的负担，因此必须精简国家机关，厉行节约，把节约下来的资源用于

---

① 《列宁全集》（第43卷），人民出版社1987年版，第388页。

② 同上书，第392页。

发展大工业。列宁的这一构想，符合当时苏俄的客观实际，对当前我国的经济建设与发展也具有重要的指导意义。

第三，改组工农检查院，加强对经济政策与指令落实情况的监督检查。如何加强对政策执行的监督检查，保证党和国家经济政策与指令能实际地得到落实与执行，这是列宁病重期间思考的又一重要课题。他在《我们怎样改组工农检查院》《宁肯少些，但要好些》两篇书信中，从加强国家监督检查专门机关建设的角度提出了解决这一问题的具体构想：其一，精简工农检查院的职员，将其职员缩减至300—400人，从而消除其机构臃肿、人浮于事的现象；其二，借鉴国内战争期间加强红军建设的经验，从专政根基最深的地方去发掘新的力量，把工人中的优秀分子吸收过来，以消除旧式国家机关的残余；其三，严把工农检查院人员素质关，凡进入工农检查院的人员都"要经过专门考查，看他们是否认真负责，是否了解我们的国家机关，同时还要经过专门考验，看他们是否了解科学组织劳动特别是管理、办公等方面劳动的原理"①；其四，从工作上和组织上把党的中央监察委员会和改组后的工农检查院的基本部分结合起来，并让其参加党的中央全会，从而提高工农检查院的地位和威信。此外，列宁还提出要把"宁肯数量少些，但要质量高些"作为改组工农检查院、加强国家监督检查专门机关建设的基本准则，把工农检察院建成一个"真正模范的、不只是由于官衔和职位才受到大家尊敬的机关"。总之，在最后的书信与文章中，列宁提出了关于加强国家监督检查专门机关建设的系统构想与具体措施，这些构想与措施既是他关于苏维埃国家政权机关改革的政治交代，更是他关于加强社会主义经济监督的最后构想，是他对如何保证党和国家经济政策与指令能实际地得到落实与执行这一难题的最后破解。

第四，把工作重心转到和平的"文化"组织工作上去，摆脱经济建设的文化困境。实际上，经济的进步与变革与一定的社会文化存在密切联系，如何摆脱落后文化对社会主义国家经济发展的制约，在列

---

① 《列宁全集》（第43卷），人民出版社1987年版，第374页。

宁的最后思考中，是摆在首要地位的课题。1922 年 12 月 27 日，列宁拟定自己的最后写作计划时，在初拟的四个题目表中，文化问题占了两个，这体现了列宁对文化问题的重视。为了全面摸清俄国落后的文化现状，他在生命的最后时刻还忍着巨大病痛翻阅有关统计资料，并在 1923 年 1 月 2 日的《日记摘录》中，用一组有说服力的数字进一步分析了俄国居民的文化水平状况："我们距离普遍识字还远得很，甚至和沙皇时代（1897 年）比，我们的进步也太慢"①，对俄国文化国情的分析做了重大补充。此后，在《论合作社》一文中，他在提出合作社计划这一经济构想时，进一步分析了实施这一构想所面临的文化瓶颈，即："需要一场变革，需要有全体人民群众在文化上提高的一整个阶段"②，否则，"没有一场文化革命，要完全合作化是不可能的。"③ 在这里，列宁把合作化与文化联系在一起，是有其客观依据的。事实上，一定社会的生产关系、经济制度不仅取决于物质生产水平，而且取决于一定的社会文化，文化水平不仅影响人们从事现代经济活动的能力，而且影响经济政策的有效执行及制度的正常运转。早在十月革命前，列宁就分析了经济制度安排所受的文化制约，他在《国家与革命》一文中指出：共产主义社会制度实现的前提"既不是现在的劳动生产率，也不是现在的庸人"，它需要人们以超出资产阶级的狭隘眼界并"已经十分习惯于遵守公共生活的基本规则"④ 为前提。十月革命后，苏俄先后在农村推行公有化程度较高的共耕制和公社制之所以失败，其根本原因是由于受到了俄国落后的小农文化（道德观念、思想传统、政治心理等）的制约。同理，要使农民参加这种带有微弱共有性质的合作社，不改变落后的小农文化现状，也是不可能的。为此，列宁提出要在农民中广泛地进行文化工作，使俄国居民具备做一个有见识的和能说会算的商人的本领，使俄国居民"文明"到能够懂得人人参加合作社的一切好处，并参加进去。接着列宁又超

---

① 《列宁全集》（第 43 卷），人民出版社 1987 年版，第 356 页。
② 同上书，第 364 页。
③ 同上书，第 368 页。
④ 《列宁全集》（第 31 卷），人民出版社 1985 年版，第 92 页。

出上述合作化语境，把文化建设置于经济建设乃至整个社会主义建设的广阔范围，提出要改变工作重心，把重心从政治斗争、革命、夺取政权等方面转到和平的"文化"组织工作上去，并用假设性的句式对这一观点进行了强调："如果把国际关系撇开不谈，只就国内经济关系来说，那么我们现在的工作重心的确在于文化主义。"① 此外，列宁还提出在加强文化工作方面要"实际着手干起来"：一方面，要大力发展教育，要增加教育经费预算，把从其他部门削减下来的款项用于教育人民委员部，要把国民教师的地位提到应有的高度，不断地加强组织国民教师的工作，"既要振奋他们的精神，也要使他们具有真正符合他们的崇高称号的全面修养，而最最重要的是提高他们的物质生活水平"②；另一方面，要努力加强学习，"要给自己提出这样的任务：第一是学习，第二是学习，第三还是学习，然后是检查，使我们学到的东西真正深入血肉，真正地完全地成为生活的组成部分，而不是学而不用，或只会讲些时髦的词句。"③ 这些构想体现了列宁对加强苏俄文化工作、摆脱经济建设之文化困境的深层次思考，体现了列宁对经济与文化关系的深刻领悟。

总之，列宁病重期间提出了关于社会主义宏观经济管理的最后构想。这些构想是列宁离开繁忙工作岗位之后所做的理论沉思与战略思考，尽管仍有许多不够完善的地方，有些可能还只是一幅粗线条大致勾画的草图，但它具有以下特点：（1）主题鲜明、线索明晰。列宁最后书信与文章中所蕴含的社会主义经济建设与管理思想，以落后俄国的经济建设与发展为主题，以农业、工业为两翼，勾画了促进俄国经济发展的战略构想与保障措施。在农业方面，提出了从流通领域入手把农民组织起来进行社会主义经济建设的合作社计划；在工业方面，从精简机关、厉行节约的角度探索了发展俄国大机器工业的新思路。此外，列宁还从加强经济政策执行层面提出了改组工农检查院，从破解经济建设的文化困境角度提出把重心转到和平的"文化"组织工作

① 《列宁全集》（第43卷），人民出版社1987年版，第367页。

② 同上书，第358页。

③ 同上书，第380页。

上去，这些均构成了其促进国家经济发展战略构想的保障措施。由此可见，列宁最后书信中所蕴含的社会主义经济建设与管理思想并不是一个病人最后时刻所发出的片言碎语，而是一个逻辑缜密的思想体系。（2）层次高、针对性强。列宁病重期间所思考的问题，如：如何使新经济政策下的俄国经济建设走上社会主义道路问题，如何采取现实的路径发展俄国大工业问题，如何加强社会主义的经济监督问题，如何摆脱俄国落后文化对经济发展的制约问题，等等，既是涉及俄国社会主义经济建设与管理的重大战略问题，又是他先前的探索中没有完全解决的现实难题，层次高，战略性与针对性强。尤其是他的合作化构想，解决了新经济政策"迂回之后怎么办"的难题，开辟了一条使俄国经济走上社会主义的重要入口，探索了一条俄国社会主义经济建设的正确道路。可以说，从十月革命前列宁就开始了对俄国社会主义经济建设道路的探索，新经济政策只是为俄国社会主义经济建设初步摸索到了一条正确的道路，而这条道路真正从理论上确立起来是在他的最后书信与文章中。（3）视域广、思考深。列宁病重期间对社会主义经济建设与管理问题的很多思考，都跳出了经济领域，辐射到了政治、文化等多领域。比如，关于合作化的构想，列宁认为，合作化本身就包含农民的文化水平的问题，要实现完全合作化，必须在农民中进行文化工作，"需要有全体人民群众在文化上提高的一整个阶段"；对发展大工业的思考，列宁提出必须推进国家机关改革，精简机构，厉行节约，把节约下来的资源用于发展大工业；对加强国家经济政策执行监督检查问题的思考，列宁提出要加强国家经济监督检查专门机关建设，改组工农检查院，消除党和国家机关中的官僚主义等。这些构想把经济建设与文化建设、政治建设连成一片，从文化建设、政治建设的大视角思考如何推动俄国经济的发展，视域广、思考深，体现了列宁高度的辩证思维。（4）从实际出发、务实性强。列宁病重期间关于社会主义经济建设与管理的最后构想是一个从实际出发的客观务实的构想。他对引导小农走上社会主义经济建设道路路径的选择，充分吸取了战时共产主义时期强行推行共耕制和公社制的教训，充分考虑了"农民不是社会主义者"的客观现实，提出通过合作社这种简便易行、易被农民接受的方式引导农民过渡到新制度；他对发展俄国大工业的设想，充分顾及了俄国是一个落后农业国的现实国情，提出不能指靠农民继续牺牲来积累建设资金，必须依靠精简机构节省开支来发展俄国大工业；他对加强国家经济监督检查专门机关建设的思考，更是考虑了其从旧机关演变而来的客观实际，认为要根除旧机关的陈腐文化绝非一朝一夕就能完成，必须表现出无比坚韧的精神，最好慢一些，不应急于求成，等等。这些都体现了列宁最后构想的务实性特点。

马克思说："对人类生活形式的思索，从而对这些形式的科学分析，总是采取同实际发展相反的道路。这种思索是从事后开始的，就是说，是从发展过程的完结的结果开始的。"[①] 列宁病重期间对社会主义宏观经济管理问题的思考与马克思的这一论述具有相同的意境。它以十月革命胜利后苏俄社会主义经济建设正反两方面经验总结为基础，系统回答了一系列关于社会主义宏观经济管理的深层次长远战略问题，高屋建瓴，极其深刻；它围绕经济领域，辐射文化领域及国家机关改革，从文化建设、政治建设的大视角思考如何推动俄国经济的发展，层次高、视野广。它是列宁对自己毕生的实践创造和理论探索进行回溯后的思想结晶，是列宁社会主义宏观经济管理思想理论的制高点，在列宁社会主义宏观经济管理思想的发展中具有十分重要的地位。因此，我们既不能将它排除在研究视线之外，也不能笼统地将它归并为新经济政策思想，必须将它作为一个相对独立的阶段，进行深入研究。

综上所述，列宁社会主义宏观经济管理思想经历了一个曲折的发展与演进过程。厘清这一过程的前后脉络，对于我们科学把握列宁社会主义宏观经济管理思想的科学内涵，十分重要。

---

① 《马克思恩格斯全集》（第44卷），人民出版社2001年版，第93页。

第三节　列宁社会主义宏观经济管理
思想的理论渊源

列宁社会主义宏观经济管理思想，具有深厚的理论渊源。其中，马克思主义经济管理理论是其重要的理论基石，资本主义科学管理经验为其提供了重要借鉴，其他马克思主义者的有关思想对其形成也产生了深刻影响。分析探究列宁社会主义宏观经济管理思想的理论渊源，有助于我们准确理解列宁社会主义宏观经济管理思想的深刻内涵。

一　马克思主义经济管理理论

列宁很早就受到马克思的影响，还是在中学的时代（1885—1886年），他就开始接触马克思的《资本论》①。后来在喀山大学读书期间（1887—1888 年）及在萨马拉省（1889—1893 年）期间，他便开始系统研究马克思恩格斯的著作，留下了大量的读书笔记与批注。这些笔记和批注显示，马克思的《资本论》以及大量经济学和科学社会主义方面的文献是其关注的主要焦点。早年接受的这些马克思主义经济管理理论，对后来列宁社会主义宏观经济管理思想的形成与发展，产生了很大影响。例如：受马克思科学生产力理论的影响，列宁多次提出在剥夺剥夺者及镇压剥夺者反抗的任务基本完成后，无产阶级一定要转移工作重心，把提高劳动生产率这一"根本任务"提到首位，并提出了诸如"如果社会主义在经济上尚未成熟，任何起义也创造不出

---

① 一些传记作家们在这方面存在分歧：有许多人认为是列宁到了喀山之后，具体地说，是从 1889 年夏天在萨马拉省时起，才开始阅读马克思的著作；而苏联时期的传记作者倾向于将时间提前至他在辛比斯克的中学时期，认为那时在他的哥哥放暑假将《资本论》带回家时，列宁就已开始阅读了。（参见《列宁的一生》，北京图书馆出版社 2002 年版，第 32—33 页。）

社会主义来"①，"共产主义＝苏维埃政权＋电气化"②，夺取政权之后无产阶级"主要的政治应当是：从事国家的经济建设"③等科学论断。受马克思管理二重性理论的影响，列宁不仅揭露了资本主义管理的剥削性本质，提出了"资本家所关心的是怎样借掠夺来管理，借管理来掠夺"④这一著名论断，而且从建设新社会的角度出发，充分肯定在组织共同劳动与发展生产力方面，资本主义管理与社会主义管理具有互通性，因而提出要向资本主义学习，借鉴资本主义的先进管理经验，把苏维埃政权及管理组织同资本主义最新的进步的东西结合起来。受马克思关于未来社会的一切生产部门将在全体社会成员的参与下由一个"中央管理机构"（公社）集中管理等理论预测的影响，列宁早期提出了"共产主义要求全国大生产的最高度的集中"⑤"建成社会主义就是建成集中的经济，由中央统一领导的经济"⑥等观点，并着手建立了人类社会主义历史上第一个高度中央集权的宏观经济管理体制。再如：受马克思关于未来整个社会"按照社会总体和每个成员的需要对生产进行社会的有计划的调节"⑦思想的影响，列宁第一次把社会主义条件下有计划地组织全部社会生产称为"计划经济"，并在苏俄组织实施了消灭商品货币关系、建立大规模社会化计划经济的实践，试图"把全部国家经济机构变成一架大机器，变成一个使亿万人都遵照一个计划工作的经济机体"⑧；受马克思关于"人们为之奋斗的一切，都同他们的利益有关"⑨这一物质利益观的影响，列宁新经济政策时期提出永远不再把事情建立在热情和勇敢精神的基础

---

① 《列宁全集》（第 32 卷），人民出版社 1985 年版，第 218 页。
② 《列宁全集》（第 40 卷），人民出版社 1986 年版，第 223 页。
③ 《列宁全集》（第 39 卷），人民出版社 1986 年版，第 407 页。
④ 《列宁全集》（第 33 卷），人民出版社 1985 年版，第 205 页。
⑤ 《列宁全集》（第 34 卷），人民出版社 1985 年版，第 367 页。
⑥ 《列宁全集》（第 35 卷），人民出版社 1985 年版，第 414 页。
⑦ 《马克思恩格斯全集》（第 25 卷），人民出版社 2001 年版，第 409 页。
⑧ 《列宁全集》（第 34 卷），人民出版社 1985 年版，第 5 页。
⑨ 《马克思恩格斯全集》（第 1 卷），人民出版社 1995 年版，第 187 页。

上，必须"同个人利益的结合"①，"把国民经济的一切大部门建立在同个人利益的结合上面"②，为社会主义经济发展构建了动力机制，如此等等；这些充分说明，马克思主义经济管理理论为列宁社会主义宏观经济管理思想提供了重要的理论基石。

然而，需要特别指出的是，虽然马克思主义经济管理理论为列宁社会主义宏观经济管理思想提供了重要思想来源，但对列宁来说，马克思主义从来就不是死的教条，而是活的行动指南。列宁并不把马克思主义当作圣旨，而是考虑生动的实际生活，考虑现实的确切实际，将之与俄国的具体实际相结合，在实践中提出自己的思想观点与政策主张。列宁曾经深刻地指出：马克思主义的原理是颠扑不破的，无论什么时候都不能忘记它，"但必须善于应用它"③，"我们决不把马克思的理论看作某种一成不变的和神圣不可侵犯的东西；恰恰相反，……应当在各方面把这门科学推向前进。"④ 他还指出："理论是灰色的，而生活之树是常青的"⑤，"对于俄国社会党人来说，尤其需要独立地探讨马克思的理论，因为它所提供的只是总的指导原理，而这些原理的应用具体地说，在英国不同于法国，在法国不同于德国，在德国又不同于俄国。"⑥ 列宁还对马克思教条主义者提出过尖锐批评。他说：他们一点也不懂得马克思主义，"只会抓住书中的一些引文，象一个脑袋里似乎装着引文卡抽屉的学者一样，随时可以把引文抽出来，可是一旦遇到书中没有谈到的新情况，就束手无策，从抽屉里抽出恰恰不该抽出的引文来。"⑦ 他还说："只有不可救药的书呆子，才会单靠引证马克思关于另一历史时代的某一论述，来解决当前发生的独特而复杂的问题。"⑧ 列宁是这样说的，也是这样做的。比

① 《列宁全集》（第42卷），人民出版社1987年版，第176页。

② 同上书，第191页。

③ 《列宁全集》（第3卷），人民出版社1984年版，第12页。

④ 《列宁全集》（第4卷），人民出版社1984年版，第161页。

⑤ 《列宁全集》（第33卷），人民出版社1985年版，第209页。

⑥ 《列宁全集》（第4卷），人民出版社1982年版，第161页。

⑦ 《列宁全集》（第36卷），人民出版社1985年版，第346页。

⑧ 《列宁全集》（第3卷），人民出版社1982年版，第13页。

如，十月革命前，列宁最初根据马克思恩格斯关于未来社会土地国有化的设想，提出了土地国有化纲领，并对社会革命党人提出的土地社会化（平分土地）主张给予了坚决批评，但是十月革命胜利后，当看到土地国有化一时难以被俄国小农接受，绝大多数农民希望平分土地时，列宁当机立断，从实际出发，实行了平分土地的政策。他说："就让它这样吧。实际生活是最好的教师，……我们应当跟随着实际生活前进。"① 再如，十月革命胜利后的初期，特别是在国内战争时期，列宁从马克思主义经典原理出发，创立了人类历史上第一个国家高度垄断的中央集权的社会主义宏观经济管理体制。这一体制虽然较好地适应了战争的需要，但在和平建设时期行不通，列宁进行深刻反思，提出"不一定要认为国家垄断制从社会主义观点看来是最好的办法"②，"在一些大国的无产阶级革命还没有到来以前，经济关系或经济体制的类型＝上面实行集中，下面实行农民的自由贸易"③。以此为思路，列宁改革高度中央集权式的"战时共产主义"管理体制，创立了一个集权与分权相结合、计划与市场相结合的社会主义宏观经济管理新体制，发展了马克思关于未来社会主义社会宏观经济管理体制构想。再比如，国内战争时期，列宁从马克思共产主义一般原理出发，实行了以消灭商品货币关系、禁止私人贸易为主要标志的"战时共产主义"政策。实践证明，这条道路走不通，列宁转而实行新经济政策，把商品交换提到首位，按商业原则办事，利用商品货币关系，构建起了把小农经济、社会主义国营经济、国家资本主义经济等各种经济成分的运行都统一起来的社会主义统一的经济运行机制，如此等等。这方面的事例很多，都充分说明：列宁社会主义宏观经济管理思想既以马克思主义经济管理理论为基石，同时又对马克思主义经济管理理论进行了创新与发展。

---

① 《列宁全集》（第 33 卷），人民出版社 1985 年版，第 20—21 页。

② 《列宁全集》（第 41 卷），人民出版社 1986 年版，第 63 页。

③ 同上书，第 377 页。

二 资本主义宏观管理理论

除了马克思主义经济管理理论之外，资本主义宏观管理理论为列宁社会主义宏观经济管理思想提供了重要借鉴。

在列宁看来，任何社会制度下的管理都具有二重性，社会主义制度下的宏观经济管理也不例外。它作为一般管理的范畴，除了具有阶级性，必须服从无产阶级的利益之外，还具有与资本主义经济管理相同的共同属性，即都要合理组织生产力，促进社会生产力的发展。正是从这一点出发，列宁十分强调在社会主义宏观经济管理中借鉴运用资本主义的先进管理理论。列宁曾说："我们不能设想，除了建立在庞大的资本主义文化所获得的一切经验教训的基础上的社会主义，还有别的什么社会主义。"①"社会主义能否实现，就取决于我们把苏维埃政权和苏维埃管理组织同资本主义最新的进步的东西结合得好坏。"②"如果你们不能利用资产阶级世界留给我们的材料来建设大厦，你们就根本建不成它，你们也就不是共产党人，而是空谈家。"③

事实上，在组织管理俄国社会主义宏观经济的实践中，列宁借鉴资本主义先进管理理论的事例很多。例如，早在十月革命前，列宁就构思着社会主义必须利用国家资本主义来组织管理国家经济。1917年1月，他在《世界政治中的转变》一文中就分析了由于战争的需要，一些发达的资本主义国家已经从垄断资本主义逐步转变为国家垄断资本主义，并指出，这一现象为无产阶级夺取国家政权后组织管理社会经济生活提供了借鉴。1917年4月，他又在《关于目前形势的决议》中指出，在保存生产资料私有制的情况下，国家资本主义必然会加重对劳动群众的剥削和压迫，造成被剥削者反抗的困难，"但是，在废除生产资料私有制和国家政权完全转到无产阶级手中以后，同样的这些措施却会保证社会的改造获得成功，从而消灭人剥削人的现象并且

---

① 《列宁全集》（第34卷），人民出版社1985年版，第252页。

② 同上书，第170—171页。

③ 《列宁全集》（第36卷），人民出版社1985年版，第6页。

保障一切人的物质福利。"[1] 1917 年 9 月，在《大难当头，出路何在?》一文中，列宁进一步阐述了在不改变所有制的前提下，利用发展国家资本主义来监督小资产阶级资本主义的措施。十月革命胜利后，列宁更是提出"要学习德国人的国家资本主义，全力仿效这种国家资本主义，要不惜采用独裁的方法加紧仿效"[2]。列宁之所以强调要利用国家资本主义，是因为，从宏观经济的组织与管理角度看，国家资本主义和社会主义尽管性质不同，但有其共同点，就是都强调"有计划的组织"，都强调"极严格的计算和监督"。列宁说："国家资本主义是集中的，有计算和监督的，社会化的，而我们正好缺少这些。"[3]"不经过国家资本主义和社会主义所共有的东西（全民的计算和监督），就不能从俄国现时的经济情况前进。"[4] 再如，十月革命胜利后，列宁提出要学习资本主义的泰罗制，并将在全国实行泰罗制视为社会主义苏维埃共和国面临的一项任务。列宁认为，泰罗制"同资本主义其他一切进步的东西一样，既是资产阶级剥削的最巧妙的残酷手段，又包含一系列的最丰富的科学成就"[5]，是资本主义劳动组织的最新方法，体现了科学的巨大进步，为大大提高人的劳动生产率开辟了途径，完全可以用来训练劳动居民掌握无比高超的一般劳动方法，特别是劳动组织方法。此外，列宁还主张借鉴资本主义的合作社、托拉斯及资本主义的商品货币关系、商业原则与经济核算制等等，他甚至提出社会主义就是要"乐于吸收外国的好东西"，就是"苏维埃政权＋普鲁士的铁路秩序＋美国的技术和托拉斯组织＋美国的国民教育等等等等＋＋的总和"[6]，这些充分表明资本主义宏观管理理论为列宁社会主义宏观经济管理思想提供了重要借鉴。

---

[1] 《列宁全集》（第 29 卷），人民出版社 1985 年版，第 441—442 页。

[2] 《列宁全集》（第 34 卷），人民出版社 1985 年版，第 280 页。

[3] 同上书，第 236 页。

[4] 同上书，第 281 页。

[5] 同上书，第 170 页。

[6] 同上书，第 520 页。

三　其他马克思主义者的有关思想

除了马克思主义经济管理理论及资本主义先进管理经验之外，纳入列宁社会主义宏观经济管理思想体系的，还有其他一些马克思主义者的有关思想。这其中既包括普列汉诺夫、布哈林、托洛茨基等俄国马克思主义者的思想，还包括卢森堡、考茨基等外国马克思主义者的思想等。

当然，所有这些人中，对列宁思想影响最大的是被誉为"俄国马克思主义之父"的大理论家普列汉诺夫。普列汉诺夫是最早向俄国传播马克思主义的先驱者与思想家，他曾组织和领导了俄国历史上第一次工人政治示威游行，创立俄国第一个马克思主义团体——"劳动解放社"。他翻译的《共产党宣言》曾得到马克思的亲自作序，并获得马克思恩格斯的高度赞许。他一生中三次见到恩格斯，并得到过恩格斯高度评价："得知在俄国青年中有一派人真诚地、无保留地接受了马克思的伟大的经济理论和历史理论，并坚决地同他们前辈的一切无政府主义的和带点泛斯拉夫主义的传统决裂，我感到自豪。如果马克思能够多活几年，那他本人也同样会以此自豪的。"[1] 他翻译出版过一批马克思恩格斯著作，如《雇佣劳动与资本》《哲学的贫困》等，为马克思主义在俄国的传播做出了突出贡献。他撰写了一系列宣传马克思主义的优秀作品，如《社会主义和政治斗争》《我们的意见分歧》《论一元论历史观的发展》《论个人在历史上的作用》《唯物主义史论丛》等等。这些理论著作受到列宁的推崇，对包括列宁经济思想在内的整个列宁思想产生过重大影响，称他的著作"培养了一整代俄国的马克思主义者"。1903 年以后，虽然他与布尔什维克分道扬镳，转向孟什维克主义，此后对十月革命又持反对态度，但当有人动员普列汉诺夫参加推翻苏维埃政权的活动，并请他担任新政府的首脑时，他坚决地予以拒绝，他说："我把一生中的 40 年献给了无产阶级，我是不会向它射击的，即使它正沿着错误的道路走下去。"尽管普列汉诺夫

----

① 《马克思恩格斯选集》（第 4 卷），人民出版社 1995 年版，第 669 页。

与列宁在很多方面存在分歧，并对列宁提出过一些激烈的批评，甚至为列宁扣上"空想主义者"等帽子，但列宁仍对普列汉诺夫给予高度评价，并认为在他的理论那里"有很多真理"①。他曾经向年轻党员发出号召，要求学习普列汉诺夫的著作。他认为，不这样做，"就不能成为一个自觉的、真正的共产主义者"②。特别是十月革命前夕，普列汉诺夫关于落后俄国不能立即实行社会主义的立场观点：如："社会主义的组织，正如任何其他的组织一样，要求有与之相适应的基础。而这样的基础在现代的俄国是没有的"③，"社会主义的胜利不能同专制制度的崩溃同时并举"④ 等，虽然遭到列宁的反对与批评，但对列宁十月革命胜利后的间接过渡思想与实践产生了重要影响。尤其是普列汉诺夫提出的"社会主义制度至少要以两个必不可少的条件为前提：（1）生产力（所谓技术）高度发展；（2）国内劳动居民具有极高的觉悟水平。在不具备这两个必要条件的地方，根本谈不上组织社会主义生产方式……（否则），他们所能组织的只是饥饿"⑤，这一论述对列宁十月革命后的社会主义建设实践也有深刻启示。列宁深知，尽管世界历史发展的一般规律并不排斥个别发展阶段在发展的形式上表现出特殊性，但要建成社会主义，必须有充分发展了的生产力水平及居民高度的文化水平。为此，十月革命胜利后，列宁牢牢把握发展生产力这个根本，始终强调要把党和国家工作重心放到经济建设上，病重期间又进一步提出把工作重心转到和平的"文化"组织工作上，利用工农政权和苏维埃制度去"取得达到这个一定水平的前

---

① ［美］路易斯·费希尔：《神奇的伟人——列宁》，彭卓吾译，中国社会科学出版社1989年版，第1010页。

② 《列宁全集》（第40卷），人民出版社1986年版，第292页。

③ ［苏］普列汉诺夫：《普列汉诺夫文选》，张光明编译，人民出版社2010版，第72页。

④ ［苏］普列汉诺夫：《普列汉诺夫机会主义文选》（上册），虚容译，三联书店1964年版，第126页。

⑤ ［苏］普列汉诺夫：《在祖国的一年》，杨永、王荫庭译，三联书店1980年版，第121页。

提"①。这不能不说是列宁对普列汉诺夫上述论述的某种回应。此外，普列汉诺夫关于"俄国历史还没有磨好将来要用它来烤成社会主义馅饼的那种面粉，因此当它还没有磨好这种面粉时，为了劳动者本身的利益必须让资产阶级参加国家管理"②的观点，对十月革命后列宁提出高薪聘请资产阶级专家、利用资产阶级专家组织管理社会主义国家经济，也产生过重要影响，等等。总之，普列汉诺夫对列宁思想的影响极大，这正如他夫人克鲁普斯卡娅 1924 年在一篇回忆弗拉基米尔·伊里奇的文章中所说的那样："弗拉基米尔·伊里奇曾从普列汉诺夫那里学到很多东西"③，"普列汉诺夫在弗拉基米尔·伊里奇的发展上起过巨大的作用，帮助他找到了正确的革命道路，因此，在很长一段时期内，对他来说，普列汉诺夫身上是带有光环的。"④

　　在俄国的马克思主义者中，对列宁思想有重要影响的，除了普列汉诺夫之外，还有布哈林。布哈林是与列宁同时代的俄共（布）领导人之一。列宁临终前曾对他给予过高度评价，称他是"最杰出的力量""党的最宝贵的和最大的理论家""全党喜欢的人物"⑤。布哈林虽然比列宁小 18 岁，但在马克思主义经济理论方面并不逊色于列宁。早在 1915 年他 28 岁时，就写作了《世界经济和帝国主义》，这是一本布尔什维克党内最早系统研究帝国主义的著作，比列宁的《帝国主义是资本主义的最高阶段》一书的成书时间还早半年多，列宁曾为之作序并给予极高评价。十月革命胜利后，在《世界经济和帝国主义》一书的基础上，1920 年布哈林又写作了《过渡时期经济学》，该书是苏维埃政权建立之后第一本探讨社会主义过渡时期经济规律的专著，其中所表达的完全是布哈林本人的观点。他曾将该书作为列宁 50 岁

---

①　《列宁全集》（第 43 卷），人民出版社 1987 年版，第 371 页。

②　［苏］普列汉诺夫：《在祖国的一年》，杨永、王荫庭译，三联书店 1980 年版，第 207 页。

③　［苏］克鲁普斯卡娅等：《回忆列宁》（第 1 卷），人民出版社 1982 年版，第 748 页。

④　同上书，第 753 页。

⑤　《列宁全集》（第 43 卷），人民出版社 1987 年版，第 339 页。

生日礼物献给列宁，列宁阅读后称之为"一部辉煌巨著"①，并对其中很多观点交口称赞。比如，在该书第七章《过渡期的一般组织形式》中，布哈林指出，"很明显，既然在过渡时期经济主体是组织成为国家政权的工人阶级，那么生产社会化的基本形式就是生产的国家化"②，列宁对此批注道："说得好！正是如此！"③ 再比如，关于过渡时期是否存在商品的问题，布哈林在该书第九章《过渡时期资本主义的经济范畴》中指出："……只有在生产无政府状态的基础上存在着经常的而不是偶然的社会联系，商品才会成为普遍的范畴。因此，当生产过程的不合理性消失的时候，也就是当自觉的社会调节者出来代替自发势力的时候，商品就变成产品而失去自己的商品性质。"④ 对此，列宁批注说："对！""不是变成'产品'，而是另一种说法。例如变成一种不经过市场而供社会消费的产品。"⑤ 还比如，关于过渡时期组织管理国家经济的手段，布哈林在该书第十章《过渡时期"超经济的"强制》中提出："无产阶级的国家政权、无产阶级的专政、苏维埃国家，是摧毁旧的经济联系和创造新的经济联系的因素。""在无产阶级专政下，强制才第一次真正成为大多数人为大多数人谋利益的工具"，"这种'超经济'力量愈大，过渡时期的'耗费'也就愈小……这一过渡时期就愈短"⑥，列宁对此称赞道："这一章很出色！"⑦ 此外，对布哈林在该书中提出的其他一些观点，比如：关于"价值这一处在平衡状态的商品资本主义体系的范畴，最不适用于过渡时期，因为在过渡时期商品生产在很大程度上正在消失"，"在无产

① 《列宁全集》（第60卷），人民出版社1990年版，第321页。

② ［苏］布哈林：《过渡时期经济学》，余大章、郑异凡译，三联书店1981年版，第95页。

③ 《列宁全集》（第60卷），人民出版社1990年版，第302页。

④ ［苏］布哈林：《过渡时期经济学》，余大章、郑异凡译，三联书店1981年版，第115页。

⑤ 《列宁全集》（第60卷），人民出版社1990年版，第308页。

⑥ ［苏］布哈林：《过渡时期经济学》，余大章、郑异凡译，三联书店1981年版，第120—121页。

⑦ 《列宁全集》（第60卷），人民出版社1990年版，第316页。

阶级专政体系下，'工人'领得的是社会劳动份额，而不是工资"，"既然我们说的是新的生产周期，那么利润范畴以及剩余价值范畴就都同样消失了"，"在无产阶级专政下，国家强制是建设共产主义社会的方法"等①，列宁都表示肯定，并评价道："对！而且说得很好，不矫揉造作。应该发扬这一点。"② 从上述列宁对布哈林《过渡时期经济学》一书部分观点的批注与评论来看，布哈林对过渡时期（社会主义）经济理论的研究，尽管存在很多不成熟甚至是荒谬的地方，但却为列宁社会主义宏观经济管理思想特别是战时共产主义思想的形成，提供了重要理论支持。此外，新经济政策时期，布哈林及时转变自己的思想，从一个狂热鼓吹军事共产主义的理论家转变成为新经济政策的坚定支持者，于1921年初撰写《经济政策的新方针》③，全面阐释新经济政策的总体精神及在俄国国民经济向共产主义发展的总的前景中的意义，与列宁一道，发展和捍卫新经济政策，"从过渡时期的整体上去考虑向社会主义发展同新经济政策的关系问题，构思了一条新的过渡时期的发展道路"④。总之，布哈林是伟大的马克思主义理论家与思想家，为列宁社会主义宏观经济管理思想的发展作出了重要贡献。

在俄国的马克思主义者中，托洛茨基也对列宁思想产生过重要影响。托洛茨基是俄国与世界历史上最重要的无产阶级革命家之一，是列宁的最亲密的战友。他不仅坚定支持列宁的十月武装起义，而且作为起义的实际组织者，为十月革命的胜利作出了重大贡献。十月革命胜利后，他又亲自组建红军，大胆使用旧军事专家，为苏俄赢得国内战争最后胜利立下了汗马功劳。十月革命后的若干年里，他的画像时常与列宁的画像并列挂在一起，足见其威望与地位。托洛茨基不仅是一个军事家、外交家，而且在国民经济管理与研究工作中颇有创造。

---

① ［苏］布哈林：《过渡时期经济学》，余大章、郑异凡译，三联书店1981年版，第116、116、161、93页。

② 《列宁全集》（第60卷），人民出版社1990年版，第309页。

③ 《布哈林文选》（上），东方出版社1988年版，第26—36页。

④ 郑异凡：《布哈林论》，中央编译出版社2006年版，第187页。

他一生中虽然犯了很多错误，有些甚至是无法原谅的错误，但他为列宁社会主义宏观经济管理思想的建设作出了杰出贡献。特别是，在俄共（布）领导人中，他是第一个提出转向新经济政策建议的人。1920年2月，他根据其自身领导地方经济工作的感受，感到采取战时共产主义政策是国内战争所迫并已经失去了意义，为此，他向俄共（布）中央提交了关于粮食和土地政策基本问题的建议。在该建议中，他对当时实行的余粮收集制进行了分析，说："我们的粮食政策是建立在征收剩余农产品（超过消费标准部分）的基础上的。这就促使农民除满足自己的家庭需要以外，不愿再多耕种土地。……由于这种情况，我们的余粮收集制政策的基础已遭破坏。"他还说："按照消费标准实行的余粮收集制以及缴纳这些粮食和平均分配工业品的联合责任制等现行政策，正在降低农业生产，造成工业无产阶级的涣散状态，并且有使全国经济生活彻底瓦解的危险。""如果今年能够征收更多的农产品，那是由于苏维埃领土的扩大和粮食机构有了某种改进。但是总的说来，国家的粮食来源有枯竭的危险，征收机构的改进无法扭转这一事实。""要战胜经济衰退趋势，只有采用下列办法：（1）用按产量比例征税的办法代替余粮收集制（一种累进所得税），使用这种办法还能更有利于增加播种面积，或者更好地进行耕作；（2）供给农民的工业品和农民缴纳的粮食量，两者必须确定更严格的相互关系，不但城镇如此，乡村农场也应如此。"① 托洛茨基的这些意见建议与列宁新经济政策的指导思想和基本精神是大体一致的，可比列宁提出新经济政策提前了整整一年的时间，这不能不说列宁新经济政策思想多少借鉴了托洛茨基的某些观点与主张。这一点也可以从列宁自己的书信中得到印证。列宁曾写信对托洛茨基说："读了您论述新经济政策的提纲，我认为总的来说写得很好，某些提法恰到好处。"② 此外，托洛茨基还是苏俄社会主义计划经济的最早倡导者之一，只不过因为各种原因，这一殊荣没有被赋予在托洛茨基名下。

---

① 《托洛茨基言论》（上册），三联书店1979年版，第465—466页。
② 《列宁全集》（第52卷），人民出版社1988年版，第534页。

　　除了俄国的马克思主义者之外，德国的著名思想家、马克思主义理论家卢森堡对列宁的思想影响也很大。列宁和卢森堡在一生中始终保持着真挚的友谊，虽然他们之间也曾发生过多次争论，但争论的背后，列宁从卢森堡的许多思想观点中得到过启发。例如，卢森堡特别强调实现社会主义社会的运动必须充分发挥人民群众的主体作用，她说："革命并不是按照那些静静地躺在党的一些领导人的口袋里的技术处方'炮制'出来的，伟大的人民运动也不是如此生产出来的"①，"它必须处处来自群众的积极参与"②，"所有的人民群众都必须参与到它中来。否则，社会主义将是由少数几个知识分子躲在几张办公桌后颁布的了。"③卢森堡还形象地把群众比喻基石，她说："群众是基石，革命将依靠这块基石取得最后胜利。"④此外，卢森堡还对列宁"社会主义运动中实行党的极端中央集权"观念提出过批评，她说：极端的中央集权观念"所充斥着的不是一种积极的创造性的精神，而是守夜人国家的贫瘠。他的思想路线所关切的首先是对党的控制而不是使它'开花结果'，是缩小而不是扩展，是束缚而不是联合整个运动。"⑤卢森堡的这些观点甚至是批评，对列宁提出人民群众动力主体论思想产生了重要影响。列宁说："群众生气勃勃的创造力正是新的社会生活的基本因素"，"社会主义不是按上面的命令创立的。……生气勃勃的创造性的社会主义是由人民群众自己创立的。"⑥"千百万创造者的智慧却会创造出一种比最伟大的天才预见还要高明得多的东西。"⑦这些思想与卢森堡的观点有异曲同工之处。正因如此，列宁给予卢森堡很高的评价。他说：她虽然犯了一些错误，"但她始终是一只鹰"，"鹰有时比鸡还飞得低，但鸡永远不能飞得像鹰那样高。"⑧

---

① 《卢森堡全集》（第4卷），科学辅导出版社2000年版，第148页。

② 同上书，第363页。

③ 同上书，第360页。

④ 同上书，第538页。

⑤ 《卢森堡全集》（第1卷），科学辅导出版社2000年版，第43—44页。

⑥ 《列宁全集》（第33卷），人民出版社1985年版，第52—53页。

⑦ 同上书，第281页。

⑧ 《列宁全集》（第42卷），人民出版社1987年版，第453—454页。

　　总之，汇入列宁社会主义宏观经济管理思想海洋的，除了马克思主义经济管理理论及资本主义先进管理经验之外，还有其他一些马克思主义者的有关思想。就像列宁评价马克思主义学说的理论来源时所描述的那样"凡是人类社会所创造的一切，他都有批判地重新加以探讨，任何一点也没有忽略过去"①，他自己的社会主义宏观经济管理思想也是如此。

---

① 《列宁全集》（第39卷），人民出版社1986年版，第299页。

第二章

列宁社会主义宏观经济管理
思想的主要内容（上）

第一节　社会主义经济建设战略地位与
执政党工作重心转移论

列宁继承和发展马克思科学生产力思想，将发展经济作为夺取政权后无产阶级的根本任务，将经济建设作为执政党"主要的政治"，三次提出把党和国家工作重心转移到经济建设上来。这些思想，在当今依然具有重要指导意义。

一　社会主义经济建设的战略地位

马克思认为，物质资料的生产是人类社会存在和发展的基础。根据马克思主义这一基本原理，十月革命后，列宁高度重视国家经济建设与发展，并将提高劳动生产率、发展生产力、建设社会主义强大物质基础等与巩固无产阶级国家政权、保证新社会制度胜利、最终实现无产阶级自身解放等密切联系起来。

实际上，早在 1902 年，列宁在论述无产阶级革命的任务时，就从无产阶级自身解放的角度论述了发展生产的重要性。在 1902 年拟定的俄国社会民主工党纲领草案中，他曾明确提出："工人阶级要获得真正的解放，必须进行资本主义全部发展所准备起来的社会革命，即消灭生产资料私有制，把它们变为公有财产，组织由整个社会承担的社会主义的产品生产代替资本主义商品生产，以保证社会全体成员的充分福利和自由的全面发展。"① 在这里，列宁把组织发展生产作为工人阶级实现自身解放的重要条件。

1917 年 9 月，十月革命前夕，在《大难临头，出路何在?》一文中，列宁又从社会主义物质前提的角度论述了发展社会生产的重要性。他明确指出："如果社会主义在经济上尚未成熟，任何起义也创造不出社会主义来。"② 事实也的确如此。在任何社会形态下，生产力始终是决定性因素，生产力决定生产关系，经济基础决定上层建筑，生产关系的变革归根结底取决于社会生产力的发展状况。社会主义光靠一场起义是不能实现的，必须靠发展生产，积累相应的经济基础与物质前提。此外，目睹第一次世界大战给俄国带来的灾难与破坏，列宁在这篇文献中还从赢得战争胜利的角度，阐述了经济建设与发展生产的重要性。列宁说：依靠一场革命仅使俄国在政治制度方面赶上先进国家是不够的，"战争是铁面无情的，它严酷地尖锐地提出问题：要么是灭亡，要么是在经济方面也赶上并且超过先进国家。"③ 基于此，列宁鲜明地提出，落后俄国必须在经济上"开足马力奋勇前进"④。

十月革命胜利后，列宁立即着手恢复生产、发展国家经济。1917年 10 月 26 日，十月革命胜利后的第二天，列宁就提出成立苏维埃最高国家经济机关——最高国民经济委员会，统一组织管理全国经济活动。11 月 27 日，列宁提出要采取革命措施，"将军工厂转向有益于经济的生产"⑤，并指示人民委员会立即讨论制订使军事工厂转产消费品的"工业复员"计划，要求相关部门调整海军部 1917 年预算，以便暂时停止建造军舰计划的一切开支及其他一切非生产性开支，并将这些拨款用于国民经济生产。同时列宁还亲自拟定经济政策问题清单，制定使工业转入和平生产的措施，并组织开展社会主义劳动竞

---

① 《列宁全集》（第 6 卷），人民出版社 1986 年版，第 193 页。

② 《列宁全集》（第 32 卷），人民出版社 1985 年版，第 218 页。

③ 同上书，第 224 页。

④ 同上。

⑤ 《列宁全集》（第 33 卷），人民出版社 1985 年版，第 127 页。

赛，消除战后经济破坏，改善全国经济状况。

1918 年春，苏俄暂时摆脱帝国主义战争，进入和平时期。列宁及时抓住这一难得机遇，恢复生产，发展经济，并从"社会主义根本任务是提高劳动生产率"的角度继续论述国家经济建设的重要性。他说："在任何社会主义革命中，当无产阶级夺取政权的任务解决以后，随着剥夺剥夺者及镇压他们反抗的任务大体上和基本上解决，必然要把创造高于资本主义的社会结构的根本任务提到首要地位，这个根本任务就是：提高劳动生产率。"[①] 同时，列宁还从采用最新技术发展大工业的物质基础、提高居民群众的文化教育水平、提高劳动者的纪律、改善劳动组织等方面提出了提高劳动生产率的系统构想。

1918 年秋，随着英美等帝国主义国家对苏俄发动武装干涉，苏俄被迫转入国内战争。即便是战争时期，列宁依然没有忘记发展国家生产这一根本任务。1919 年 2 月，他在为俄共（布）起草的带有明显战时色彩的党纲中依然强调要把提高劳动生产率作为党的根本任务之一，提出："以大力提高全国生产力作为决定苏维埃政权全部经济政策的主要点和基本点"，"尽一切力量增加居民最必需的产品的数量"[②] 等。1919 年 6 月，在《伟大的创举》一文中，列宁更是把提高劳动生产率视为"使新社会制度取得胜利的最重要最主要的东西"，并说："资本主义创造了在农奴制度下所没有过的劳动生产率。资本主义可以被最终战胜，而且一定会被最终战胜，因为社会主义能创造新的高得多的劳动生产率。"[③] 1920 年 3 月，随着战争形势基本好转，列宁再次提出："把无产阶级所能集中的一切力量，把无产阶级的绝对统一的力量都投到经济建设这一和平任务上去，都投到恢复被破坏了的生产这一任务上去。"[④]

1920 年 11 月，苏俄国内战争刚一结束，列宁立即提出把党和国家工作重心转移到经济建设轨道上来，并将"从事国家的经济建设"

---

① 《列宁全集》（第 34 卷），人民出版社 1985 年版，第 168 页。
② 《列宁全集》（第 36 卷），人民出版社 1985 年版，第 414 页。
③ 《列宁全集》（第 37 卷），人民出版社 1986 年版，第 18 页。
④ 《列宁全集》（第 38 卷），人民出版社 1986 年版，第 279 页。

作为俄共布"主要的政治"，即："经济方面的政治""国家建设的政治"。列宁说："要是用旧观点来理解政治，就要犯很大的严重的错误"①，政治是不能独立于经济之外的，从事国家的经济建设，收获更多的粮食，开采更多的煤炭，……消除饥荒，这就是我们的政治。"②

从1921年春开始，以发展生产力、推动国家经济建设为主线，列宁改革战时共产主义体制，推行新经济政策。列宁明确指出，新经济政策，"它的最主要最根本的需要就是增加产品数量，大大提高社会生产力。"③这一时期，列宁一方面通过改行粮食税、允许自由贸易，给农民一定的动力刺激，调动农民积极性，促进农业恢复与发展；另一方面特别强调发展大机器工业，他说："没有高度发达的大工业，那就根本谈不上社会主义"④，"要挽救俄国，单靠农业丰收还不够，……还必须有重工业"⑤，"在恢复大工业方面必须尽速取得尽可能扎实的成绩，没有这个条件，劳动摆脱资本桎梏这整个解放事业就不可能获得成功，社会主义就不可能获得胜利。"⑥直到晚年病重期间，他还在从事关社会主义前途命运的高度强调要发展国家大机器工业，使俄国从农民的、庄稼汉的、穷苦的马上，跨到大机器工业的马上。他说，只有这样，"我们才能够有十分把握地坚持下去。而且我们将能够不是在小农国家的水平上，不是在这种普遍的局限性的水平上坚持下去，而是在不断地前进、向着大机器工业前进的水平上坚持下去。"⑦

总之，列宁高度重视国家经济建设与发展，并从无产阶级政党的根本任务、新社会制度取得胜利的根本保证、奠定社会主义的物质基础、无产阶级最终实现自身解放的条件等多个角度阐释了社会主义经

---

① 《列宁全集》（第39卷），人民出版社1986年版，第406页。
② 同上书，第407页。
③ 《列宁全集》（第42卷），人民出版社1987年版，第369页。
④ 《列宁全集》（第41卷），人民出版社1986年版，第301页。
⑤ 《列宁全集》（第43卷），人民出版社1987年版，第282页。
⑥ 《列宁全集》（第42卷），人民出版社1987年版，第369页。
⑦ 《列宁全集》（第43卷），人民出版社1987年版，第392页。

济建设的重要性，这充分体现了列宁对无产阶级政党历史使命的高度自觉。这些思想构成了列宁社会主义宏观经济管理思想的重要内容。

二　把党和国家工作重心从夺取政权、镇压剥削者转向经济建设

列宁不仅从多角度阐述了社会主义经济建设的重要性，而且在十月革命胜利后，根据形势的发展，三次提出把党和国家工作重心转移到经济建设上来，为无产阶级政党夺取政权后及时转移工作重心，树立了光辉典范。

列宁第一次提出转移党和国家工作重心是在 1918 年春。当时，一方面，新生的苏维埃俄国依靠无产阶级专政，击退了被打倒的地主、资产阶级的疯狂反扑，初步巩固了工农苏维埃政权；另一方面，通过艰难谈判，与德国签订和约，使苏维埃俄国暂时摆脱了帝国主义战争。列宁及时抓住和平喘息机遇，提出把党和国家的工作重心从夺取政权、镇压剥削者转向经济建设。他说：执政的布尔什维克党正处于伟大的历史性转折之中，形势要求苏维埃政权必须确定新的方针，明确新的任务，即：把力量集中到组织管理与发展经济上来。列宁认为，"这是一项最困难的任务，……这也是一项最能收效的任务，因为只有解决（大体上和基本上解决）这项任务以后，才可以说，俄国不仅成了苏维埃共和国，而且成了社会主义共和国。"[1] 为了统一全党思想，将主要精力投入到经济建设中去，列宁还特意撰写了《苏维埃政权的当前任务》《经济政策特别是银行政策要点》《科学技术工作计划草案》等文献。在这些文献中，列宁不仅阐述了转移党和国家工作重心的必要性，而且就如何组织管理与发展苏俄国家经济问题提出了一套系统的政策主张与行动计划。如：实行全民计算和监督，组织开展社会主义劳动竞赛，学习资本主义的先进管理方法与经验，大力提高劳动生产率，等等。然而，这些主张却被 1918 年 7 月爆发的外国武装干涉所中断，列宁转移工作重心的设想未能实现。

---

① 《列宁全集》（第 34 卷），人民出版社 1985 年版，第 155 页。

　　1920 年初，经过一年多的激烈较量，苏俄红军击退了外国武装干涉者的疯狂进攻，初步赢得了战争的胜利。战争硝烟还没有完全散去，以列宁为首的俄共（布）再次提出把工作重心转向国家经济建设。1920 年 1 月 24 日，苏维埃召开普列斯尼亚区非党工人和红军战士代表会议。在这次会议上，列宁指出：“现在，比我们强大得多的敌人已被打垮，我们的手腾出来了，我们应当着手建设新生活。”① 此后在一系列讲话、报告及著作中，列宁多次强调把经济工作放在首位。他说：“既然国际形势还是象现在这样，而且整个局面、整个事态的发展也都说明形势是稳定的，那么，我们就应该把经济工作的任务放在首位”②，“不需要继续强调一切为了战争”，要从战争转向和平建设，“把全力从事战争的整个苏维埃政权机器转上和平经济建设的新轨道”③。此外，列宁还设想“用军事的办法完成经济任务”，并坚信凭借红军的刚毅精神，完全能够做到这一点。

　　遗憾的是，1920 年春，随着波兰军队悍然进攻乌克兰及盘踞在克里木的弗兰格尔白卫军向苏俄发起新的进攻，苏俄不得不再次投入战争，列宁转移工作重心的计划被迫再次中断。1920 年 10 月，经过红军英勇战斗，苏俄赢得战争的最后胜利。列宁科学分析国际国内形势，认为国际帝国主义者之间矛盾重重，它们一时间难以对苏维埃俄国发动新的进攻，苏俄必须利用战争的喘息时机恢复国家经济。为此，列宁再次提出把党和国家的工作重心转移到经济建设上来。他说：“三年来我们把全部力量都用来同他们作战了。现在必须……把全部热情和纪律都转而用于和平经济建设的工作。”④ 此后，在《我国的国内外形势和党的任务》报告中，他又从彻底战胜资本主义必须完成“推翻剥削者的任务”和“担负起建设任务”的角度，进一步论证了把工作重心转移到从事经济建设这一任务上来的必要性，并说：如果不能实现这种转移，“那么在推翻剥削者和用武力来抗击国

① 《列宁全集》（第 38 卷），人民出版社 1986 年版，第 78 页。

② 同上书，第 90 页。

③ 同上书，第 114 页。

④ 《列宁全集》（第 40 卷），人民出版社 1986 年版，第 7 页。

际帝国主义者的事业中的任何成就、任何胜利就会付诸东流。"① 不过，列宁这一次提出的转变与 1920 年初提出的转变一样，虽然提出了要转移党和国家工作重心，但苏俄国家经济政策并未做实质改变，不仅战争时期实行的以余粮收集制为主要内容的军事共产主义经济政策没有停止，反而试图通过进一步强制农民完成国家规定的播种计划，实行更严格的余粮收集政策。直到 1921 年春，余粮收集制引起农民强烈不满，苏俄遇到严重的经济与政治危机后，列宁才实行从军事共产主义政策向新经济政策的转变。虽然这只是经济政策层面上的转变，但这是一次更深层次的转变，是一次具有空前力度的转变。

列宁关于把党和国家工作重心转移到经济建设上来的实践探索与理论主张，体现了马克思科学生产力的宝贵思想。马克思认为，"手推磨产生的是封建主的社会，蒸汽磨产生的是工业资本家的社会"②，资本主义制度的消灭以及一切新社会制度的产生与发展，"都是以生产力的巨大增长和高度发展为前提的"③，同样，共产主义的实现也必须以生产力的普遍发展为前提。为此，马克思恩格斯在其《共产党宣言》中明确指出，无产阶级在完成革命的第一个阶段，即夺取政权以后，必须"尽可能快地增加生产力的总量"④。列宁继承马克思科学生产力思想，在十月革命后的建设实践中，牢牢把握发展生产力这个根本，始终强调把党和国家工作重心放在经济建设上，即使先后两次被战争中断，但战争一结束，列宁又继续恢复经济建设，这体现了列宁在发展生产力问题上的清晰认识与自由自觉，为夺取政权的无产阶级政党实现工作重心转移树立了光辉典范。

三　布尔什维克党必须适应工作重心的转变

列宁在十月革命取得胜利后，不但屡次提出要把党的工作重心转向经济建设，而且明确要求布尔什维克党各级干部要自觉适应这种转

---

① 《列宁全集》（第 40 卷），人民出版社 1986 年版，第 28 页。
② 《马克思恩格斯选集》（第 1 卷），人民出版社 1995 年版，第 142 页。
③ 同上书，第 86 页。
④ 同上书，第 293 页。

变，学会管理国家，学会组织国家经济建设。

事实上，在列宁做出把党和国家工作重心转向经济建设这一战略安排时，刚刚执政的布尔什维克党内许多同志由于巨大的历史惯性而跟不上这种转变。他们总是习惯于革命与军事斗争时期那种"英雄猛进"式的、充满革命英雄主义的斗争方式，不习惯做、不愿意做或不会做艰苦的组织建设工作。用列宁的话说："这些人一味陶醉于'鲜明的'革命性，但要从事坚韧不拔、深思熟虑、周密审慎并考虑到各种十分困难的转变的革命工作，他们却无能为力"①，他们"不愿意或者不善于考虑当前斗争阶段的特点"，对组织与建设工作"'感觉乏味'，'没有兴趣'，'不能理解'，嗤之以鼻，或惊慌失措，或沉溺于大谈什么缺乏'过去的兴奋'和'过去的热情'等等。"② 他们"往往规避费力的、艰苦的、长年的经济工作，规避这种需要坚韧不拔、经受严重考验、进行长期奋斗、具有严细而顽强的作风的经济工作，用'我们过去做过大事'这类话来敷衍搪塞。"③ 显然，这种现象若不纠正，很难适应党的工作重心转移。为此，1921 年底，在全俄苏维埃第九次代表大会上，列宁对上述现象作了辛辣的讽刺。他说："这些人使我想起了关于鹅的寓言④，鹅夸口说，它们'拯救过罗马'。但农夫用竿子回答它们说：'别提你们的祖先了，你们做了些什么呢？'在 1917、1918、1919、1920 这几年中，我们英勇地成功地完成了我们的政治任务和军事任务，从而开辟了世界历史的新纪元，这是谁也不否认的。……但是现在摆在苏维埃和工会工作人员面前的是另一种任务"⑤，必须"学会用另一种速度来工作，把工作看成几十年而不是几个月的事情，依靠那疲惫不堪的、不可能在日常工作中以革

---

① 《列宁全集》（第 34 卷），人民出版社 1985 年版，第 285 页。

② 《列宁全集》（第 42 卷），人民出版社 1987 年版，第 115 页。

③ 同上书，第 349 页。

④ 出自古代传说：公元前 390 年高卢人夜袭罗马城南的卡皮托里城堡时，神殿里的鹅群首先被惊动，它们的叫声唤醒了守兵，罗马城才得以保住。

⑤ 《列宁全集》（第 42 卷），人民出版社 1987 年版，第 349—350 页。

命的英雄的激情来工作的群众",否则,"理所当然地让人把你们称为鹅。"①1922年3月,在俄共(布)第十一次代表大会上,列宁以"不适应这种转变就会自取灭亡"的口气再次向全党发出警告,他说:"看,我们是多么严重地落后于当前的迫切需要,我们是多么厉害地保持着1918年和1919年的传统。……如果只回头看这些年代,而看不到目前面临的任务,那就是自取灭亡,毫无疑问必定自取灭亡。"②列宁要求布尔什维克党必须适应新的地位,明确意识到必须转变,拿出实现这种转变的坚定决心与毅力。

为了帮助党内同志克服历史惯性,适应工作重心转变,列宁还专门论述了经济建设工作与革命军事斗争的区别。他说:"经济工作在性质上不同于军事、行政和一般政治工作"③,"政治任务和军事任务可以在工人农民现有觉悟水平上通过激发他们的热情来完成"④,可以"用高呼'乌拉'的方式""用高举胜利进军的方式"来解决,但是经济任务"必定更加困难、更加缓慢、更要循序渐进","需要更深厚的根基。"⑤

列宁还从优缺点辩证关系角度,教育布尔什维克干部要克服历史惯性,学会适应工作重心转变。他说:"人们的缺点通常同他们的优点有联系。一个人的缺点仿佛是他的优点的延续。优点如果延续得过了头,表现得不是时候,不是地方,就成缺点。"⑥列宁认为,布尔什维克党在做政治和军事工作方面很擅长,"但正是这个优点,如果延续得不是地方,就会变成最危险的缺点。"⑦列宁说:"热情、强攻、英雄主义曾帮助我们完成了这些任务(指政治军事任务——引者注)……但是这个优点现在成了我们最危险的缺点。我们老是向后

①《列宁全集》(第42卷),人民出版社1987年版,第350页。

②《列宁全集》(第43卷),人民出版社1987年版,第97页。

③《列宁全集》(第42卷),人民出版社1987年版,第114页。

④ 同上书,第349页。

⑤ 同上书,第114页。

⑥ 同上书,第348页。

⑦ 同上书,第349页。

看，以为经济任务用同样的办法也能完成。但错误正出在这里。在情况已经发生变化、我们应该去完成另一种任务的时候，是不能够向后看，试图用昨天的办法（革命的办法——引者注）来解决问题的。"① 列宁反对把革命奉为神明，过分夸大革命的作用。他说："对于一个真正的革命者来说，最大的危险，甚至也许是唯一的危险，就是夸大革命作用，忘记了恰当地和有效地运用革命方法的限度和条件。"② 他还说："如果……把'革命'几乎奉为神明，……就最容易为此碰得头破血流。"③

总之，列宁认为，从政治军事斗争转向经济建设，是一次伟大的根本性的转变，布尔什维克要学会适应这种转变。"应当采用组织、建设的办法，来代替用革命方式推翻剥削者和抗击暴力者的办法"④，应当从"对群众进行宣传的鼓动家"转变成"做实际工作的组织家"。

四 重心转向思想的深化

1923 年，病重中的列宁，以惊人的毅力口授了最后的五篇书信和文章。其中《论合作社》一文是一篇反映列宁社会主义经济建设与管理问题最后思考的光辉之作。在这篇文章中，他说："从前我们是把重心放在而且也应该放在政治斗争、革命、夺取政权等等方面，而现在重心改变了，转到和平的'文化'组织工作上去了。"⑤ 在这里，他对工作重心转移的提法与以前相比，发生了变化，这是否说明列宁的重心转移思想发生了改变呢？

纵观列宁思想演变的历史进程，笔者认为：列宁病重期间提出的"文化建设重心说"，并不是对早前"经济建设重心说"的否定，而是从文化建设这个更高的层次、更宽的视野审视如何加强国家经济建

---

① 《列宁全集》（第 42 卷），人民出版社 1987 年版，第 349 页。

② 同上书，第 246 页。

③ 同上。

④ 《列宁全集》（第 40 卷），人民出版社 1986 年版，第 28 页。

⑤ 《列宁全集》（第 43 卷），人民出版社 1987 年版，第 367 页。

设，是对"经济建设重心说"的进一步深化。笔者之所以提出此观点，依据有二：

一是"文化建设重心说"，是列宁为了摆脱苏俄经济建设所面临的文化困境而提出来的。实际上，从十月革命后苏俄社会主义经济建设一开始，列宁就深切感受到俄国落后文化对国家经济发展的制约。只不过，起初他设想着依靠广大人民群众高涨的政治热情与思想觉悟，去越过这一制约，在落后俄国快速建立起"生气勃勃的创造性的社会主义"。因此，在十月革命胜利后的最初时期，列宁对工农群众的思想觉悟、纪律性等抱有较高的信心与期待，他"确信，同贫苦农民结成联盟的城市工人定能表现出不可动摇的同志式的纪律性，建立起社会主义胜利所必需的最严格的革命秩序"[①]。然而，在革命胜利仅两个多月后，列宁就从具体实践中体会到文化制约的深刻性和不可逾越性。在列宁看来，千百年来的阶级剥削和贫困生活，"必然使劳动者养成这样一种心理：为了逃避剥削，就是欺骗也行；为了躲避和摆脱令人厌恶的工作，就是少干一分钟也行；为了不挨饿，为了使自己和亲人吃饱肚子，就是不择手段，不惜任何代价哪怕捞到一块面包也行。"[②] 而这些因历史积淀而生的"老奥勃洛摩夫精神""无法纪的古老俄罗斯观点""半野蛮人的习惯"等是很难在短时间内获得根本改变的。列宁说，"工人和旧社会之间从来没有一道万里长城。工人同样保留着许多资本主义社会的传统心理。工人在建设新社会，但他还没有变成新人，没有清除掉旧世界的污泥，他还站在这种没膝的污泥里面。现在只能幻想把这种污泥清除掉。"[③] 列宁将它们视作是社会主义经济发展道路上的"最大的障碍"，"比所有的科尔尼洛夫、杜托夫和卡列金们加在一起还厉害"[④]。特别是1921年春，随着从战时共产主义转向新经济政策，列宁愈发觉得在对俄国经济发展构成严重制约的各种因素中，文化落后更带有根本性。列宁感慨地说："农民和工

---

① 《列宁全集》（第 33 卷），人民出版社 1985 年版，第 4 页。

② 同上书，第 207 页。

③ 《列宁全集》（第 35 卷），人民出版社 1985 年版，第 438 页。

④ 《列宁全集》（第 34 卷），人民出版社 1985 年版，第 220 页。

人群众的文化水平不能适应这一任务"①，他们"缺少文化，他们不能文明地处理业务"②，他们"不会经营，在这种意义上他们还不如那些经过大工厂大商号训练的普通资本主义店员。"③"现在摆在我们面前的是文化任务"，"如果这个起码的任务还没有完成，那么谈新经济政策是可笑的。"④"'当前的关键'（链条的环节）＝提出的任务之大不仅与物质贫困，而且与文化贫困之间的脱节。"⑤这些论述充分说明，病重之前，列宁对于俄国经济建设面临的文化制约，其感受是深切的，也是深刻的。正是在这一深刻的感受基础上，列宁在其最后的书信与文章中提出把工作重心转移到"和平的'文化'组织工作"上去，试图以此去摆脱俄国经济建设面临的文化困境。

二是"文化建设重心说"，其直接动机是经济建设的合作化构想。我们知道，通过合作社与合作化引导亿万小农走上社会主义建设道路，这是列宁病重时提出的一个重要构想。列宁本人对这一构想给予了很高评价。他说：合作社使"我们发现了私人利益即私人买卖的利益与国家对这种利益的检查监督相结合的合适程度，发现了私人利益服从共同利益的合适程度"，合作社"在原则方面（生产资料所有权在国家手中）""在采用尽可能使农民感到简便易行和容易接受的方法过渡到新制度方面"，具有重大的意义⑥。然而，列宁也深刻地意识到：使俄国居民充分广泛而深入地合作化，必须以一定的文化水平为前提，即"人人识字、有足够的见识"，否则"我们就达不到自己的目的。"⑦为此，列宁提出：必须进行一场文化变革，把全体居民的文化水平提高到一个新的阶段。从上述列宁思路的梳理可以看出，列宁晚年提出"文化建设重心说"，其直接目的是为其经济建设的合作化

---

① 《列宁全集》（第40卷），人民出版社1986年版，第32页。

② 《列宁全集》（第43卷），人民出版社1987年版，第101页。

③ 同上书，第81页。

④ 《列宁全集》（第42卷），人民出版社1987年版，第195页。

⑤ 《列宁全集》（第43卷），人民出版社1987年版，第404页。

⑥ 同上书，第362页。

⑦ 同上书，第364页。

构想服务的，没有脱离经济建设这一根本任务。

从上述两个方面的分析可以看出，列宁晚年的"文化建设重心说"与其之前的"经济建设重心说"是紧密联系的。"文化建设重心说"不是对"经济建设重心说"的偏离，更不是对"经济建设重心说"的否定，而是以化解俄国经济建设的文化困境为目标，对"经济建设重心说"的进一步深化。当然，我们说列宁晚年的"文化建设重心说"是对其之前的"经济建设重心说"的进一步深化，但决不能以此否定"文化建设重心说"在列宁社会主义建设道路探索中的巨大意义。实际上，列宁的"文化建设重心说"，拓展了社会主义建设的内涵，实现了社会主义建设在总体布局上从经济建设到经济建设与文化建设的融合。

第二节　社会主义宏观经济管理二重属性论①

在人类历史上，马克思第一次揭示了管理的二重性，并据此具体分析了资本主义社会管理的二重属性。十月革命胜利后，列宁在领导苏维埃俄国进行国家经济建设的实践中，运用马克思管理二重性理论揭示了社会主义宏观经济管理的二重属性，为苏维埃俄国在组织管理国家经济的实践中学习借鉴资本主义先进管理经验提供了理论依据与方法论指导。研究列宁关于社会主义宏观经济管理的二重性思想及其在实践中的创造性运用，对于今天我们坚持改革开放，大胆吸收和借鉴人类社会包括现代资本主义所创造的一切文明成果，更好地建设中国特色社会主义，具有重要指导意义。

一　社会主义宏观经济管理具有二重性

在列宁看来，社会主义制度下的宏观经济管理，作为一般管理的

①　本节中的内容以《论列宁对马克思管理二重性思想的继承与发展》一文，载于《湖南商学院学报》2012 年第 4 期，并被中国人民大学《管理学文摘》2013 年第 1 期摘载。

范畴，它具有二重性。

列宁对社会主义宏观经济管理二重属性的揭示是以马克思管理二重性理论为基础的。在马克思看来，任何社会制度下的管理都具有二重性。马克思指出："一切规模较大的直接社会劳动或共同劳动，都或多或少地需要指挥，以协调个人的活动。"① 这就是说，不论社会制度如何，只要是人们分工协作、共同劳动的地方，为了统一大家的意志，协调人们的行动，客观上都必须有管理。管理由共同协作劳动引起，它是社会化大生产的客观要求，是生产资料所有者实现生产力的一种职能，具有组织并实现生产力的一般职能属性。与此同时，马克思又认为，管理又是生产资料所有者实现其所有权的一种职能，它由占有生产资料的那个阶级来实行，以维护生产资料所有权、服从并实现生产资料所有者利益为目的，具有维护生产关系及生产资料所有者利益的阶级职能属性。马克思在揭示管理二重性规律的基础上进一步具体分析了资本主义制度下管理的二重属性。他指出："资本家的管理不仅是一种由社会劳动过程的性质产生并属于社会劳动过程的特殊职能，它同时也是剥削社会劳动过程的职能。"② 也就是说，资本家的管理，一方面是资本家组织社会劳动的需要，具有生产性；另一方面也是资本家实现剥削的需要，具有剥削性。马克思还认为，资本主义制度下管理的二重性是由它所管理的对象——资本主义生产过程本身的二重性决定的。马克思在《资本论》中详细分析了资本主义生产过程的特殊性，指出：资本主义的生产过程既是制造产品的社会劳动过程，又是资本的价值增值过程，是"作为劳动过程和价值增值过程的统一"③。资本主义生产过程的这种特殊性，决定了资本主义的管理具有二重性，它既要为一般的社会生产服务，又要为资本的价值增值服务，为资本家实现剥削服务。马克思还指出，资本主义制度下管理的这种二重性是不可混淆的。他在《资本论》中批评资产阶级政治经济学家在考察资本主义生产方式时，"把从共同的劳动过程的性质产生

---

① 《马克思恩格斯全集》（第 44 卷），人民出版社 2001 年版，第 384 页。

② 同上。

③ 同上书，第 230 页。

的管理职能，同从这一过程的资本主义的、从而对抗的性质产生的管理职能混为一谈"①。实际上，资本主义制度下的管理既要为生产服务，又要为资本的价值增值服务，二者统一在资本主义的生产过程中，但这种统一不等于二者之间可以相互取代。既不能以其生产性的存在掩盖其剥削性，也不能以其剥削性的存在取代其生产性。一方面，资本主义制度下管理的剥削性是与资本主义共存的，其生产性的发展虽然可以使其剥削性更加隐蔽，但永远取代不了其剥削性；另一方面，资本主义制度下管理的剥削性的存在并不妨碍其生产性的发展，甚至可以促进生产性的发展。总之，资本主义制度下管理的这种二重性虽然相互联系，但决不可相互混淆。此外，马克思还进一步分析了资本主义制度下管理的专制性。他指出："资本主义管理就其形式来说是专制的"，"随着大规模协作的发展，这种专制也发展了自己特有的形式。"② 资本主义管理的这种专制性是由资本具有的支配权决定的。因为，在资本主义生产方式下，为了保证资本增值，即达到资本主义生产的目的，必然要求在管理上实施专制，一切服从于资本的增值。

列宁运用马克思管理二重性原理揭示了社会主义宏观经济管理的二重属性。在列宁看来，社会主义制度下的宏观经济管理，作为一般管理的范畴，同样既具有与生产关系相联系的阶级属性，又具有与生产力相联系的一般共同属性。一方面，社会主义制度下的宏观经济管理是由比资本主义更加复杂的共同协作劳动引起，具有管理共同劳动特别是一切社会化大生产劳动的共同特征，是实现社会主义生产力的一种职能。另一方面，社会主义制度下的宏观经济管理必须服从无产阶级的利益，维护生产资料公有制基础，具有维护社会主义生产关系的属性。社会主义宏观经济管理是这种一般共同属性与阶级属性的统一。

列宁不仅运用马克思管理二重性原理揭示了社会主义宏观经济管

---

① 《马克思恩格斯全集》（第44卷），人民出版社2001年版，第386页。

② 同上书，第385页。

理的二重属性，而且对马克思管理二重性思想进行了丰富与发展。这种丰富与发展主要体现在以下两个方面：

其一，相对于马克思运用管理二重性原理揭示资本主义管理二重属性时强调其管理的阶级属性而言，列宁在运用管理二重性原理揭示社会主义宏观经济管理的二重属性时，更加强调管理在组织共同劳动与实现生产力方面的一般共同属性。从历史的角度考察，马克思揭示管理二重性特征，旨在强调管理的阶级属性，并以此去揭示资本主义管理为资本家的剥削服务的阶级性本质，从而为号召无产阶级联合起来剥夺剥夺者并推翻资产阶级统治提供理论指导。当然，马克思并不否认资本主义管理对促进社会生产力发展所起的作用，只是在那个时代，揭示资本主义管理的阶级性（剥削性）对于号召无产阶级联合起来推翻资产阶级统治更重要。与马克思不同，列宁对管理二重性的分析，特别是十月革命胜利后对社会主义宏观经济管理二重属性的分析，主要侧重于强调管理在组织共同劳动与实现生产力方面的一般共同属性，为学习、借鉴资本主义管理经验与方法等提供理论依据。列宁关于管理二重性思想的这一特点可以从他十月革命胜利后对资本主义泰罗制态度的转变中得到体现。十月革命前，对资本主义的泰罗制，列宁基本上是持批判态度的，比如，1913 年 3 月、1914 年 3 月，他在相关文章中先后将泰罗制比喻成"榨取血汗的'科学'制度"[1]、"是用机器奴役人"[2]。十月革命胜利后，列宁从建设新社会的角度出发，对泰罗制的态度发生了转变，着重强调了泰罗制的科学属性，并指出了它的科学意义。1918 年 3 月，他在《〈苏维埃政权的当前任务〉一文初稿》中说："丝毫也不应忘记，泰罗制体现了科学的巨大进步，它系统地分析了生产过程，为大大提高人的劳动生产率开辟了途径。"[3] 1922 年 9 月，在评价叶尔曼斯基的《科学的劳动组织和泰罗制》一书时，列宁更是提出要把泰罗制当作学校的必修课本，广泛进行普及教育。列宁之所以如此强调泰罗制的科学属性，是因为所处

---

① 《列宁全集》（第 23 卷），人民出版社 1990 年版，第 18 页。
② 《列宁全集》（第 24 卷），人民出版社 1990 年版，第 398 页。
③ 《列宁全集》（第 34 卷），人民出版社 1985 年版，第 131 页。

的时代不同，考虑问题的出发点也不同。马克思所处的那个时代，是无产阶级革命斗争的时代。那个时代无产阶级革命理论家的使命在于通过对资本主义剥削实质的揭露，帮助无产阶级认识资本主义制度的实质，从而号召广大劳苦群众起来推翻资产阶级统治。十月革命胜利后，列宁所处的时代，是无产阶级建设社会主义新社会的时代。列宁深知，无产阶级不仅要善于破坏一个旧世界，更要善于建设一个新世界。要建设社会主义新社会，就必须利用人类社会的一切文明成果，包括资本主义管理的"最新成就"。因此，列宁本着从借鉴资本主义管理经验的角度出发，更加强调资本主义管理的生产性及其与社会主义管理的互通性。

其二，列宁不仅重视管理在组织共同劳动与实现生产力方面的一般共同属性，强调社会主义必须借鉴资本主义在提高劳动生产率、发展生产力方面的一切技术成就，而且创造性地提出资本主义在其生产关系方面的一些具体手段和方法，也可以被社会主义所借鉴、利用。实际上，社会主义生产资料公有制的生产关系与资本主义生产资料私有制的生产关系有着本质上的不同，但这种本质上的不同并不能否认某些具体手段和方式方法也完全不同。其实，管理在调节生产关系方面的职能在很多时候是通过对人的管理实现的，而在对人的管理的具体手段和方法上，社会主义与资本主义有很多相同的地方。比如，如何激发劳动者的积极性，如何增强劳动者的责任心，等等，这些无论是对资本主义还是对社会主义来说都是互通的。因此，列宁不仅强调在实现生产力属性方面，社会主义可以大胆向资本主义学习，学习资本主义一切先进的管理技术与方法，而且强调在生产关系方面，在涉及非本质的一些具体的有效的方式方法和手段上，社会主义同样可以大胆地向资本主义学习。列宁在理论上是这样认识的，在实践中也是这样做的。列宁在俄国社会主义经济管理实践中不仅借鉴了资本主义管理在实现生产力方面的最新管理技术，比如泰罗制、托拉斯等，而且也借鉴了资本主义管理在生产关系方面的某些具体方式方法和手段，比如资本主义商品生产方式等等。

总之，列宁不仅继承了马克思管理二重性思想，而且是在实践中发展了马克思管理二重性思想。列宁对马克思管理二重性思想的继承与发展，为列宁在俄国社会主义经济建设与管理实践中借鉴资本主义经济管理经验，甚至包括实行以间接过渡为标志的新经济政策，奠定了重要的理论基石。

二 向资本主义学习管理

列宁将社会主义宏观经济管理二重性理论运用于俄国社会主义宏观经济管理实践，在实践中提出了"向资本主义学习管理"，为构建社会主义宏观经济管理制度与方法，指明了一条现实的途径。在列宁看来，任何一个社会都不可能凭空产生，都是在以往社会形态所创造的文明成果的基础上形成和发展起来的。资本主义在它几百年的发展历程中，积累了许多宝贵的科学管理经验。这些科学的管理制度与方法，在资本主义所有制条件下，虽然都是在为资本主义的生产服务，为资本家的剥削服务，但是从客观上促进了生产力发展，与社会主义之间有着共通性，完全可以被社会主义借鉴。1918 年 3 月，列宁在《〈苏维埃政权的当前任务〉一文的几个提纲》中就明确指出："乐于吸取外国的好东西：苏维埃政权 + 普鲁士的铁路秩序 + 美国的技术和托拉斯组织 + 美国的国民教育等等等等 + + = 总和 = 社会主义。"[①] 在这里，列宁所认为的社会主义全部总和，除了苏维埃政权之外，其余的全部都是资本主义社会创造的文明成果，其中就包含了资产阶级在组织管理社会化大生产中形成的科学管理技术、管理制度、管理方法和生产组织形式等。列宁把向资本主义学习、借鉴资本主义先进的管理经验与方法，同社会主义的前途命运联系起来。他认为，"以前的历次革命所以失败，就是因为……工人不懂得单靠专政、暴力、强制是坚持不住的；唯有掌握了文明的、技术先进的、进步的资本主义的全部经验，使用一切有这种经验的人，才能坚持得住"[②]，"社会主义能否实现，就取决于我们把苏维埃政权和苏维埃管理组织同资本主义

---

① 《列宁全集》（第 34 卷），人民出版社 1985 年版，第 520 页。

② 《列宁全集》（第 38 卷），人民出版社 1986 年版，第 241 页。

最新的进步的东西结合得好坏。"① 因此，要建成社会主义，就必须向资本主义学习。列宁还同反对向资本主义学习的左派社会革命党人进行过坚决斗争，把那种拒绝向资产阶级学习也可以建成社会主义的观点，视为是中非洲居民落后心理的表现。列宁指出，共产党员不要害怕向资产阶级学习，只要被实践检验证明学到了真本领，取得了成效就行。

在列宁看来，向资本主义学习，首先是要学习资本主义在组织共同劳动、提高生产率等实现生产力方面的先进管理经验。列宁认为，资本主义在组织共同劳动、组织社会化大生产、提高劳动生产率等实现生产力方面的先进管理技术与方法，与社会主义具有互通性，完全可以被社会主义借用。列宁说："最大的资本主义在劳动组织方面创造了这样一些制度，这种制度在居民群众受剥削的情况下，是少数有产阶级奴役劳动者，压榨劳动者额外的劳动、体力、血汗和神经的最残酷的形式，但这种制度同时又是科学组织生产的最新成就。社会主义苏维埃共和国应当学会这种制度，并且为了实行我们对生产的计算和监督以及为了提高劳动生产率，还应当对这种制度加以改造。"② 在这方面，列宁特别强调要学习资本主义的泰罗制、托拉斯组织及国家资本主义的计算与监督。一是学习资本主义的泰罗制。列宁认为，泰罗制和资本主义其他一切进步的东西一样，既是资产阶级剥削的最巧妙的残酷手段，又包含一系列的最丰富的科学成就，为大大提高人的劳动生产率开辟了途径，完全可以用来训练劳动居民掌握无比高超的一般劳动方法，特别是劳动组织方法。为此，1918 年 3 月，列宁在《〈苏维埃政权的当前任务〉一文初稿》中，将在全国实行泰罗制视为社会主义苏维埃共和国面临的一项任务，并要求将实行泰罗制写进苏维埃俄国的法令。他说，在社会主义条件下实行这种泰罗制，不仅丝毫不会损害劳动居民的劳动力，与之相反，它"会成为进一步大大缩短全体劳动居民的必要劳动日的最可靠的手段，是我们在相当短的

---

① 《列宁全集》（第 34 卷），人民出版社 1985 年版，第 170—171 页。

② 同上书，第 130 页。

时期内实现下述任务的最可靠的手段，这项任务大致说来就是：每个成年公民每天从事体力工作 6 小时，从事管理国家的工作 4 小时。"①二是学习资本主义托拉斯。在列宁看来，社会主义不仅是一种政治制度（即无产阶级专政）和经济制度（即以生产资料公有制为基础的社会主义生产关系），而且还是一种组织千百万人进行社会化大生产的劳动组织制度。托拉斯是资本主义国家垄断组织的一种高级形式，它把许多生产同类商品或与某类商品有密切关系的企业联合在一起，实行统一计划，统一生产、统一销售、统一计算，统一监督，分工协作，是一种在较大范围内管理社会化大生产的组织形式。这种组织形式，对于克服小生产的盲目性与无政府状态，增进生产的社会化组织程度，具有重要的作用。无产阶级要掌握组织社会化大生产的知识与经验，就必须向资本主义的托拉斯学习。列宁曾经语重心长地说："我们有社会主义的知识，但是没有组织千百万人的知识，没有组织和分配产品等等的知识。老布尔什维克领导者没有教给我们这些东西。在这方面，布尔什维克党的历史没有什么可以炫耀的。这门课程我们还没有学过。所以我们说，哪怕他是一个大骗子，只要他组织过托拉斯，只要他这个商人曾经搞过千百万人的生产和分配，只要他有经验，我们就应该向他学习。"②列宁不仅强调要向资本主义托拉斯的组织者学习，而且要求在俄国工业企业中组建托拉斯。1918 年 4 月，他在《科学技术工作计划草稿》中就提出："从现代化最大规模的工业的角度，特别是从托拉斯的角度，把生产合理地合并和集中于少数最大的企业。"③内战结束后，苏维埃俄国根据列宁的指示，普遍推行了托拉斯化。三是利用国家资本主义的计划与监督。在列宁看来，从宏观经济的组织与管理角度看，国家资本主义和社会主义尽管阶级性质不同，但二者具有共有的东西，那就是都强调"有计划的组织"，都强调"全民的计算和监督"。列宁说："国家资本主义是集中的，有

---

① 《列宁全集》（第 34 卷），人民出版社 1985 年版，第 131 页。

② 同上书，第 238—239 页。

③ 同上书，第 212 页。

计算和监督的，社会化的，而我们正好缺少这些。"① 因此，为了反对小私有者的无政府状态，列宁提出要不惜采用独裁的方法全力学习并仿效国家资本主义。列宁说："国家资本主义将会是我们的救星"②，"不经过国家资本主义和社会主义所共有的东西（全民的计算和监督），就不能从俄国现时的经济情况前进"③，"因为社会主义无非是从国家资本主义垄断再向前跨进一步。"④ 四是利用资本主义的合作社。列宁认为，合作社是资本主义遗留下来的宝贵遗产，是一种便于对产品分配实行广泛计算和监督的群众组织，无产阶级夺取政权后应该使资产阶级合作社与工人阶级合作社同时并存，并对资产阶级合作社作出一些让步，利用它们组织起对产品分配的计算和监督。列宁说：必须利用资本主义合作社这一现成的机构，利用资本主义为反对我们而创造的一切文化珍品，否则，就不能把社会主义建立起来。列宁还严肃地指出："如果你们轻视整个合作社机构，满不在乎地甚至傲慢地把它抛到一边，……另起炉灶……那就是一个极大的错误。"⑤除了泰罗制、托拉斯、国家资本主义的计划与监督、资本主义合作社之外，列宁还强调，对其他资本主义在提高劳动生产率、组织共同劳动等实现生产力方面的最新管理制度，都要加以学习。

　　列宁认为，向资本主义学习，不仅要学习资本主义在组织共同劳动、提高劳动生产率等实现生产力方面的先进管理经验，还要学习资本主义生产关系方面的某些具体形式、方法和手段。在列宁看来，生产资料的公有制形式，决定了社会主义生产关系与资本主义生产关系有着本质的不同，但这种本质上的不同并不能否认生产关系的某些具体形式、方法和手段上也完全不同，资本主义在生产关系方面涉及非本质的一些具体的方式、方法与手段，社会主义同样可以大胆地利用。在这方面，列宁的实际做法就是利用资本主义的商品生产方式来

① 《列宁全集》（第 34 卷），人民出版社 1985 年版，第 236 页。

② 同上书，第 236 页。

③ 同上书，第 281 页。

④ 同上书，第 217 页。

⑤ 《列宁全集》（第 35 卷），人民出版社 1985 年版，第 415—416 页。

为社会主义经济建设服务。列宁深知：对于规模小、地域分散、社会化组织程度低的个体小农经济，甚至是小工业来说，要把他们组织起来，进行社会化生产，单靠国家统一经济计划是不行的，必须利用资本主义的商品货币关系。为此，战时共产主义时期结束后，列宁实行了新经济政策，取消余粮收集制，改行粮食税，逐步放开并扩大自由贸易，通过商品交换与市场贸易来调动小农的生产积极性，组织起千百万小农的生产。在列宁看来，在俄国这样一个小生产者占优势的社会里，资本主义商品生产方式的存在是不可避免的，"因为这种资本主义是广大农民和私人资本所需要的……。必须让资本主义经济和资本主义流转能够象通常那样运行，因为这是人民所需要的，少了它就不能生活。"① 无产阶级"应该利用资本主义（特别是要把它纳入国家资本主义的轨道）作为小生产和社会主义之间的中间环节，作为提高生产力的手段、途径、方法和方式。"② 当然，列宁也反复强调，必须对这种资本主义加以控制，并将它们的发展纳入国家资本主义的轨道，使它们"无法越出也不敢越出无产阶级为之规定的范围和有利于无产阶级的条件"③。在一定范围内利用资本主义的商品生产方式来组织小经济生产，是列宁的一大创举。因为，谁也无法预见到，无产阶级竟然会在一个属于最不发达的国家中取得政权，为了组织千百万小生产者的生产，不得不采用资本主义商品生产这种组织与管理方式，这正如列宁自己所说的那样，"连马克思也没有想到要就这个问题写下片言只语，他没有留下任何明确的可供引用的文字和无可反驳的指示就去世了。"④ 列宁关于利用资本主义商品生产方式组织小经济生产的思想，对苏维埃俄国的经济恢复与发展起到了重要作用，对当今我们如何认识资本主义和怎样建设社会主义仍然具有借鉴意义。

---

① 《列宁全集》（第43卷），人民出版社1987年版，第84页。
② 《列宁全集》（第41卷），人民出版社1986年版，第217页。
③ 《列宁全集》（第43卷），人民出版社1987年版，第116页。
④ 同上书，第83页。

第三节　社会主义宏观经济管理体制论①

十月革命胜利后，以列宁为首的布尔什维克把马克思主义的基本原理与俄国的具体实际相结合，为构建俄国社会主义宏观经济管理体制进行了开创性的探索。重温列宁这一带有俄国特色的体制探索史，对于我们加深对世界上第一个社会主义国家经济建设初期经验的认识，启迪我们深入推进当前我国宏观经济管理体制改革，进一步完善中国特色社会主义宏观经济管理体制，具有重要意义。

一　从马克思主义经典原理出发的高度中央集权的管理体制

1917 年 11 月 7 日，列宁领导俄国人民取得十月革命的伟大胜利，在人类社会历史上第一次把社会主义从理想憧憬变成具体实践。在这一崭新的历史实践中，执政的无产阶级如何设计社会主义国家宏观经济管理体制，从而有效管理社会主义的国家经济？是一个既无先例可鉴，又无现成模式可循的重要课题。正如列宁自己所说：这是在攀登一座还没有勘察过的非常险峻的高山，"在这里既没有车辆，也没有道路，什么也没有，根本没有什么早经试验合格的东西！"② 为此，列宁在起初时期只能从马克思主义的经典原理中寻找答案。在马克思、恩格斯看来：未来社会主义社会，生产资料将由全体社会成员共同所有；商品货币关系、市场等不复存在，价值规律对社会生产的调节将被自觉的计划调控所代替；整个社会的一切生产部门将在全体社会成员的参与下由一个"中央管理机构"（公社）集中管理，全部社会生产将按统一的计划进行。遵照马克思、恩格斯的这种预言与设想，十月革命胜利后的初期，特别是在"战时共产主义"时期，列宁创立了人类历史上第一个高度中央集权的社会主义宏观经济管理体制。这种

---

① 本节中的内容以《列宁对社会主义宏观经济管理体制的早期探索及当代启示》一文，载于《湖南师范大学社会科学学报》2014 年第 3 期。

② 《列宁全集》（第 42 卷），人民出版社 1987 年版，第 448 页。

经济管理体制具有以下显著特点：一是普遍实行国有化，将从地主资产阶级手中夺取过来的企业、经济组织和部门纳入国家统一管理。特别是"战时共产主义"时期，为了最大限度集中资源满足战争需要，列宁更是加速了国有化的进程，扩大国有化的范围，除了大企业之外，进一步将中小型企业也收归国有，纳入国家统一管理。中小型工业企业国有化的实施，使俄国几乎全部的工业企业都收归到国家集中管理。二是对国有企业实行高度集权的总局制管理。各总局高度集权，不经过地方苏维埃，自上而下对所属企业实行严格的集中领导与"条条"管理，直接给企业下达指令，规定企业的生产计划，负责企业的资金拨款、原材料和设备的供应，统一分配企业的产品等。进入"战时共产主义"时期，这种高度集权的总局管理制被进一步强化，总局数量从1918年底的18个逐渐增到1920年底的52个，总局把企业的产供销和人财物统统包下来，企业没有任何自主权，不实行经济核算。全国俨然一个统一的大军营、大军工厂。三是消灭商品货币关系与市场，实行统一的计划管理，建立起大规模的社会化的计划经济。在生产领域：严格生产的计划管理，直接给每一企业制订生产计划，物质技术供应计划和产品分配计划等，使全部社会生产按照服从于战时任务的集中计划进行，"按照一个全国性的计划把全国所有经济活动最大限度地联合起来"①；在流通、分配及消费领域：取缔自由市场，禁止私人贸易，实行余粮收集制，并对主要农产品（粮、糖、菜、肉等）全部实行国家垄断，严禁私人买卖，把全体居民组织到统一的消费公社网中，利用消费公社把整个分配机构严格地集中起来，有计划地集中分配一切必需品等。通过这些措施，试图用社会主义统一的经济计划调整生产，用有组织、有计划的产品分配来代替贸易，从而"把全部国家经济机构变成一架大机器，变成一个使亿万人都遵照一个计划工作的经济机体"②。总之，十月革命胜利后的最初时期及"战时共产主义"时期，列宁创立的社会主义宏观经济管理体制就是：

---

① 《列宁全集》（第36卷），人民出版社1985年版，第414页。

② 《列宁全集》（第34卷），人民出版社1985年版，第5页。

以计划为手段，排斥商品货币关系与市场，高度的中央集权，高度的国家垄断，从生产、分配到流通、消费各个领域，都由国家掌握和控制，国家依靠行政命令、超经济的强制手段来建立经济联系，推动经济运行，市场机制的作用完全被取消，地方、企业及个人等经济主体的自主权几乎完全被剥夺。

不可否认，上述高度中央集权体制的创立，虽然与十月革命胜利初期及"战时共产主义"时期的经济极端困难和战争有关，但根本上还是源于列宁从马克思主义经典原理出发而对社会主义的一种理想追求。在十月革命胜利初期及"战时共产主义"时期，列宁曾反复明确地说："共产主义要求全国大生产的最高度的集中。因此，应无条件地授权全俄中心直接管辖该部门的一切企业。"他还说："剥夺全俄中心直接管辖该部门在全国的一切企业的权利，那就是地方主义的无政府工团主义，而不是共产主义。"① "建成社会主义就是建成集中的经济，由中央统一领导的经济。"② 在这里，列宁把实行全国生产的集中统一管理与社会主义、共产主义的制度属性联系在一起，表明在列宁思想深处，他始终坚定地认为，社会主义的经济就是全国高度集中与垄断的经济，社会主义的宏观经济管理体制理应是高度中央集权的体制。国内战争只不过是加速了列宁建立这种集权体制的进程，建立这种集权体制并不是像某些学者指出的那样，仅仅是列宁在战时特殊环境下采取的临时政策，是被战争所迫的一种应急措施，是与马克思科学社会主义原理的一种巧合，而是列宁对马克思科学社会主义的一种主动追求，是列宁利用战争顺势向社会主义的直接过渡。列宁的这种思想还可以在他后来的一次报告中得到印证。1921 年秋，列宁在《在莫斯科省第七次党代表会议上关于新经济政策的报告》中说，"当时设想不必先经过一个旧经济适应社会主义经济的时期就直接过渡到社会主义。我们设想，既然实行了国家生产和国家分配的制度，我们也就直接进入了一种与以前不同的生产和分配的经济制度（指社会主

---

① 《列宁全集》（第 34 卷），人民出版社 1985 年版，第 367 页。
② 《列宁全集》（第 35 卷），人民出版社 1985 年版，第 414 页。

义的经济管理制度——引者注）。"① 这段话充分证明，建立国家生产和国家分配的高度中央集权管理体制，是列宁走向社会主义的一种主动选择，退一步说，也应该是战争环境与列宁早期对社会主义宏观经济管理体制主动选择思想双重影响的产物。那种认为中央集权管理体制是列宁在战争环境下采取的临时措施的观点，是站不住脚的。

二　不一定要认为国家垄断制从社会主义观点看来是最好的办法

十月革命胜利初期及"战时共产主义"时期列宁创立的这种国家垄断式的高度中央集权的管理体制，在第一个社会主义国家刚刚诞生的残酷战争年代里，曾发挥过巨大的历史作用。它空前激发了广大工农群众为共产主义理想而英勇奋斗的革命精神与英雄气概，把国家有限的资源最大限度地集中起来，用于战争的需要，从而赢得了反对外国武装干涉和国内反革命势力武装暴乱战争的胜利，捍卫了新生的社会主义国家政权。但是，1920 年底，随着国内战争的结束，这种管理体制所造成的弊端和危害，日益明显地暴露出来。国家统得过多、过死，微观经济主体没有自主权，生产积极性受到严重压抑，致使工业生产严重滑坡，工业品产量下降到战前水平的 13.8%，农业种植面积大幅下降，农民经济变成"萨莫耶德式"经济（供自己食用之意），粮食及社会生活必需品供应紧张，各地农民起义，工人罢工，并最终导致海军要塞喀琅施塔得水兵暴乱。1921 年春天，苏俄面临严重的经济与政治危机。

危机面前，列宁对"战时共产主义"时期形成的高度中央集权的管理体制进行了深刻反思。在列宁看来，这种国民经济高度集中的中央集权式管理，只能是战争年代的特殊政策，却不能保证在和平时期使社会主义经济走上正常发展的轨道，只会把整个社会经济生活推向崩溃与灾难的深渊，为了适应和平建设时期经济发展的需要，必须对"战时共产主义"时期形成的中央集权管理制作出一些改变。1921 年3 月，他在有关场合阐述实行新经济政策的实质与必要性时说："我

---

① 《列宁全集》（第 42 卷），人民出版社 1987 年版，第 221 页。

们在商业国有化和工业国有化方面，在禁止地方流转（指禁止自由贸易——引者注）方面走得太远了"①，"在理论上，不一定要认为国家垄断制从社会主义观点看来是最好的办法"②，"现在不必实行国家垄断制"，"可以把'绳子'更放松些，不要绷断它，'放得''松开些'"，"在下面给农民等流转自由"，"现在需要最大限度的灵活性"③。1921 年 7 月，他又在《关于实行新经济政策的提纲草案》中进一步分析了苏维埃国家直接管理大量的各种类型的企业的弊端，明确提出要对这种体制进行调整。同年 10 月，他在《十月革命四周年》讲话中更是明确指出："我们计划（说我们计划欠周地设想也许较确切）用无产阶级国家直接下命令的办法在一个小农国家里按共产主义原则来调整国家的产品生产和分配。现实生活说明我们错了。"④ 这些论述充分表明，新经济政策开始后，列宁对社会主义宏观经济管理体制的认识发生了重大转变：第一，国家垄断式的高度中央集权管理体制不一定是社会主义的好做法；第二，经济不太发达的社会主义国家的宏观经济管理体制不能建立在产品经济基础上，而应该建立在自由流转（商品经济）基础上；第三，必须对苏维埃国家直接管理大量的各种类型企业及对企业的供应不同企业的生产率直接联系的做法进行调整。列宁认识上的这些转变，是对马克思科学社会主义理论的又一伟大的新发展。

　　作为伟大的马克思主义思想家与理论家，列宁不仅对"战时共产主义"时期形成的中央集权管理制进行了深刻反思，提出了"不一定要认为国家垄断制从社会主义观点看来是最好的办法"等一系列重要思想观点，而且还从理论上对这些观点进行了深入论证。列宁认为，马克思、恩格斯关于未来社会——社会主义社会宏观经济管理体制的理论设想，是从发达资本主义国家的经济现实出发提出来的，而俄国的现实经济是宗法式经济（即自给自足的或者处于游牧或半游牧状态

的农民经济）、小商品经济、资本主义经济、国家资本主义经济、社会主义经济并存的经济，要将所有这些经济成分，特别是"到处都有"的小经济都纳入社会主义轨道，由国家计划统一集中管理，是行不通的，必须给予一定灵活性，必须发挥商品货币关系与市场的作用。列宁指出："小农只要还是小农，他们就必须有同他们的经济基础即个体小经济相适应的刺激、动力和动因。这就离不开地方流转自由。"① 在这里，列宁的理论逻辑是："小生产"的经济现实决定了必须允许自由贸易、允许地方流转，而要允许自由贸易、允许地方流转，就必须改变高度中央集权、高度国家垄断的计划管理体制。这是列宁运用生产力决定生产关系、经济基础决定上层建筑的原理，对"不一定要认为国家垄断制从社会主义观点看来是最好的办法"的观点进行理论论证。

三　社会主义经济体制的类型＝上面实行集中＋下面实行自由贸易

沿着"不一定要认为国家垄断制从社会主义观点看来是最好的办法"的思路，列宁对战后苏俄社会主义国家宏观经济管理体制的具体模式进行了重新设计。1921 年 3 月，他在构思《〈论粮食税〉的几个提纲》时首次提出了关于社会主义宏观经济管理体制的新设想。他说："在一些大国的无产阶级革命还没有到来以前，经济关系或经济体制的类型＝上面实行集中＋下面实行农民的自由贸易……"② 列宁的这一设想，虽然最早是从转换农村经济管理体制的角度提出来的，但很快（稍晚一两个月），列宁就将这一构想推广到包括工业在内的整个国民经济领域。在列宁看来，这种"上面实行集中，下面实行自由"的新体制，就是整个社会依然按照国家统一的计划进行集中管理，但是，下面每个具体的劳动者（或组织）均有独立地从事生产经营活动的自主权，均有自己独立的经济利益，在完成国家统一计划任务的前提下，具有自主生产并通过自由贸易获取自身利益的自由。这

① 《列宁全集》（第 41 卷），人民出版社 1986 年版，第 55 页。

② 同上书，第 377 页。

种新体制实现了集权与分权相结合，统一经济计划管理与发挥市场作用相结合，既具有计划性、集中性、统一性，又具有自由性、分散性、灵活性。列宁要求把建立这种新体制作为制定经济政策的基础。

以"上面实行集中，下面实行自由"为架构，从1921年春开始，列宁对"战时共产主义"时期形成的高度中央集权的经济管理体制进行了全面改革，这也是人类社会主义历史上第一次宏观经济体制改革。这种改革首先从农村开始：一是废除余粮收集制，改行粮食税，同时实行差别税率，对积极扩大播种面积和提高生产率的勤劳农户，给予税收优惠，或降低税率，或部分地免税，以提高其积极性；二是允许自由贸易，规定农民在纳税后剩余的一切余粮可以用来交换工业品，从而给予农民通过自由贸易获取自身利益的自由；三是改革农村经济组织形式，放弃大规模的共耕制、公社制、集体农庄制，大力推行合作制。在列宁看来，相比共耕制、公社制及集体农庄制，合作制保留了农民对生产资料的所有权及经营活动自主权，给予了小农以较多自由，有利于调动农民积极性，促进农业生产的恢复与发展。

几乎在对农村经济管理体制进行改革的同时，列宁也将这种改革从农村推向城市，对城市高度中央集权的工业总局管理制进行了改革。改革举措主要有：一是撤销最高国民经济委员会所属各管理总局，将其管理企业的职能转给托拉斯，最高国民经济委员会只保留调节和一般领导的职能，对托拉斯进行总的计划领导和监督；二是压缩国家直管企业的范围，国家只将一定数量的大型企业集中在自己的直接管理之下，其余的则出租给合作社、协作社、其他联合组织以及私人，灵活经营；三是实行经济管理的地方分权原则，将部分原先直接由中央管理的企业下放给地方管理，同时赋予地方经济机关广泛的职能和权限，扩大地方自主权，构建中央集权与地方分权相结合，"条块结合"的新体制；四是给企业松绑，从物质处理、原料采购、产品销售、企业用工、劳动报酬、企业联合与分离及外贸等方面，赋予了企业广泛的自主权力，使企业成为了一个相对独立的经营实体，调动企业生产积极性与主动性；五是按商业原则办事，建立企业经济核算制、经济责任制及一长制等，规定企业领导必须对企业负责，承担起使企业盈利的责任；六是改革个人收入分配制度，废除"战时共产主义"时期平均分配个人必需品的政策，实行工资数量与劳动者的技术熟练程度、劳动成果等挂钩，同时实行集体合同制工资政策，规定企业的工资总额不再取决于职工人数，而主要取决于企业完成生产计划的情况和经营的实际效果，以取代固定不变、国家统一的等级工资制，推动职工从切身利益上关心生产成果，调动劳动群众的积极性。

上述这些改革探索体现了列宁在社会主义宏观经济管理体制上集中与自由相结合、集权与分权相结合、计划管理与发挥市场作用相结合、行政手段与经济手段相结合、权力与责任相对等及国家在管理企业上有所为、有所不为等宝贵思想。这些探索虽然还没有完全摆脱传统计划管理体制的类型，但它却突破了马克思传统社会主义理论观点的束缚，开启了人类在实践中探索而不仅仅是在经典著作中找寻社会主义的光辉历程。这些改革探索虽然只是一些初步探索，在今天看来，很多地方还不是很完善，但却是人类社会主义史上第一次伟大探索，并很快在实践中取得了巨大的成效，它使战后苏俄经济很快从崩溃边缘与一团混乱的泥潭中走了出来，走上迅速恢复与蓬勃发展的光明大道，向世界展示了社会主义的无限生机与灿烂前程，产生了无比巨大的历史示范作用。

列宁在社会主义宏观经济管理体制探索中所形成的光辉思想，并没有随着岁月的流逝而黯淡。今天，我们重新梳理列宁关于社会主义宏观经济管理体制的探索历程及其在这一探索中所形成的光辉思想，对推动当前我国宏观经济管理体制改革，完善中国特色社会主义宏观经济管理体制，仍然具有重要启示。它启示我们：第一，社会主义宏观经济管理体制没有一个先在的固定模式，必须在实践中去探寻。160 多年前，马克思、恩格斯从科学社会主义基本原理出发，提出了关于社会主义宏观经济管理体制的种种设想，但这些设想仅仅是他们根据当时的历史条件对未来社会主义宏观经济管理体制所做的一些十分粗线条的描述与预测。马克思、恩格斯当时的历史使命，仅在于通过对资本主义产生、发展和灭亡一般规律的剖析，揭示社会主义取代资本主义的历史必然性，而不是为后人具体描绘未来社会的详细蓝图，更不是为后人具体设计未来社会经济管理体制的具体模式。社会主义的宏观经济管理体制究竟是什么样子，只能在实践中去说明。我们决不能把马克思主义的那些理论预测当做僵化的教条，而必须在实践中去探索适合本国国情的宏观经济管理体制的具体模式。在这方面，列宁给我们树立了光辉典范。他把马克思科学社会主义理论与俄国的具体实际相结合，放弃自己早先根据马克思经典社会主义理论出发而建立的高度中央集权的宏观经济管理体制，创立了一个以"上面实行集中，下面实行自由"为架构的集权与分权相结合、计划管理与发挥市场作用相结合的社会主义宏观经济管理新体制，丰富和发展了马克思社会主义宏观经济管理体制思想。理论是灰色的，而生活之树常青。当前，在建设中国特色社会主义的伟大实践中，我们必须以列宁为榜样，既不教条式地受马克思主义经典作家理论观点的束缚，也不拘泥于先辈们的先前结论，"抱住昨天的理论不放"，而必须"考虑生动的实际生活"，考虑"现实的确切事实"，实事求是，一切从实际出发，在鲜活的实践中不断探索中国特色社会主义宏观经济管理体制。第二，任何一种合理的体制模式都有随着实际情况的变化而出现僵化的可能，必须在实践中不断推进社会主义宏观经济管理体制改革。十月革命胜利后，列宁对社会主义宏观经济管理体制的探索过程，既是人类社会主义历史上第一次体制建设过程，更是人类社会主义历史上第一次体制改革过程。他改革"战时共产主义"时期形成的适应战争需要的高度中央集权的国家宏观经济管理旧体制，创立了适应和平建设时期需要的"上面实行集中，下面实行贸易自由"，集权与分权相结合、计划管理与发挥市场作用相结合的新体制，极大地调动了劳动群众的生产积极性，促进了战后苏俄经济的恢复与发展，为当代社会主义宏观经济管理体制改革开辟了思想源头，展现了理论星空，提供了思想借鉴。实际上，实践发展永无止境，改革创新亦无止境，改革只有进行时、没有完成时，改革事业永远在路上。我们必须以列宁为榜样，学习列宁的改革勇气与智慧，坚持与时俱进，防止思想僵化，根据我国经济社会发展新时期、新阶段的新情况与新特点，以更大的政治勇气和智慧，以敢啃硬骨头、敢涉险滩的精神，坚持不懈地推进我国社会主义经济体制改革，不断完善社会主义市场经济体制，让社会主义制度不断焕发出新的生机与活力。第三，处理好计划与市场的关系依然是当前完善我国宏观经济管理体制的关键。从列宁开始，回溯近100年来人类不同国家、不同历史时期关于社会主义宏观经济管理体制探索的历史进程，不难发现，处理好计划与市场关系始终是社会主义宏观经济管理体制探索中的重要课题。"战时共产主义"时期，列宁创立的第一个社会主义宏观经济管理体制，虽然忠于了共产主义的理想与原则，但它否认商品货币关系与市场，过分强调统一经济计划与中央集权，完全割裂了计划与市场的关系，因而没有活力，是一种僵化的体制。新经济政策时期，列宁实行经济体制改革，他虽然没有最终突破社会主义计划经济的传统模式，但他强调统一的经济计划应该给市场留有一定的作用领域和空间，发挥商品货币关系及市场在发展社会经济中的作用，极大地促进了战后苏俄经济的恢复与发展。在我国，经过新中国建国六十多年，特别是改革开放三十多年来的反复探索，社会主义市场经济体制不断完善，但是面临经济社会发展新阶段的新形势、新问题与新要求，进一步理顺计划与市场的关系，更好地发挥计划与市场的双重作用，仍然是完善我国社会主义宏观经济管理体制中的重要课题。当前，在我国，计划与市场的问题，既不是孰优孰劣的问题，也不是含量上的多与少的问题，而是一个"在既定的情况下，应当如何恰当地把这两者结合起来"① 的问题。实际上，计划与市场都是人类调节经济的有效手段，都是人类文明成果的结晶，本身并无一个绝对的好坏优劣之分，关键看我们在实践中如何运用，如何把它们有机地结合起来。结合得好，它们都能扬长避短，共同推动经济社会的发展，反之，就会影响并阻碍经济社会的发展。判断这种结合好坏的标准，不是二者含量上的数量比例，而是二者的有机结合及其在促进经济社会发展上形成的作用合力。当前，在我国，实现计划与市场的有机结合，不能简单地说是计划多一

---

① ［美］格雷戈里、斯图尔特：《比较经济体制学》，林志军、刘平等译，上海三联书店1988年版，第13页。

点，还是市场多一点，而必须既要完善计划，又要完善市场，提高计划与市场各自的有效性。一方面，要坚定不移地推进社会主义市场化改革，凡是市场能解决好的，就让市场去解决。同时，要完善我们的市场，建设统一开放、竞争有序的现代市场体系，真正使市场在资源配置中起决定性作用；另一方面，决不可忽视政府计划的宏观调控，正如习近平总书记所说："市场在资源配置中起决定性作用，并不是起全部作用"，凡是市场管不了或者管不好的，必须由政府用政策和计划来管。同时，要改进我们的计划工作，摆脱主观认识落后于客观发展、客观信息不对称及计划机构人员利益关系的局限性，使计划工作符合客观规律和情势的要求，进一步提高计划工作的科学化水平；要增强计划的战略性、预测性和前瞻性，完善计划调控政策实施的法律保障体系，健全计划完成情况的问责机制，强化计划的权威性、约束性，提高计划的执行力。当然，世上从来没有抽象的"计划"与"市场"，有意义的，是在每一特定的社会实践中形成的计划与市场。计划与市场的结合在中国与在美国不同。世界上只有一个中国，特有的国情决定了这种结合具有唯一性，并无先例和现成模式可循，只能强调"实践理性"，在实践中不断地探索，不断地完善。

第四节　社会主义宏观经济调节论

十月革命胜利后，列宁一方面根据马克思的理论设想，在人类历史上第一次推行了社会主义的计划管理实践，并就如何制订和实施国家统一经济计划做出了许多精辟论述，丰富和发展了马克思关于未来社会"社会的有计划的调节"理论；另一方面，又把马克思主义一般原理与俄国落后的具体国情相结合，创造性地提出要改变国家统一计划的实现方法，把统一的国家计划管理与利用商品货币关系结合起来，为后人深入探索社会主义市场经济留下了广阔空间。这些探索对当今我国完善中国特色社会主义市场经济制度具有重要启示。

一　建立起大规模的社会化的计划经济

马克思、恩格斯认为，劳动时间在不同的生产部门之间按比例分配，是一条首要的经济规律。换句话说，无论哪一种社会形态，都要求根据社会需要在各部门间合理分配社会劳动，即使社会生产按比例发展，这是一个客观规律，"在不同的历史条件下能够发生变化的，只是这一规律借以实现的形式"，但这一规律"决不可能被社会生产的一定形式所取消"①。此外，马克思、恩格斯还多次预言，未来社会将实行生产资料公有制，在这样的社会制度下，将不再是通过市场的自发波动，而是"按照社会总体和每个成员的需要对生产进行的社会的有计划的调节"②。在马克思、恩格斯看来：只有实现这种"社会的有计划的调节"，才能"结束无时不在的无政府状态和周期性地动荡这样一些资本主义生产难以逃脱的劫难"③；只有实现这种"社会的有计划的调节"，"人才在一定意义上最终地脱离动物界，从动物的生存条件进入真正人的生存条件"，也只有从这时开始，人们才能完全自觉地自己创造自己的历史，达到"一种与人类相称的状态"④，"实现从必然王国进入自由王国的飞跃"⑤。总之，马克思、恩格斯不但指出了未来社会的社会生产将实行"社会的有计划的调节"，而且对这种"社会的有计划的调节"的必然性与优势等也做了深刻阐述。然而，马克思和恩格斯所处的历史条件，决定了他们只能根据社会化大生产的一般要求，对"社会的有计划的调节"作一般性预测，而不可能对这种计划调节和计划工作作出全面、完整的具体说明。

遵照马克思恩格斯的预见，早在1899年底撰写的《俄国社会民主党中的倒退倾向》这篇文章中，列宁就把"全部生产资料变为全社会的财产"及"按照总的计划进行有利于社会全体成员的生产"这二

---

① 《马克思恩格斯选集》（第4卷），人民出版社1995年版，第580页。
② 《马克思恩格斯选集》（第3卷），人民出版社1995年版，第754页。
③ 同上书，第60页。
④ 同上书，第462页。
⑤ 《马克思恩格斯选集》（第4卷），人民出版社1995年版，第758页。

者视为社会主义的目的和实质①，并对尔·姆只顺便谈了一下社会主义就是要使全部生产资料社会化，而没有确切地指明社会主义必须按照总的计划进行有利于社会全体成员的生产，提出了批评。1903 年，在经列宁亲自修改的俄国社会民主工党党纲中，列宁明确指出："无产阶级的社会革命以……有计划地组织社会生产过程来保证社会全体成员的福利和全面发展。"② 1906 年 5 月，列宁在《土地问题和争取自由的斗争》一文中，首次把这种社会生产的计划调节称为"社会化的计划经济"③，并说："只有建立起大规模的社会化的计划经济，一切土地、工厂、工具都转归工人阶级所有，才可能消灭一切剥削。"④从 1914 年开始，随着第一次世界大战的爆发，大战中的德国为应对战争需要而建立起的战时计划经济模式，为列宁构建社会主义计划经济制度提供了现实参照。他说，"在德国，事情已经发展到了这样的地步：由一个机构领导 6600 万人的经济生活，由一个机构组织 6600万人的国民经济。"⑤ 他还说："既然这一点能够在代表少数金融大王利益的一小撮容克贵族的领导下做到，那一定同样也能够在代表饱受饥饿和战争折磨的十分之九的居民的利益的觉悟工人的领导下做到。"⑥ 在列宁看来，有觉悟的无产阶级有计划地组织起全部经济生活，这完全不是空想。

　　列宁不仅提出社会主义必须建立起大规模的社会化的计划经济，而且从组织社会化大生产、提高劳动生产率、社会主义的真正实现、无产阶级革命的特点等多个角度，对社会主义有计划调整生产的必要性进行了深入论证，比如："大机器工业和以前各个阶段不同，它坚决要求有计划地调节生产"⑦，"提高劳动生产率，因此（并且为此）

① 《列宁全集》（第 4 卷），人民出版社 1984 年版，第 229 页。

② 《苏联共产党代表大会、代表会议和中央全会决议汇编》（第 1 分册），人民出版社 1964 年版，第 36 页。

③ 《列宁全集》（第 13 卷），人民出版社 1987 年版，第 124 页。

④ 同上。

⑤ 《列宁全集》（第 28 卷），人民出版社 1990 年版，第 249 页。

⑥ 同上书，第 348—349 页。

⑦ 《列宁全集》（第 3 卷），人民出版社 1984 年版，第 500 页。

就要有更高形式的劳动组织（指统一的计划组织——引者注）"①；再比如："没有一个使千百万人在产品的生产和分配中严格遵守统一标准的有计划的国家组织，社会主义就无从设想"②，"如果革命不走上建立真正有计划的统一的组织的道路，……那么这个革命将始终是资产阶级革命，因为走向共产主义的无产阶级革命的基本特点也就在这里"③，等等。这些论述和观点，不仅深入论证了建立社会主义"社会化的计划经济"的现实必要，而且进一步丰富和发展了马克思未来社会"社会的有计划的调节"思想。

建立社会主义"社会化的计划经济"，不仅仅是一个理论问题，更是一个实践问题。列宁不仅对社会主义"社会化的计划经济"问题进行了深入的理论探讨，坚定地把计划经济与社会主义经济的制度选择结合在一起，而且领导苏俄人民进行了人类历史上第一次社会主义计划管理实验，就社会主义经济的计划管理问题进行了创造性的探索。

1917 年 10 月 26 日，十月革命胜利后的第二天，列宁就提出成立苏维埃最高国家经济机关——最高国民经济委员会，以统一管理全国经济。1918 年春，列宁明确提出："把对千百万人生存所必需的产品进行有计划的生产和分配这一极其复杂和精密的新的组织系统建立起来"④，"把全部国家经济机构……变成一个使亿万人都遵照一个计划工作的经济机体"⑤ 等，同时要求成立专家委员会，迅速制订俄国工业改造计划和国民经济发展计划，并为此专门写作了《科学技术工作计划草稿》，对该计划的制订提出了许多天才般的具体指导意见。如："使俄国工业布局合理，着眼点是接近原料产地，尽量减少从原料加工转到半成品加工一直到制出成品等阶段时的劳动消耗"，"把生产合理地合并和集中于少数最大的企业"，"最大限度地保证现在的俄罗斯

① 《列宁全集》（第 34 卷），人民出版社 1985 年版，第 168—169 页。

② 同上书，第 279 页。

③ 《列宁全集》（第 36 卷），人民出版社 1985 年版，第 321 页。

④ 《列宁全集》（第 34 卷），人民出版社 1985 年版，第 154 页。

⑤ 同上书，第 5 页。

苏维埃共和国（不包括乌克兰及德国人占领的地区）能够在一切最主要的原料和工业品方面自给自足"，"特别注意工业和运输业的电气化以及电力在农业中的运用"，"利用次等燃料（泥炭、劣质煤），以燃料开采和运送方面最少的耗费取得电力"，"注意水力和风力发动机及其在农业中的运用"等①。在列宁看来，"只有按照一个总的大计划进行的、力求合理地利用经济资源的建设，才配称为社会主义的建设。"②

1918 年秋，苏俄进入国内战争时期。即使是在那战火纷飞的年代，列宁也是始终强调和关注计划工作。他说："没有一个长期的旨在取得重大成就的计划，就不能进行工作。"③ 这一时期，他多次写信给格·马·克尔日扎诺夫斯基，提出要编制一项以国家电气化为基础的恢复和改造国民经济的全国计划，并就编制这一计划提出意见。他说，"在 10 年（5 年？）内建成 20—30 个（30—50 个？）电站，使全国布满以 400 俄里（或 200 俄里，如果不能搞更大的）为半径的发电中心，其中有的用泥炭，有的用水力，有的用页岩，有的用煤，有的用石油（把整个俄国大概地、极粗略地规划一下），……使俄国电气化。"④ 列宁还特别指出：这"不是技术的计划，而是政治的或国家的计划，即向无产阶级提出的任务"，这个计划"要通俗易懂，一目了然，使群众为清晰而鲜明的（有充分科学根据的）远景所吸引"，这个计划"应该现在就提出来"，用这个"为期 10—20 年的伟大纲领来吸引工人和觉悟的农民群众。"⑤ 在这里，列宁不仅勾画了全俄电气化计划的雏形，而且明确阐明作为统一的国家计划，是无产阶级的政治任务，应该以美好的远景吸引和鼓舞劳动群众。在列宁的倡导和主持下，1920 年 2—10 月，苏俄组织二百多名专家共同制订了《全俄电气化计划》。这是一个宏伟的经济发展计划，它要求：用 10 年到 15

---

① 《列宁全集》（第 34 卷），人民出版社 1985 年版，第 212—215 页。

② 《列宁全集》（第 35 卷），人民出版社 1985 年版，第 18 页。

③ 《列宁全集》（第 40 卷），人民出版社 1986 年版，第 151 页。

④ 《列宁全集》（第 38 卷），人民出版社 1986 年版，第 69 页。

⑤ 同上书，第 69—70 页。

年时间，新建30座总装机容量为175万千瓦的电站，使全国年发电量达到88亿度（比1913年，发电量增加4.4倍），从而创造以电能为基础的新生产力，推动工业、农业和运输业的发展。列宁对这一计划给予高度评价，称它是"关于统一经济计划问题所写的唯一的一部严肃的著作"①、俄共（布）"第二党纲"。列宁说："我们党的纲领不能始终只是党的纲领。它应当成为我们经济建设的纲领，不然它就不能作为党的纲领。它应当用第二个党纲，即重建整个国民经济并使它达到现代技术水平的工作计划来补充。"②《全俄电气化计划》的制定是人类社会主义经济计划史上的一大创举。因为，在此之前，只有这样和那样的设想和论证，究竟如何制定，既无先例可鉴，又无现成模式可循，只能在实践中摸索。通过实践探索，列宁总结并提出了一系列制定社会主义经济计划的规律和原则，如：计划应具有精确的科学依据并建立在科学的基础上，"充分考虑具体经济现实的现有条件"③，不能靠个人的意识或意志，凭空设想；要充分发挥专家的作用，防止计划的官僚主义化；既要有短期计划，又要有长期计划，善于把这二者结合起来；既要强调计划的集中统一，又要考虑地方的特点，发挥地方、部门的积极性与首创精神；既要经常自觉地保持国民经济各部门的平衡，又要分清轻重缓急，突出重点，决不能搞平均主义；要根据仔细研究过的实际经验来补充、修改和调整计划，等等。

　　从1921年春开始，虽然苏俄实行了利用商品货币关系及市场的新经济政策，但在列宁的亲自领导下，苏俄的计划工作不仅没有削弱，反而进一步得到加强。1921年2月，正是新经济政策开始时，苏俄成立了负责国家计划工作的专门机构——国家计划委员会，从此国家计划委员会越来越直接地介入国家的经济运行与发展。正如列宁所说："新经济政策不是要改变统一的国家经济计划，不是要超出这个计划的范围，而是要改变实现这个计划的办法。"④ 1922年底，列宁

①　《列宁全集》（第40卷），人民出版社1986年版，第345页。

②　同上书，第155页。

③　同上书，第344页。

④　《列宁全集》（第52卷），人民出版社1988年版，第40页。

病重期间还十分关心国家计划工作，在其口授的《关于赋予国家计划委员会以立法职能》的信中，他提出："要扩大国家计划委员会的职权"，赋予国家计划委员会以立法职能，"使国家计划委员会的决定不被通常的苏维埃审议程序推翻"①。

　　总之，十月革命胜利后，遵照马克思、恩格斯的理论设想，列宁对建立社会主义社会化的计划经济，不仅进行了深入的理论探讨，而且进行了广泛的实践探索。这些探索由于是人类社会主义历史上的第一次，再加上他领导俄国社会主义建设时间短暂，不可避免地存在这样和那样的缺陷和不足，但即使如此，它毕竟是人类社会主义史上的第一次伟大探索，为人类社会主义的计划管理提供了早期示范。

二　给市场留有一定的作用领域和空间

　　社会主义的宏观经济调节需不需要发挥市场的作用？马克思、恩格斯对此是持否定态度的。在马克思、恩格斯看来，资本主义社会之后的未来社会，生产资料将由全体社会成员共同占有，私有制将被消灭，商品货币关系将完全消失，市场也将消亡，整个社会生产将按照一个"总的计划"进行，"不需要著名的'价值'插手其间"②。

　　作为马克思主义的坚定继承者，列宁早期继承了马克思的上述思想。十月革命前，他就明确提出："只要仍然有交换，谈论什么社会主义就是可笑的"③，社会主义就是组织没有企业主的大生产，消灭商品货币关系与市场，那时调节生产的将不是市场，"而是生产者自己，是工人社会本身"④。十月革命胜利后，他把上述设想付诸实践，用"一系列逐步而坚定的措施"⑤，彻底消灭私人贸易，并"力求尽量迅速地实行最激进的措施，为消灭货币作好准备"⑥。特别是反对外国武

---

①　《列宁全集》（第43卷），人民出版社1987年版，第344页。

②　《马克思恩格斯选集》（第3卷），人民出版社1995年版，第661页。

③　《列宁全集》（第17卷），人民出版社1988年版，第111页。

④　《列宁全集》（第1卷），人民出版社1984年版，第212页。

⑤　《列宁全集》（第36卷），人民出版社1985年版，第82页。

⑥　同上书，第91页。

装干涉与国内战争时期，列宁更是加快了消除货币与市场的进程，坚决与农民和资本家坚持（恢复）商品生产的企图作斗争，并为此推行了战时共产主义政策，如：实行余粮收集制，取缔自由市场，禁止私人贸易，把全体居民组织到统一的消费公社网中，实行分配的实物化，等等。在列宁看来，这些措施是"从资本主义商品交换过渡到社会主义产品交换的重要手段之一"①，列宁深信："这条道路是正确的，一定能使我们获得巨大的成果，以保证我们进行大规模的经济建设。"②

　　然而，从马克思经典社会主义理想原则出发的这些美好设想，却遭遇了严重的现实困境。特别是余粮收集制严重挫伤了农民的积极性，并引起农民的强烈不满甚至是公开暴动，最终导致1921年春的经济与政治危机。面对危机，在理想与现实面前，列宁尊重理想，但更尊重现实，并进行了深刻反思。他说："我们以前的纲领在理论上是正确的，但是在实践上却行不通"③，"我们必须懂得，在大生产彻底胜利和恢复之前，我们面对的是一些为商品流转而生产的小农……我们还要同就是这样的一些小生产者打好多年的交道"④，"不要闭起眼睛不看这个事实"⑤，"小农只要还是小农，他们就必须有同他们的经济基础即个体小经济相适应的刺激、动力和动因。这就离不开地方流转自由（个体商品交换——引者注）。"⑥ 为此，1921年3月，列宁废除了余粮收集制，改行粮食税，同时恢复自由贸易，允许农民用纳税后的余粮交换工业品，给予农民通过自由贸易获取自身利益的自由。1921年秋，列宁又进一步放宽对商品交换的限制，扩大商品交换范围，进一步提出按商业原则办事，"由国家调节买卖和货币流通"⑦

---

① 《列宁全集》（第34卷），人民出版社1985年版，第406页。
② 《列宁全集》（第38卷），人民出版社1986年版，第115页。
③ 《列宁全集》（第41卷），人民出版社1986年版，第61页。
④ 同上书，第22页。
⑤ 同上书，第62页。
⑥ 同上书，第55页。
⑦ 《列宁全集》（第42卷），人民出版社1987年版，第228页。

等，进一步把商品交换建立在商业与市场基础之上。列宁认为，这是建设社会主义经济"比较可靠的，也是目前我们唯一走得通的道路"①。

在列宁看来，社会主义俄国之所以不能消灭商品与货币，之所以要发挥商业与市场的作用，这是由俄国落后的经济状况决定的。事实上，俄国的社会主义与马克思经典理论中设想的社会主义大不相同。马克思经典理论中设想的社会主义是建立在西欧资本主义高度发达的生产力基础上的，这种高度发达生产力的进一步发展必然要求消灭资本主义的商品货币关系与市场，迎来"对生产进行社会的有计划的调节"这只金凤凰。然而，现实生活中的社会主义种子，却偏偏没有落在这种理想的肥田沃土之中，而是落到了经济文化都十分落后的俄国这一贫瘠土壤上。面临这样的经济现实，无产阶级能采取什么样的政策呢？正如列宁所说："或者是试图完全禁止、堵塞一切私人的非国营的交换的发展，即商业的发展，即资本主义的发展，而这种发展在有千百万小生产者存在的条件下是不可避免的。一个政党要是试行这样的政策，那它就是在干蠢事，就是自杀。说它在干蠢事，是因为这种政策在经济上行不通；说它在自杀，是因为试行这类政策的政党，必然会遭到失败。……或者是不去试图禁止或阻塞资本主义的发展，而努力把这一发展纳入国家资本主义的轨道。"② 列宁认为，后者是"最后一种可行的和唯一合理的政策"③。列宁还说，"完整的、完善的、真正的计划，目前对我们来说＝'官僚主义的空想'。不能追求这种空想"④，要改变统一经济计划实现的方法，给市场留有一定的作用领域和空间。

为了发挥商业与市场在组织、调节国家经济中的作用，新经济政策开始后，列宁采取了一系列措施，对国内市场进行了重建。如：放

---

① 《列宁全集》（第42卷），人民出版社1987年版，第233页。
② 《列宁全集》（第41卷），人民出版社1986年版，第210—211页。
③ 同上书，第211页。
④ 《列宁全集》（第50卷），人民出版社1988年版，第130页。

开对私商的限制，为他们发放营业执照，让其合法化①；重新组建国营商业，恢复和发展合作社商业，使其逐步取代私商，成为商品流通的主渠道；组建批发集市（定期市场），利用其恢复和发展国内各地区之间已被破坏的商业联系；建立交易所，统一办理各项交易手续并监控市场价格等。通过这些措施，为发挥市场作用搭建了有效平台。

此外，为适应发挥市场作用的新要求，列宁还明确提出布尔什维克党要学会与市场打交道，学会经商。他说，共产主义与商业，乍看起来好像二者毫不相干、风马牛不相及，"但是，如果从经济上认真考虑一下，就会知道这二者之间的距离并不比共产主义同小农的、宗法式的农业的距离更远"②，共产党人应该克服"本能地轻视商业的'感情社会主义'或旧俄半贵族半农民的宗法情绪"③，认真学好商业这门新"学科"，成为一个精明的批发商。

总之，十月革命胜利后，列宁对社会主义宏观经济管理中的市场作用进行了曲折的探索。这些探索虽然没有完全回答市场在社会主义经济调节中的地位问题，但却发展了马克思科学社会主义理论，并为后人进一步探索社会主义市场经济留下了广阔空间。

三　社会主义经济的本质属性是产品——计划经济④

新经济政策时期，列宁提出并强调要发挥商品货币关系及市场在调节社会生产、发展社会经济中的作用，这是否说明列宁在思想上突破了马克思社会主义计划经济思想，提出了社会主义商品经济的原则呢？对这一问题，不少学者是持肯定态度的。比如，有的学者认为，列宁虽然没有明确提出社会主义商品经济这个概念，但已提出了社会

---

① 1921 年底领取执照的商贩达 18.6 万人，1922 年底激增至 66.7 万人，私商数量基本恢复到了 1912 年的水平。（参见唐士润《列宁的新经济政策与改革》，成都科技大学出版社 1992 年版，第 173 页。）

② 《列宁全集》（第 42 卷），人民出版社 1987 年版，第 248 页。

③ 同上书，第 250 页。

④ 本目中的内容以《列宁提出了社会主义商品经济思想吗?》一文，载于《求索》2015 年第 6 期。

主义商品经济思想的许多内容①；有的学者提出：列宁晚年突破了"社会主义就是计划经济"的传统认识，在马克思主义发展史上，第一个把社会主义与商品经济统一起来，创立了社会主义商品经济理论②；更有学者提出：列宁关于社会主义商品经济的思想是一个完整的体系，他不仅承认了社会主义存在商品经济，而且肯定了商品经济在社会主义经济中的地位和作用③，等等。总之，学界普遍认为，新经济政策时期，列宁突破了马克思传统社会主义经济理论，承认了社会主义的商品货币关系与市场，提出了社会主义商品经济思想。然而，对上述观点，笔者不能苟同。笔者认为，这些观点均过高估计了列宁新经济政策的理论价值和意义。实际上，新经济政策时期，列宁虽然提出并强调要发挥商品货币关系及市场在发展社会主义经济中的作用，但并没有解决商品、货币、自由贸易、市场等与社会主义的关系问题，没有把社会主义与商品经济统一起来，没有提出社会主义商品经济思想。在列宁思想深处，他始终认为商品交换、自由贸易、市场等是资本主义特有的范畴，社会主义经济的本质属性是产品——计划经济。这是因为：

其一，新经济政策并不表明列宁肯定了社会主义存在商品经济。

1921 年 3 月，列宁做出了从战时共产主义向新经济政策转变的重大战略决策。苏俄废除了战时共产主义时期实行的余粮收集制及禁止自由贸易等政策，改行粮食税，允许农民用纳税后的余粮交换工业品，从而给予了农民一定范围内的贸易自由。1921 年秋，列宁进一步放宽对商品交换的限制，扩大商品交换范围，并提出按商业原则办事，由国家调节买卖和货币流通。然而，这些措施并不表明列宁对商品交换、自由贸易、市场等的认识发生了改变，不能说明列宁肯定了

---

① 袁志刚、徐宝侠：《试论十月革命后列宁对商品货币关系认识的三个阶段》，《求实》1992 年第 3 期。

② 王晶雄：《列宁——社会主义商品经济理论的开拓者》，《空军政治学院学报》1996 年第 4 期。

③ 刘莉、何才全等：《列宁在新经济政策中对社会主义商品经济理论的探索》，《杭州师范学院学报》1994 年第 4 期。

社会主义存在商品经济。

首先，新经济政策时期，列宁依然认为商品交换、自由贸易、市场等是资本主义经济特有范畴。这一点可以从他在新经济政策时期的一系列论述中得到确证。如：1921 年 3 月 15 日，列宁在俄共（布）第十次代表大会的报告中第一次正式提出用实物税代替余粮收集制、允许农民将纳税后的余粮用于自由贸易，但与此同时，列宁也十分明确地指出："贸易自由就是倒退到资本主义"。列宁认为，这是一个基本常识，"哪怕是只学过一点马克思主义起码常识的，……都不会看不到这一点。"① 再如，1921 年 3 月 30 日，列宁在写给布哈林的信中描绘了一幅苏俄利用商品交换发展社会经济的国民经济运行图，列宁明确指出：这种经济运行构想是"资本主义 + 社会主义"②。在这里，列宁把国民经济运行中的商品交换归结为资本主义。此后，列宁又在多个场合发表了诸如"贸易自由意味着资本主义的增长""既然有交换，那么，小经济的发展就是小资产阶级的发展""商品交换和贸易自由意味着资本家和资本主义关系必然出现"等一系列论述③。这些论述虽然表述方式不同，但核心思想都是"自由贸易、商品交换 = 资本主义"，列宁认为，这是一条无可争辩的真理，是绝对不可避开的客观事实，"谁想避开和抹杀这个事实，谁就是用空话来安慰自己。"④ 1921 年秋，随着苏俄进一步放宽对商品交换的限制，实行"由国家调节买卖和货币流通"及"按商业原则办事"，列宁对因此而导致的资本主义的生长与发展更加担忧。1921 年 10 月，他在《关于新经济政策的报告》中明确向全党发出警告："这个新经济政策所采取的每一个步骤都包含着许许多多的危险"，这些危险就是"资本主义的恢复、资产阶级的发展和资产阶级关系在商业领域的发展等等。"⑤ 列宁认为，这种危险比建立苏维埃政权时期面临的政治危险及

---

① 《列宁全集》（第 41 卷），人民出版社 1986 年版，第 54 页。

② 《列宁全集》（第 50 卷），人民出版社 1986 年版，第 206 页。

③ 《列宁全集》（第 41 卷），人民出版社 1986 年版，第 149、210、269 页。

④ 同上书，第 149 页。

⑤ 《列宁全集》（第 42 卷），人民出版社 1987 年版，第 231—232 页。

国内战争时期出现的军事危险更大。随后，他在《〈按商业原则办事〉一文提纲》中，虽然对实行这一原则的长处进行了列举，但能否将这一原则作为口号，列宁表示了怀疑，因为，在列宁思想深处，他始终认为"商业原则即资本主义的原则"。总之，新经济政策时期，列宁虽然主张利用自由贸易、商品交换、商业等作为发展经济的手段，但却始终强调它们的资本主义属性。即使是在病重期间，他还在担心这些因素的资本主义危险，提出要通过合作社的交换取代私人间的贸易，通过合作制这种类似国家资本主义的经济形式把私人贸易纳入国家监督和控制的轨道上。由此可见，列宁对商品交换、自由贸易、商业等资本主义属性的认识并没有因为新经济政策实践而改变。正因如此，列宁认为新经济政策包含着两种对立制度的某种联合和斗争，列宁要求全党要保持清醒头脑，对新经济政策中的资本主义因素严加控制和监督。

其次，新经济政策时期，列宁把利用商品交换、自由贸易、商业等看作革命进程中的一次"退却"，不仅对这种"退却"严格加以限制，而且及时停止了这种"退却"。正是因为列宁把商品交换、自由贸易、商业等看成是与社会主义对立的东西，所以列宁把1921年春实行的在一定范围内的自由贸易、商品交换等看成是向社会主义前进中的一种"退却"，把1921年秋实行的"国家调节商业和货币流通"看成是在1921年春基础上的"再退却"。在实施这两次"退却"的同时，为了避免资本主义因素的产生，列宁总是千方百计地对这种"退却"加以限制，总是力图把门开小点，以便有朝一日把这道门重新关上，并最终转入进攻。比如，1921年春，苏俄在实施第一次"退却"时（允许贸易自由），列宁反复提出要掌握分寸，要"确切地研究这种现象的范围"，"只能在适当的限度内发展"，"找出国家对它进行监督和计算的适当方法"[①] 等。正是从这种思维出发，列宁不仅把1921年春实行的商品交换限制在地方流转范围内，而且把用来交换农民粮食的社会主义工厂的产品，界定为"不是政治经济学意

---

① 《列宁全集》（第41卷），人民出版社1986年版，第269页。

义上的商品"①，以回避商品交换这一资本主义的范畴。1921 年秋，在实施第二次"退却"（商业和货币流通）时，列宁更是反复强调要重新部署力量，加强国家调节。总之，列宁一方面主张利用商品货币关系与市场，以恢复和发展苏俄经济；另一方面又把它们看成是资本主义的东西，是向社会主义前进中的暂时"退却"。既然是暂时的"退却"，就必然有日后的停止退却。后来的事实发展也的确如此，新经济政策实施一年后的 1922 年 3 月 6 日，列宁在全俄五金工人代表大会共产党党团会议上的讲话中正式宣布了"停止退却"②。此后不久，他又在俄共（布）第十一次代表大会上重申了停止退却的主张，并提出要把"重新部署力量""准备向私人经济资本进攻"作为当前的口号③，把党和经济机关干部的全部注意力引导到同私人商业进行坚决斗争方面来。需要指出的是，新经济政策实施一年后列宁宣布停止退却，并不是因为苏俄经济得到了改善，而是因为列宁认为这种退却蕴藏着巨大危险。这说明在列宁的思想轨迹中，他一直把商品交换、自由贸易、市场等看成是资本主义的东西，他没有解决商品交换、自由贸易、市场等商品经济因素与社会主义的关系问题。

最后，新经济政策时期，列宁仅把利用商品货币关系与市场看成是落后俄国向社会主义过渡时期不得已而为之的权宜之计，对过渡时期结束后的社会主义社会是否依然存在商品货币关系、市场等，列宁始终没有给出明确的答案。比如，关于粮食税与自由贸易，列宁曾明确指出：它是"向正常的社会主义的产品交换过渡的一种形式"④，再比如，关于商业，列宁虽然把它视为是"必须全力抓住的环节"，但明确限制它仅是在"1921—1922 年我国社会主义建设的各种过渡形式中"，"必须全力抓住的环节"⑤，至于过渡时期结束后的社会主义社会，商业是否依然存在？是否还是"必须全力抓住的环节"？列

---

① 《列宁全集》（第 41 卷），人民出版社 1986 年版，第 268 页。

② 《列宁全集》（第 43 卷），人民出版社 1987 年版，第 10 页。

③ 同上书，第 401 页。

④ 《列宁全集》（第 41 卷），人民出版社 1986 年版，第 208 页。

⑤ 《列宁全集》（第 42 卷），人民出版社 1987 年版，第 248 页。

宁也没有给出明确的答案。再如，关于货币的一般等价物——黄金的问题，列宁更是明确地指出，将来在世界范围内取得胜利以后即过渡期结束完全进入社会主义以后，它将不复存在，那时"我们会在世界几个最大城市的街道上用黄金修建一些公共厕所。"① 总之，新经济政策时期，列宁一方面主张利用商品货币关系、市场等恢复与发展社会生产，但同时又反复强调它们是在一个小农生产者占人口大多数的国家里实行社会主义革命所采取的特殊措施与过渡办法。当过渡期结束，社会主义完全建成后，它们是否还需保留，列宁并未给予明确回答。我们不能把列宁关于社会主义过渡期的相关论述扩展至社会主义时期，否则就犯了主观主义的错误。

其二，从列宁的某些论述中亦不能推断列宁肯定了社会主义社会存在商品经济。

一些对列宁提出了社会主义商品经济思想持肯定态度的学者认为，列宁虽然没有直接提出社会主义商品经济理论，但从其晚年的相关论述中可以推断出列宁肯定了社会主义社会商品经济的存在。对此，我们不妨从分析"肯定论者"引为论据的相关论述入手，看看从列宁的这些相关论述中究竟能否推断出"肯定论者"所需要的观点。

例如：列宁说："我们不得不承认我们对社会主义的整个看法根本改变了。"② 一些学者认为，既然列宁晚年对社会主义的整个看法发生了根本改变，当然就包括对商品货币关系、市场等与社会主义的关系的看法也发生了改变，承认了社会主义存在商品货币关系与市场，承认了社会主义商品经济。笔者认为，这种推论是一种主观臆测，它不符合列宁的思想原意。实际上，列宁提出上述论述是有明确的后文背景的，在作出上述论述后列宁紧接着对这种"根本改变"的对象做了明确说明。他说："这种根本的改变表现在：从前我们是把重心放在而且也应该放在政治斗争、革命、夺取政权等等方面，而现在重心改变了，转到和平的'文化'组织工作上去了。"③ 很明显，在这里

① 《列宁全集》（第 42 卷），人民出版社 1987 年版，第 248 页。
② 《列宁全集》（第 43 卷），人民出版社 1987 年版，第 367 页。
③ 同上。

列宁的这种"对社会主义的整个看法的根本改变"，并不是针对商品货币关系、市场等与社会主义的关系而言的，而仅仅是针对党和国家工作重心、针对经济文化落后国家建成社会主义的道路而言的。在这里，列宁之所以发出"我们对社会主义的整个看法根本改变了"这一感慨，是与他病重期间对自己晚期社会主义建设道路的探索历程所进行的回溯分不开的。实际上，十月革命胜利后，列宁所领导的十月社会主义革命一直受到第二国际机会主义者包括俄国孟什维克的攻击。他们认为俄国的文明程度还没有发达到足以实现社会主义的水平，十月革命是"早产儿"等。病重期间，列宁回顾总结十月革命后所走过的社会主义建设历程，认为：建设社会主义确需一定的经济和文化发展水平，但人类社会历史发展的一般规律并不排斥个别发展阶段在发展形式上表现出特殊性。在生产力水平和文明程度均较低的俄国，无产阶级及其政党完全可以利用被第一次世界大战激化了的国内阶级矛盾，领导工农群众首先夺取政权，建立苏维埃制度，即"首先用革命手段取得达到这个一定水平的前提"①，然后再利用工农政权和苏维埃制度，建设社会主义所需要的文明，进而走向社会主义胜利。列宁认为，这条道路是完全正确的，它改变了经典马克思主义者对社会主义道路的看法，这是列宁上述论述的本意。因此，我们不能把列宁这一论述的含义任意扩大化，将这一论述理解成列宁对商品货币关系、市场的看法发生了转变，否则就犯了主观主义错误。

再如：列宁还说："用大工业（'社会化'工业）的产品来交换农民的产品，这就是社会主义的经济实质，社会主义的基础。"② 有学者以列宁在《〈论粮食税〉的几个提纲》中的这一论述为论据，认为列宁肯定了社会主义存在商品交换，承认社会主义的经济实质是商品经济。笔者认为，这也是对列宁本意的曲解。诚然，作为国民经济两大部类的工业与农业来说，无论是在资本主义社会，还是在社会主义社会，都必须建立紧密的经济联系，这是整个社会再生产正常进行的

①《列宁全集》（第43卷），人民出版社1987年版，第371页。

②《列宁全集》（第41卷），人民出版社1986年版，第376页。

必要条件。然而，列宁在这里所称的作为两部门联系纽带的交换，并不是我们通常意义上所讲的商品交换（即以货币为媒介的商品交换），而是工农业之间的直接的产品交换，从严格意义上讲，是产品兑换。而且列宁也反复强调："用来交换农民粮食的国家产品，即社会主义工厂的产品，……不是商品"①，这恰恰说明列宁否认社会主义商品交换与商品经济的存在。

又如：列宁说："合作社的发展也就等于社会主义的发展。"② 有学者以列宁在《论合作社》一文中的这一论述为依据，推论列宁晚年承认了主要从事商品买卖的合作社在社会主义社会中的存在，因而也承认了社会主义社会商品买卖和商品经济的存在。笔者认为，这种推论同样是不科学的。其实，在该文中，列宁只是把合作社看作是引导农民"过渡到新制度"即过渡到完全社会主义社会的一种手段，并未明确指明过渡期结束后的社会主义社会合作社依然存在。列宁晚年之所以强调要通过合作社引导农民"过渡到新制度"，正是因为列宁看到了私人贸易这种资本主义因素的现实危险，看到了合作社在消除、控制这种危险，实现国家对私人贸易的监督和控制方面的积极作用。这恰恰说明了列宁认为社会主义与商品买卖不相容，试图在向社会主义过渡时期通过合作社消除商品买卖这种资本主义因素的危险，引导千百万小农走上社会主义经济建设道路，从而保证苏俄经济建设的社会主义方向与前景。实际上，关于合作社与社会主义的关系问题，列宁本人作了清楚的交代。在《论合作社》一文中，列宁明确地说：合作社是"建成社会主义社会所必须而且足够的一切"，但"这还不是建成社会主义社会"③。显然，在这里，列宁只把合作社看成是建成社会主义或者说是向社会主义过渡的一种手段，并没有把它看成是过渡期结束后的一种必然存在。因此，我们不能以列宁肯定过渡期合作社的存在为由，就推论列宁肯定了社会主义商品买卖与商品经济的存在。

---

① 《列宁全集》（第 41 卷），人民出版社 1986 年版，第 268 页。

② 《列宁全集》（第 43 卷），人民出版社 1987 年版，第 367 页。

③ 同上书，第 362 页。

　　其三，新经济政策时期列宁并未改变社会主义统一经济计划思想。

　　即使在新经济政策时期，列宁也并未改变社会主义统一经济计划的思想，而是始终坚持社会主义计划经济。这可以从两个方面进行佐证。一是新经济政策时期，苏俄的计划工作不但没有削弱，反而进一步得到加强。比较新经济政策开始的时间与苏俄国家计划委员会成立的时间，可以发现，正是在新经济政策开始之时，列宁主持成立了国家计划委员会。他不仅钦点国家计划委员会的主席和组成人员，而且亲自制定国家计划委员会条例、设计国家计划委员会组织机构等。他还对国家计划委员会的工作提出详细要求，要求国家计划委员会不要成为争论的俱乐部，要成为干练的实际工作机关，所有成员必须对所承担的工作负责。为了保证国家计划委员会委员有成效地开展工作，列宁还亲自签署专门决定，提高国家计划委员会委员的供给标准，发给他们相当于人民委员一级的口粮、服装和日用品等。所有这些都说明，新经济政策不是列宁放弃国家统一经济计划的开始，而是列宁进一步加强国家统一经济计划的继续，这正如克尔日札诺夫斯基所说："从余粮收集制向粮食税的出色的转变以及'地方周转'的自由，在时间上恰好与组织国家计委相同，这绝不是历史的偶然性。"[①] 此后，随着新经济政策的推进，为了以社会主义的计划方式对抗新经济政策中的资本主义无政府状态和小私有者的自发势力，列宁对国家计划工作越来越重视。从 1921 年 4 月至 1922 年 12 月，列宁先后 12 次就国家经济计划工作下达指令、指示，提出建议等，亲自领导国家经济计划工作，并组织二百多名各方面的专家共同研究制定了《全俄电气化计划》。与此同时，国家计划委员会越来越直接地介入国家的经济运行与发展。1921 年国家计划委员会接受人民委员会和劳动国防委员会的任务总计是 110 项，1922 年则达到 263 项，国家计划委员会的计划数字被看得越来越重要。1922 年底，列宁病重期间还特地口授了《关于赋予国家计划委员会以立法职能》一文，提出要扩大国家计划

---

① 《克尔日札诺夫斯基全集》（第 2 卷），莫斯科俄文版 1934 年版，第 162 页。

委员会的职权，赋予国家计划委员会以立法职能，使它的决定不被通常的苏维埃审议程序推翻等。这充分体现了新经济政策时期列宁对计划工作的高度重视，同时也说明列宁并未改变社会主义统一经济计划思想。二是关于新经济政策与统一经济计划的关系问题，1921 年 11 月，列宁曾明确提出"新经济政策不是要改变统一的国家经济计划，不是要超出这个计划的范围，而是要改变实现这个计划的办法"①，列宁还要求用这一原则对新经济政策加以补充。这说明，在列宁看来，新经济政策改变的绝不是国家统一经济计划，仅仅是国家统一经济计划的实现方法与途径，新经济政策不是独立于统一经济计划之外，而是服从和服务于统一经济计划。在列宁思想深处，计划始终是主导，是总布局、总战略、总目标，而商品货币关系与市场只是这一总布局、总战略、总目标中的策略安排，是实现统一经济计划的方法、途径与手段，受到统一经济计划的规定、指导与约束，二者是战略与操作层面的关系，不在同一个层次。列宁并未因新经济政策而改变社会主义统一经济计划思想。

　　不过，也有学者以列宁新经济政策开始前（1921 年 2 月 19 日）在致克尔日札诺夫斯基的一封信中提到的"完整的、完善的、真正的计划，目前对我们来说 = '官僚主义的空想'，不要追求这种空想"②为依据，证明列宁晚年改变了社会主义统一经济计划思想，承认了社会主义社会市场的作用领域与空间，承认了社会主义可以通过市场调节手段来组织生产。笔者认为，这种推论与解读误解了列宁的思想本意。在这封信中，列宁之所以提出完整的、完善的、真正的计划是空想，不要追求这种空想，意在指示计划部门应该集中力量、突出重点，抓紧拟订当前的经济计划，以便迅速实施，恢复战后生产，而不要因追求所谓贪大求全，无所不包，完美完善的计划而耽误时间。列宁在该信的结尾说："一天、一小时都不要耽搁"，表明了列宁这种急迫的心情。此后的 4 月 5 日，列宁再次写信给格·马·克尔日札诺夫

---

① 《列宁全集》（第 52 卷），人民出版社 1988 年版，第 40 页。
② 《列宁全集》（第 50 卷），人民出版社 1988 年版，第 130 页。

斯基，要求国家计划委员会"立即用一切力量抓当前的经济计划"，"让他们坐下来做这件工作。现在，今天。"① 可见，在这封信中，列宁同样表达了类似的急迫心情。从以上相隔一个半月的前后两封信可以看出，他当时关于"完整的、完善的、真正的计划，目前对我们来说＝'官僚主义的空想'。不要追求这种空想"的论述，仅表明当时列宁急于制订和实施当前经济计划以恢复战后生产，解决当时苏俄面临的经济与政治危机的迫切心情，并不能推断列宁承认社会主义社会需给市场留有作用领域与空间，更不能推断列宁社会主义统一经济计划思想发生了改变。由此看来，我们对列宁一些论述的理解必须把它放到当时特定的语境中进行，不能断章取义，更不能根据后人的需要进行任意加工。

综上所述，新经济政策时期，列宁虽然主张利用商品货币关系与市场，但囿于历史条件，他没有放弃商品交换、自由贸易、市场的资本主义属性立场。他虽然采取了从恢复商品交换到由国家调节商业与货币流通等一系列"退却"政策，但最终目的并不是为了真正发展商品经济，而是为了改变实现社会主义统一经济计划的方法。他虽然在实践基础上最初感觉到社会主义还需要商品交换，但是由于他领导俄国社会主义建设时间短暂，最终并没有突破社会主义计划经济的大思路。当然，我们丝毫不怀疑，如果列宁在世的时间更长一些，以他那无产阶级革命家的英雄气魄及实事求是、一切从实际出发的思维品质，他或许会向突破社会主义计划经济，提出社会主义商品经济乃至社会主义市场经济迈出更加坚实的一步。但预测毕竟是预测，摆在我们面前的现实是：我们只能基于其著作去解读其思想，而不能从列宁逝世后的社会主义实践出发对列宁的思想进行再加工。因此，那种任意解释和故意拔高列宁新经济政策时期的商品货币关系思想，认为列宁突破了马克思计划经济的思想，提出了社会主义商品经济原则的观点是站不住脚的。实际上，在列宁思想深处，他始终坚持社会主义经济的本质就是计划经济。正是因为列宁没有从理论上解决社会主义与

---

① 《列宁全集》（第50卷），人民出版社1988年版，第221页。

商品经济、市场经济的关系问题，并仍把商品、货币、市场等同资本主义联系在一起，使得列宁逝世后，他所倡导的新经济政策很快被斯大林中止了，此后再也没有被恢复。然而，尽管如此，我们绝不可否定新经济政策时期列宁在商品货币关系及市场方面探索的重大理论与实践意义。他纵然没有提出社会主义商品经济思想，但他第一次提出了社会主义与商品、货币、市场的关系等重大理论问题，为后人留下了一个深入思考社会主义建设实践的广阔空间。它包含着"新的理论和实践的生长点"[①]，对科学社会主义理论与实践具有重要意义。

---

① 张传平：《列宁探索社会主义道路的历史轨迹与理论价值新探》，《南京大学学报》2005 年第 2 期。

第三章

列宁社会主义宏观经济管理
思想的主要内容（下）

第一节　社会主义宏观经济监督论

马克思曾指出，"凡是直接生产过程具有社会结合过程的形态，而不是表现为独立生产者孤立劳动的地方，都必然会产生监督劳动和指挥劳动。"① 经济监督是国家宏观经济管理的重要内容，对维护社会宏观经济秩序、实现社会主义生产目的，具有重要意义。列宁高度重视社会主义宏观经济监督，不仅对社会主义宏观经济监督的重要性和必要性作了大量阐述，而且就社会主义宏观经济监督主体、监督方法与手段等进行了深入探索，形成了列宁关于社会主义宏观经济监督的宝贵思想。这些思想，对今天加强我国国民经济监督依然具有重要指导价值。

一　社会主义要求实行极严格的监督

宏观经济监督是指国家权力机构、政府管理部门，为有效地实现宏观经济管理的目标，从国民经济整体利益出发，对全社会各经济主体行为的监察和督促。在列宁看来，只要有管理，就必然有监督，监督是管理的重要环节。实际上，列宁对社会主义宏观经济管理的最早的思考与设想，就是从监督开始的。1917 年 3 月，列宁在《远方来信》一文中构思革命胜利后组织管理俄国社会主义经济的措施时就明

---

① 《马克思恩格斯全集》（第 46 卷），人民出版社 2003 年版，第 431 页。

确提出："对最重要产品的生产和分配实行监督"。他说，这种监督是绝对必要的，"不采取这些过渡措施，要马上直接实现社会主义是不可能的，但是如果采取了这种过渡措施，实现社会主义就是完全可能的而且是绝对必要的了。"① 在这里，列宁把监督与实现社会主义紧密联系起来，因为，在列宁看来，社会主义是有计划地组织生产与分配，社会生产是有利于社会全体成员的生产，如果没有严格的计算与监督，就成为一句空话。

　　1917 年 4 月，列宁把《远方来信》中的观点加以充实和扩展，草拟了布尔什维克党著名的纲领性文献《四月提纲》。在这篇文献中，列宁阐述了无产阶级夺取政权后管理国家经济的若干设想与措施，其中均涉及"监督"。比如："在雇农代表苏维埃的监督下把各个大田庄改建成'示范农场'""一个由工人代表苏维埃监督的银行""由工人代表苏维埃监督社会的产品生产和分配"②，等等。1917 年 9 月，在《国家与革命》一书中，列宁将共产主义分为高级与低级两个阶段，并根据共产主义低级阶段的特点进一步阐述了共产主义低级阶段（社会主义阶段）实行计算与监督的必要性。他指出：由于受社会经济文化发展水平和人们觉悟水平的限制，"在共产主义的'高级'阶段到来以前，社会主义者要求社会和国家对劳动量和消费量实行极严格的监督。"③ 列宁认为，这种监督"是把共产主义社会第一阶段'调整好'，使它能正常地运转所必需的主要条件"④，只有到了各方面完全成熟的共产主义高级阶段，特别是人们对于人类一切公共生活的简单的基本规则从必须遵守变成习惯于遵守的时候，这种监督才能消亡，那时，"既不是现在的劳动生产率，也不是现在的庸人"⑤。此后，列宁又先后在《革命的任务》《大难临头，出路何在？》等文中再次强调无产阶级夺取政权后应当立即在全国范围内对生产和消费实行全民

---

① 《列宁全集》（第 29 卷），人民出版社 1985 年版，第 54 页。

② 同上书，第 101 页。

③ 《列宁全集》（第 31 卷），人民出版社 1985 年版，第 93 页。

④ 同上书，第 97 页。

⑤ 同上书，第 93 页。

监督，并从银行与辛迪加国有化、取消商业秘密、企业辛迪加化、居民合作社化等方面系统提出和论证了加强社会主义宏观经济监督的具体措施和办法，并说：不采取这些措施，"一切改良的诺言和尝试都无能为力"①。总之，十月革命前列宁就提出了比较系统的关于社会主义宏观经济监督的思想与主张。

1917 年十月革命胜利后，列宁将上述设想付诸实践，并在实践中进一步完善和丰富了其社会主义宏观经济监督思想。武装起义胜利的当天，列宁就宣布"实行工人监督生产"②，第二天，亲自起草并颁布实施《工人监督条例》。《条例》规定："为了有计划地调整国民经济，在拥有雇佣工人或把工作分给人们回家去做的一切工业、商业、银行、农业、运输业、合作社、生产协作社等企业中，对产品和原材料的生产、买卖、储藏以及对企业的财务应实行工人监督。"③《条例》还明确："在一切企业里，企业主和被选出实行工人监督的工人和职员代表，均应对国家负责，维护严格的秩序和纪律，并保护财产。凡犯有隐瞒财产、产品、订货和开支不实等等舞弊行为的人，应负刑事责任"④ 等。1918 年 1 月，为了组织工农群众开展计算与监督，列宁特地写作《怎样组织竞赛》。在该文中，列宁把对生产和产品实行最严格的计算和监督视为是每个工兵农代表苏维埃、每个消费合作社、每个工会或供给委员会、每个工厂委员会或一般工人监督机关的"主要经济任务"⑤，号召"大家亲自来计算和监督产品的生产和分配"⑥，并互相之间开展竞赛。

1918 年春，苏俄赢得宝贵和平喘息时期，列宁抓住时机，提出把党和国家工作重心转移到发展经济上来，并为此写作《苏维埃政权的

---

① 《列宁全集》（第 32 卷），人民出版社 1985 年版，第 154 页。

② 《列宁全集》（第 33 卷），人民出版社 1985 年版，第 1 页。

③ 《苏联共产党和苏联政府经济问题决议汇编》（第 1 卷），中国人民大学出版社1984 年版，第 18 页。

④ 同上书，第 19 页。

⑤ 《列宁全集》（第 33 卷），人民出版社 1985 年版，第 205 页。

⑥ 同上书，第 206 页。

当前任务》。在这篇纲领性文献中，列宁从与资产阶级斗争及巩固无产阶级政权的高度再次阐述了全民计算和监督的意义。他说："对产品的生产和分配不实行全面的国家计算和监督，劳动者的政权、劳动者的自由就不能维持，重新受资本主义的压迫就不可避免。"① 他还说：建立苏维埃新型国家，这还只是解决了困难任务的一小部分，"主要的困难是在经济方面：对产品的生产和分配实行最严格的普遍的计算和监督。"② 为此，列宁提出要改变整个工作的重心，把整个经济工作和政治工作的重心从直接剥夺剥夺者，转移到"在资本家已被剥夺的那些企业和其余一切企业中组织计算和监督"③ 上来。列宁认为，组织全民计算与监督，对社会主义来说，是一件有决定意义的事情，"不做到这一点，便谈不到实施社会主义的另一个同样非常重要的物质条件，即在全国范围内提高劳动生产率。"④

反对外国武装干涉及国内战争时期，为了集中全部力量和资源满足前线需要，列宁更是对国家生产与分配实行了集中管理与严格监督。如：成立工农国防委员会，集中领导管理、监督前线和后方的全部工作；把大中小工业全部国有化，采取总局制管理，由国家直接进行监管；颁布并实施《劳动法典》《普遍劳动义务制的法令》，监督国家普遍劳动义务制的实施等。特别是在粮食问题上，列宁实行了最严格的监督，如：颁布《粮食人民委员特别权力的法令》，授予粮食人民委员特别监督职权；颁布《粮食专卖法令》，对有余粮而不把余粮运到收粮站者，交革命法庭审判并永远驱逐出村社；组建工人征粮队，携带收割机开赴农村征购粮食；颁布余粮收集制法令，对农民生产的粮食，除了留下来年生产的种子与维持农民生存所必需的口粮之外，全部上缴国家，否则予以严惩，等等。国内战争时期对生产与分配的这种严厉监督，对苏俄夺取战争的胜利、捍卫苏维埃政权起到了决定性作用。

---

①　《列宁全集》（第 34 卷），人民出版社 1985 年版，第 166 页。

②　同上书，第 154 页。

③　同上书，第 159 页。

④　同上书，第 158 页。

1921 年春，为了恢复和发展战后国家经济，苏俄开始实行利用商品货币关系与市场的新经济政策。列宁深知："这个新经济政策所采取的每一个步骤都包含着许许多多的危险"，即："资本主义的恢复、资产阶级的发展和资产阶级关系在商业领域的发展，等等。"① 为了将这种危险降到最低限度，列宁反复提出：要掌握好分寸，研究限制它发展的范围，要找出国家对它进行监督的方法，如：实行国家调节商品买卖与货币流通、用合作社的交换取代私人间的贸易，等等。"通过实行这样的监督把在一定限度内是不可避免的并为我们所必需的资本主义纳入国家资本主义的轨道。"②

综上所述，我们不难发现，在列宁整个关于社会主义宏观经济管理的理论思考和实践探索中，他对于社会主义宏观经济监督的高度重视。他不仅从劳动者政权建设的角度将经济监督视为是同资产阶级斗争的重要手段，而且从经济运行的角度将经济监督视为是社会主义条件下维护劳动纪律与生产秩序、提高劳动生产率，特别是实现社会主义有计划地集中组织生产与分配的重要条件。总之，在列宁看来，社会主义就是计算，社会主义就是监督，计算与监督对社会主义来说，是一件具有决定意义的事情。列宁关于社会主义必须实行极严格监督的思想，发展了马克思的监督劳动理论。

二　构建社会主义宏观经济监督的主体体系

列宁认为，社会主义的宏观经济监督，在主体上，应是人民群众监督与国家专门机关监督相结合的监督。

首先，在列宁看来，"社会主义所必需的计算和监督，只能由群众来实行。"③

实际上，早在十月革命前，列宁就提出了群众监督思想。1917 年 5 月，在彼得格勒工厂委员会第一次代表会议上，他在批评孟什维克企图用有"社会党人"参加的联合政府进行的监督是在"玩弄'监

---

①　《列宁全集》（第 42 卷），人民出版社 1987 年版，第 231—232 页。

②　《列宁全集》（第 41 卷），人民出版社 1986 年版，第 232 页。

③　《列宁全集》（第 33 卷），人民出版社 1985 年版，第 206 页。

督'这个笼统的字眼，实际上是想把监督化为乌有"的同时，就指出：为了实现真正的监督，"这种监督必须是工人监督。"① 同年 8 月，他在《国家与革命》一书中更是明确指出：工人阶级在夺取政权后，应"立刻转到使所有的人都来执行监督和监察的职能"。此后，他又在《大难临头，出路何在?》一文中再次指出："应当不怕打破旧的，不怕大胆建设新的，坚决彻底地实行由工人和农民对地主和资本家的监督。"②

社会主义的计算与监督由群众来实行，体现了无产阶级国家的阶级本质。列宁曾多次告诫："监督的全部问题归根结底在于谁监督谁"③，"在阐明'监督'这个概念时，……一刻也不应忽视仅仅作为阶级统治组织的现代国家的阶级性质。"④ 在列宁看来，国家是阶级统治的机关，工人监督这个口号总是"和无产阶级专政放在一起，总是跟着无产阶级专政提出的。"⑤ 人民群众监督是社会主义国家阶级性质与阶级意志的体现，是人民群众当家做主的必然要求，体现了社会主义监督的本质。

列宁不仅提出社会主义计算与监督由群众来实行是无产阶级国家阶级性质的必然要求，而且对社会主义条件下群众监督的可行性也作了充分论证。在列宁看来：社会主义计算与监督之所以可由群众来实行，是因为：其一，社会主义条件下的计算与监督"已被资本主义简化到了极点"，"每一个识字的人都完全能够胜任"⑥；其二，千百万工人群众已经在资本主义大工业等巨大的、复杂的、社会化的机构里"受了训练并养成了遵守纪律的习惯"；其三，在工农群众中间，有组织家才能的人大量存在。因此，无产阶级"完全有可能在推翻了资本家和官吏之后，……立刻着手由武装的工人、普遍武装的人民代替他

① 《列宁全集》（第 30 卷），人民出版社 1985 年版，第 210 页。

② 《列宁全集》（第 32 卷），人民出版社 1985 年版，第 202 页。

③ 同上。

④ 《列宁全集》（第 30 卷），人民出版社 1985 年版，第 209—210 页。

⑤ 《列宁全集》（第 32 卷），人民出版社 1985 年版，第 299 页。

⑥ 《列宁全集》（第 31 卷），人民出版社 1985 年版，第 97、41 页。

们去监督生产和分配，计算劳动和产品。"① 列宁要求无论如何"不要把监督和计算的问题同具有科学知识的工程师和农艺师等等的问题混为一谈"②，要打破"似乎只有所谓'上层阶级'，只有富人或者受过富有阶级教育的人，才能管理国家"这样一种荒谬的、怪诞的、卑劣的陈腐偏见③，努力把苏维埃全民监督思想灌输到群众中去，广泛发动群众参与，组织起"真正包罗万象的、普遍的和全民的监督"。

为了发挥群众的监督作用，列宁一方面号召工农群众组织起来，开展监督竞赛，亲自计算和监督产品的生产和分配；另一方面，特别强调要广泛吸收工农群众进入国家专门机关监督管理国家事务。列宁说："把全体劳动群众，特别是妇女，都吸收过来参加工农检查工作"，"应当编造名册（依据宪法），除公务人员等等不参加以外，吸收所有其他人员轮流参加工农检查工作。"列宁还说："参加的方式应该依照参加者的水平而异：不识字的、水平极低的工农可以充当'目击者'、证人、见证人或见习者，经过一定考验的、识字的和水平高的工农可以享有全权（或几乎全部权利）。"④ 列宁要求把工农检查制度贯彻到国家监察人民委员部的各个部门中去，并对劳动者参加国家监察人民委员部工作情况进行检查，看是否人人都参与到检查工作中来。当然，列宁让所有人轮流参加工农检查工作的想法，虽然有些脱离实际，在实践中也曾造成过一些混乱，但却体现了列宁深厚的群众监督思想。

其次，列宁认为，社会主义的经济监督，除了发挥人民群众的监督作用之外，还必须加强国家职能监督机关的专门监督。

列宁十分重视国家职能监督机关的专门监督。十月革命胜利后不久，苏俄就成立了全国最高专门监督管理机关——最高国民经济委员会，随后又建立了国家计委、财经人民委员部、中央银行等经济管理机构，执行管理与监督职能。1918 年 1 月苏俄更是专门成立监督监察

---

①　《列宁全集》（第 31 卷），人民出版社 1985 年版，第 96 页。

②　同上。

③　《列宁全集》（第 33 卷），人民出版社 1985 年版，第 205 页。

④　《列宁全集》（第 38 卷），人民出版社 1986 年版，第 72—73 页。

机关——中央监察委员会，专门负责制定检查条例及其细则，监察货币及物资的利用和周转的合法性、正确性、合理性，完善簿记和报表，拟定对国家项目草案和各种财政预算的批注意见以及检查集中报表等。1918 年 7 月，根据列宁的建议，苏俄设立国家监察人民委员部，统一负责全俄监察工作，其中就包括经济监察工作等。1920 年 2 月，为了把工人监督与国家机关专门监督结合起来，苏俄国家监察人民委员部改组为工农检查院，并大量吸收工农群众参加。

　　1923 年病重时期，列宁依然十分重视国家职能监督机关的建设，他在《我们怎样改组工农检察院》及《宁肯少些，但要好些》等文章中，系统论述了他关于加强国家职能监督机关建设的设想。他认为："再没有比工农检查院这个机关办得更糟糕的机关了。"① 他提出："在和平已经到来和免于饥饿的最低需要已经得到保证的现在，全部工作都应该集中到改善机关上。"② 为此，他提出要把工农检查院改造成真正的模范机关。他建议：把苏维埃的监察机关——工农检察院与党的监察机关——中央监察委员会合并起来，形成监督合力。他还建议："工农检查院不应当追求数量和急于求成"③，应把原工农检查院中的工作人员数量减至 300—400 人，对留下来的职员，"要经过专门考察，看他们是否认真负责，是否了解我们的国家机关，同时还要经过专门考验，看他们是否了解科学组织劳动特别是管理、办公等方面劳动的原理"④；新当选者"应当是无可指责的共产党员"⑤，要经过党的资格审查，要进行长期的培养等。总之，必须遵守"宁可数量少些，但要质量高些"这条原则，加强国家职能监督机关的建设，提高国家职能监督机关的监督能力。列宁的这些构想既是他关于苏维埃国家政权机关改革的政治交代，更是他关于加强社会主义经济监督尤其是国家职能监督机关专门监督的最后构想。

---

① 《列宁全集》（第 43 卷），人民出版社 1987 年版，第 381 页。

② 同上书，第 341 页。

③ 同上书，第 378 页。

④ 同上书，第 374 页。

⑤ 同上书，第 382 页。

三　完善社会主义宏观经济监督的方法体系

列宁指出："监督的成千上万种方式和方法，应当……在实践中来创造和检验。"① 列宁是这样说的，更是这样做的。十月革命胜利后，列宁领导苏俄人民在实践中创造出了多种监督方法，构建了社会主义宏观经济监督的方法体系。

责任制监督。所谓责任制监督，是指通过明确某一部门、单位、岗位的具体责任，并对责任履行情况进行考核、奖惩，以促进责任落实的一种监督办法。列宁说："管理的基本原则是，一定的人对所管的一定工作完全负责"②，建立严格的责任制是执行监督的前提，责任制监督是经济监督的重要方法。列宁高度重视责任制监督。1918 年 3 月，他在《苏维埃政权的当前任务》一文初稿中就提出："对各项执行的职能建立最严格的责任制"③。1918 年 12 月，他又提出："应当极其明确地规定每个担任公职的人对执行一定的具体任务和实际工作所担负的责任。"④ 他要求上至苏维埃领导机关，下至每一位苏维埃工作人员都要"把工作担当起来，对它完全负责。……直到用脑袋担保。"⑤ 他还特别强调："这条规定从现在起必须无条件地贯彻执行，不然就无法实行真正的监督。"⑥ 为了加强经济工作的责任制，落实责任制监督，在列宁的倡导下苏俄建立了一长制、经济核算制等责任制度。

法律监督。列宁认为，法律是国家意志的最高体现，是一种强制性的监督手段，社会主义宏观经济监督必须充分发挥法律监督的作用。苏维埃政权建立后，列宁主张立即着手建立社会主义经济法制体系，他甚至提出对制定法律工作的任何拖延就等于灭亡。在列宁的领

① 《列宁全集》（第 33 卷），人民出版社 1985 年版，第 210 页。
② 《列宁全集》（第 50 卷），人民出版社 1988 年版，第 37 页。
③ 《列宁全集》（第 34 卷），人民出版社 1985 年版，第 143 页。
④ 《列宁全集》（第 35 卷），人民出版社 1985 年版，第 359 页。
⑤ 同上书，第 395 页。
⑥ 同上书，第 359 页。

导与主持下，十月革命胜利初期，苏俄制定了上百部法规法令。这些法规法令对于加强苏俄国家经济监督，起到了极为重要的作用。列宁不仅十分重视经济的法律监督，而且对搞好社会主义经济的法律监督提出了许多精辟的观点。比如：要完善社会主义经济法律体系，以法律形式把被实践证明为正确的经济政策固定下来，并在实践中不断地加以修改完善；要维护法制的统一，"不能有卡卢加省的法制，喀山省的法制，而应是全俄统一的法制，甚至是全苏维埃共和国联邦统一的法制"①；要严格执行和切实遵守法规法令，"不能把法令当作宣传的形式"②，要在检查执行上下功夫，等等。

舆论监督。列宁十分重视发挥舆论的监督作用，十月革命胜利后的第二天，列宁即宣布："我们希望政府时时受到本国舆论的监督。"③列宁的这一表态虽然不是针对经济监督而言的，但却体现了其对舆论监督的深刻认识。1918年春，随着党和国家把工作重心从剥夺剥夺者并镇压他们的反抗转向经济建设，列宁提出报刊等舆论工作的重心也要随之发生转变，由主要报道日常政治新闻的工具，变成加强经济监督并公开揭露经济生活中的缺点与一切弊病的工具。列宁要求：报刊要"把那些不接受整顿自觉纪律和提高劳动生产率的任何号召和要求的企业和村社登上黑榜"④，"公开揭露我国经济生活中的一切弊病，从而呼吁劳动者的舆论来根治这些弊病。"⑤列宁曾对党的报刊没有履行好这一监督职责提出批评："不像一份革命报刊，不像一个阶级实行专政的机关报。"⑥列宁还曾为因揭露人民委员会的官僚主义问题而遭解职的《经济生活报》主编克鲁敏撑腰，不仅恢复他的主编职务，而且把该报由人民委员会七个经济类部委的机关报提升为全国最高经济管理机构——劳动国防委员会的机关报。新经济政策开始

---

① 《列宁全集》（第43卷），人民出版社1987年版，第195页。

② 同上书，第108页。

③ 《列宁全集》（第33卷），人民出版社1985年版，第14页。

④ 《列宁全集》（第34卷），人民出版社1985年版，第138页。

⑤ 同上书，第136页。

⑥ 《列宁全集》（第35卷），人民出版社1985年版，第92页。

后，为了加强对政策执行的监督检查，列宁更加重视舆论监督。在俄共（布）第十、第十一次代表大会上，列宁反复强调"要使党的舆论对领导机关的工作进行经常的监督"，"工农检查员和中央监察委员会应当有系统有计划地利用苏维埃的和党的报刊来揭发各种犯罪行为（懈怠、受贿等等）。"① 列宁还建议将舆论监督载入党纲，"扩大舆论谴责的百分比"②。

总之，无产阶级革命导师列宁在领导苏俄社会主义经济建设与管理的伟大实践中，运用马克思主义劳动监督理论，结合苏俄具体实际，探索了许多有效的监督措施与方法，搭建了社会主义宏观经济监督的基本框架。

第二节　社会主义宏观经济发展动力机制论

所谓经济发展动力，从广义上讲，是指一切能够促进社会经济发展和社会物质财富增长的所有积极因素。而经济发展动力机制则是这种动力产生的机理与原理等，它包括动力由以产生的主体及主体动力产生的来源两个方面。在资本主义社会，经济发展的动力来自资本家对剩余价值的贪婪追求，劳动者"为了生存不得不干"，被迫参加劳动。社会主义社会，如何构建经济发展的动力机制？列宁为此进行了反复探索。列宁认为，社会主义条件下，社会经济的发展动力来自全体劳动群众，调动劳动群众的生产积极性，必须把激发他们的革命热情、政治信念与满足他们的个人物质利益需求结合起来。这些观点没有过时，在今天依然具有重要借鉴意义。

一　人民群众是社会主义经济发展的动力主体

列宁认为，生气勃勃的社会主义事业是由人民群众自己创立的，

---

① 《苏联共产党代表大会、代表会议和中央全会决议汇编》（第2分册），人民出版社1964年版，第57、296页。

② 《列宁全集》（第36卷），人民出版社1985年版，第397页。

人民群众是社会主义经济发展的动力主体。这是因为：其一，在列宁看来：历史是人民群众创造的，人民群众不仅是社会变革的决定力量，还是社会物质财富的真正创造者，社会生产力发展的根本推动者。列宁认为，这是历史唯物主义的一条基本原理，是一切社会历史发展的客观规律，社会主义社会也不例外。列宁说："全人类的首要的生产力就是工人，劳动者"①，"群众生气勃勃的创造力正是新的社会生活的基本因素"②，建设社会主义，发展社会主义经济必须依靠人民群众。其二，社会主义的崭新制度为人民群众主体力量的发挥提供了广阔的舞台。列宁认为，资本主义制度下的劳动是被迫劳动，劳动者成年累月地为剥削者做苦工，他们的进取心、毅力和大胆首创精神被残暴地压制和排挤，而在社会主义社会，生产资料归全体人民共同所有，国家的一切权力属于人民，人民当家做主，自己管理国家和社会事务，"人民群众在文明社会史上破天荒地第一次站起来"③，他们可以直起腰，挺起胸，感到自己是人了。在这样的社会制度下，劳动群众有了大显身手、施展本领的舞台，有了表现其进取心和发挥大胆首创精神的可能④。其三，社会主义制度下，人民群众中蕴含着巨大的力量潜能。列宁说："一旦群众站立起来，世界上任何力量都阻挡不了他们"⑤，在从资本主义压迫制度下解放出来的劳动群众中蕴藏着巨大的力量，"我们的工作就在于为这些力量扫清道路。"⑥ 总之，在列宁看来，人民群众是历史的创造者，人民群众中蕴含着巨大的力量潜能，社会主义的崭新制度为人民群众发挥主体力量提供了广阔的舞台，他们是整个社会主义经济发展的动力主体。

从"社会主义经济发展的动力主体是人民群众"这一科学认识出发，列宁提出建设社会主义必须相信群众、依靠群众。他说：苏维埃

---

① 《列宁全集》（第36卷），人民出版社1985年版，第346页。
② 《列宁全集》（第33卷），人民出版社1985年版，第52页。
③ 《列宁全集》（第31卷），人民出版社1985年版，第112页。
④ 《列宁全集》（第33卷），人民出版社1985年版，第203页。
⑤ 《列宁全集》（第20卷），人民出版社1989年版，第76页。
⑥ 《列宁全集》（第34卷），人民出版社1985年版，第140页。

"这个新政权所依靠的和力图依靠的强力，不是一小撮军人所掌握的刺刀的力量，不是'警察局'的力量，不是金钱的力量，不是任何以前建立起来的机构的力量。根本不是这些。……这个力量依靠的是什么呢？依靠的是人民群众。"① 列宁认为，依靠群众，是苏维埃新政权同过去一切旧政权的根本区别。在列宁看来，共产党员不过是沧海一粟，只靠共产党员的双手来建设共产主义，是十分幼稚的，"不接近群众，就会一事无成"②。"只有相信人民的人，只有投入生气勃勃的人民创造力泉源中去的人，才能获得胜利。"③ 列宁高度警惕党执政后脱离群众的危险，他告诫布尔什维克党员，不要往前跑得太远，要与人民群众"保持排面整齐"，要真正地而不是在比喻的象征的意义上同群众一起前进。对于一些脱离群众的现象，列宁曾给予严厉批评，他说："不是全心全意从各方面去支持群众，而是不相信群众，怕他们发挥创造性，怕他们发挥主动性，在他们的革命毅力面前发抖，这就是社会革命党人和孟什维克的领袖们最严重的罪过。"④ 他告诫说，"不要害怕群众的创造性和主动性，要相信群众的革命组织。"⑤ 他把"联系群众""生活在群众之中""理解群众""接近群众""领导者不脱离所领导的群众，先锋队不脱离整个劳动大军"⑥ 等，作为党必须遵循的领导守则。

马克思、恩格斯指出："历史的活动和思想就是'群众'的思想和活动"⑦，"历史什么事情也没有做，……其实，正是人，现实的、活生生的人在创造这一切。"⑧ 列宁视人民群众为社会主义经济发展的动力主体，强调推动社会主义经济发展，必须相信群众、依靠群众，必须发挥人民群众的进取心与大胆首创精神，体现了马克思历史唯物

① 《列宁全集》（第 39 卷），人民出版社 1986 年版，第 378 页。
② 《列宁全集》（第 47 卷），人民出版社 1990 年版，第 543 页。
③ 《列宁全集》（第 33 卷），人民出版社 1985 年版，第 57 页。
④ 《列宁全集》（第 32 卷），人民出版社 1985 年版，第 162 页。
⑤ 同上。
⑥ 《列宁全集》（第 42 卷），人民出版社 1987 年版，第 525—526 页。
⑦ 《马克思恩格斯文集》（第 1 卷），人民出版社 2009 年版，第 286 页。
⑧ 同上书，第 295 页。

主义群众史观思想。

二　激发人民群众的革命热情

列宁认为："先进阶级的革命热情能够做很多事情。"① 激发人民群众的革命热情，推动社会经济建设与发展，这是列宁发挥人民群众主体动力的重要途径。1917 年，十月社会主义革命取得胜利，使劳动群众摆脱资本枷锁，第一次做了国家的主人，极大地调动了人民群众的革命热情，列宁及时把人民群众的这种革命热情引导到国家经济建设与管理上来。十月革命胜利后，列宁立刻发表《告人民书》，号召所有劳动者同志们团结起来，牢牢将政权掌握在自己手里，自己动手从下面干起来，建立最严格的革命秩序，对生产和产品分配实行最严格的监督。他说："劳动者同志们！请记住，现在是你们自己管理国家。如果你们自己不团结起来，不把国家的一切事务自己担当起来，谁也帮不了你们。"② 1917 年 12 月，列宁写作《被旧事物的破灭吓坏了的人们和为新事物而斗争的人们》，对资本家及其自觉的半自觉的拥护者唱衰新社会人民群众的革命热情，给予了反驳。他说：在人民群众高涨的政治信念与革命热情的鼓舞下，布尔什维克执政虽然才两个月，可是已经向社会主义迈出了一大步。只有那些不愿意联系起来看历史事件或者不善于联系起来评价这些历史事件的人，才看不到这一点。他还说："胜利是属于被剥削者的，因为生活是属于他们的，数量的优势、群众的力量是属于他们的，一切奋不顾身的、有思想的、真诚的、勇往直前的、正在觉醒过来建设新事物的、蕴藏着无穷的精力和才能的所谓'老百姓'，即工人和农民的那种取之不尽的力量是属于他们的。胜利一定是他们的。"③ 为了切实地将劳动群众的革命热情引导到国家经济建设与管理上来，1917 年 12 月，列宁还专门写作《怎样组织竞赛》，号召"每个工厂，每个乡村，每个消费合作社，每个供给委员会——都能作为对劳动和产品分配实行计算和监督

---

① 《列宁全集》（第 29 卷），人民出版社 1985 年版，第 44 页。
② 《列宁全集》（第 33 卷），人民出版社 1985 年版，第 62 页。
③ 同上书，第 199 页。

的实际组织工作者，互相展开竞赛"，"看哪里为提高劳动生产率做的事情最多"①。在列宁看来，当人民看到无产阶级国家是保护人民的利益、反对剥削者的时候，工人和劳动农民的力量就会充分地表现出来，蕴藏在人民中间的强大力量也将得到充分的发挥。对于将要为自己、为自己人民的国家而不是为剥削者工作的千百万自由工人和农民来讲，任何一项经济和文化建设的任务都是可以胜任和付诸实现的。

国内战争时期，列宁更是从苏维埃政权存亡的高度激发工农群众的革命热情，并将这种革命热情转化为发展生产、支援前线、保卫工农政权的强大动力。这一时期，列宁宣布社会主义祖国处在危机中，"不是胜利，就是死亡"，号召人民立即行动起来，"用革命精神从事工作"。在这种生死存亡口号的激励与鼓动下，苏俄工农群众的革命热情空前高涨，并纷纷转化为具体行动。1919 年 4 月 12 日，莫斯科喀山 15 名铁路工人自觉响应列宁号召，于当晚 8 时加班工作至第二天 6 时。1919 年 5 月 10 日，莫斯科喀山铁路工人又组织"星期六义务劳动"。列宁对此给予高度赞扬，将之称为"伟大创举"。莫斯科喀山铁路员工的这一光荣创举很快在全国各地广为传播。一时间，共产主义的星期六义务劳动在全俄蔚然成风。1920 年 5 月 1 日，仅莫斯科一地参加星期六义务劳动的就达 42.5 万人。此外，借助于劳动群众高昂的政治觉悟与革命热情，列宁还推行了劳动义务制、余粮收集制等战时共产主义政策措施。总之，利用人民群众的革命热情及其对新制度的向往与爱护，激发出人民群众强大的精神动力，这种动力对于发展苏俄战时经济、建立新的劳动纪律、提高劳动生产率、赢得战争胜利、保卫新生的苏维埃政权等起到了重要作用，这正如战后列宁自己总结的那样："一个经济遭到破坏的国家，竟然熬过了这样一场战争，这实在是一个奇迹。这个奇迹不是从天上掉下来的，……是工人阶级和农民的巨大的热情创造了这个奇迹。"② 列宁深信，"一个民族，只要它的大多数工人和农民都知道、感觉到并看到，他们正在捍

① 《列宁全集》（第 33 卷），人民出版社 1985 年版，第 210 页。

② 《列宁全集》（第 41 卷），人民出版社 1986 年版，第 56 页。

卫自己的政权，即苏维埃政权，劳动者的政权，他们正在捍卫这样一种事业，这一事业的胜利将保证他们和他们的子孙能够享用一切文化财富和人类劳动的一切成果，——只要有了这样的条件，这个民族就是永远不可战胜的。"①

　　进入新经济政策时期，列宁虽然强调物质利益原则，强调与个人利益结合，但仍未忽视劳动群众的革命热情。1921 年 10 月，在《十月革命四周年》一文中，列宁虽然写道："我们曾计划依靠这种热情直接实现与一般政治任务和军事任务同样伟大的经济任务。……现实生活说明我们错了"②，但实际上，在这里，列宁只是承认过去特别是战时共产主义时期"直接依靠热情""全盘否定个人物质利益"的错误，强调革命后的国家建设与管理不能只单纯地凭热情，而必须把劳动群众的革命热情与个人利益结合起来。在这里，列宁丝毫没有否定劳动群众革命热情的作用。列宁明确指出：实现与一般政治任务和军事任务同样伟大的经济任务，既要"靠个人利益，靠同个人利益的结合，靠经济核算"，也要"借助于伟大革命所产生的热情"。这一时期，列宁还曾特别警告那些对经济建设没有兴趣、感觉乏味、缺乏兴奋与热情的干部："最好是'解除他的工作'，让他告退"③，直到晚年病重时期，还在《论合作社》一文中特别强调要发挥人民群众的革命热情，并说："现在全部问题在于，要善于把我们已经充分表现出来而且取得完全成功的革命气势、革命热情，同做一个有见识的和能写会算的商人的本领结合起来。"④ 因此，那种关于列宁在新经济政策时期强调物质利益原则，否定人民群众革命热情作用的观点，是不符合列宁原意的。

三　同个人利益结合

　　同个人利益结合，是列宁新经济政策时期提出的关于激发人民群

---

① 《列宁全集》（第 36 卷），人民出版社 1985 年版，第 302 页。

② 《列宁全集》（第 42 卷），人民出版社 1987 年版，第 176 页。

③ 同上书，第 115 页。

④ 《列宁全集》（第 43 卷），人民出版社 1987 年版，第 364 页。

众主体动力的一条重要原则。1920 年年末至 1921 年年初，凭借人民群众高昂的革命热情与政治信念，苏俄赢得了反对外国武装干涉及国内战争的胜利。然而战争结束后，一方面，虽然战争的硝烟已经熄灭，但俄罗斯大地满目疮痍，国民经济已濒临崩溃，成千上万的工厂停工或开工不足，农业生产萎缩，工人农民生活状况异常艰苦，苏俄面临恢复生产、发展经济的艰巨任务。另一方面，人民群众恢复生产、发展经济的动力却显得严重不足，特别是在农村，战时实行的强制征收农民一切余粮甚至一部分必需的口粮的余粮收集制政策使农民感到无利可图，严重挫伤了农民的生产积极性。事实上，对余粮收集制政策，在革命战争年代，农民还可以忍受，因为革命满足了他们的土地要求，他们能够忍受巨大的牺牲、贫困和饥饿来支援革命战争。然而当战争结束转入和平时期，继续实行这种政策必然会引起农民的强烈不满。多地农民纷纷申诉或控告，甚至发展成公开反抗与暴动，用列宁的话说，"农民的骚乱来势很猛，工人中间也有不满情绪"[1]，苏维埃政权面临着一场严重的发展动力危机。危机面前，列宁进行了深刻反思。在列宁看来，革命热情虽然能够做很多事情，但人们不能够成年累月地处于神魂颠倒的热情状态中，"纸上的东西是满足不了各个阶级的，只有用物质的东西才能使它们满足"[2]，促进社会经济发展，"不能直接凭热情，而要借助于伟大革命所产生的热情，靠个人利益，靠同个人利益的结合"[3]。

从 1920 年年底开始，列宁将同个人利益结合原则首先用于解决调动农民生产积极性问题。列宁说，农民并没有明确的阶级意识，调动农民生产积极性，"必须以同农民个人利益的结合为基础"[4]，"努力满足农民的要求"[5]。为此，列宁提出给予农民一定的流转自由。列

---

① 《列宁全集》（第42卷），人民出版社1987年版，第54页。

② 《列宁全集》（第41卷），人民出版社1986年版，第54页。

③ 《列宁全集》（第42卷），人民出版社1987年版，第176页。

④ 同上书，第190页。

⑤ 《列宁全集》（第41卷），人民出版社1986年版，第53页。

宁说："这种流转对于农民来说是一种刺激、动因和动力。"① 在列宁的主持下，俄共（布）十大通过了取消余粮收集制、实行实物税的决议，决议明确指出：为了让农民自由支配自己的经济资源并安心地进行经营，应当以实物税取代余粮收集制，对于纳税后剩余的一切余粮，由农民自己全权处理，可以用来交换工业品、手工业品和农产品。以实物税取代余粮收集制，实现了农民生产与农民利益的结合，有效地调动了农民的生产积极性。这正如列宁所说："问题不仅在于拿了农民多少粮食，而且在于实行粮食税以后农民觉得心里更有数了，经营的兴趣提高了。实行了粮食税，勤劳的农民在提高生产力方面是大有可为的。"②

此后，列宁又提出"必须把国民经济的一切大部门建立在同个人利益的结合上面"③，将同个人利益结合原则推广到国民经济其他各部门。为此，列宁对战时共产主义时期形成的工业管理体制进行了一系列改革。首先，在对企业主体方面，改革国家总局实行一抓到底的大包大揽体制，推行扩大企业自主权改革及经济核算制改革，给予企业在资金、物资、经营方面的自主权，对企业实行经济核算，企业自主经营、自负盈亏，将企业的生产成果与企业的利益结合起来，调动企业生产积极性。其次，在对个人主体方面，改革战时共产主义体制下的平均分配政策，打破大锅饭，实行计件工资，推行奖励制、分红制等，使劳动者的个人报酬与其劳动成果相适应。这些改革措施把生产成果与劳动者的个人利益结合起来，极大地调动了劳动群众的生产积极性，为战后俄国经济恢复与发展提供了强大的动力。

总之，构建社会主义条件下的经济发展动力机制，这是列宁十月革命后探索的一个重要课题。在这一实践探索中，列宁视人民群众为社会经济发展动力产生之主体，把激发人民群众革命热情与满足人民群众个人物质利益结合起来，构建了社会主义条件下经济发展的动力机制，推动了苏俄社会经济的恢复与发展。

---

① 《列宁全集》（第 41 卷），人民出版社 1986 年版，第 63 页。

② 《列宁全集》（第 42 卷），人民出版社 1987 年版，第 340 页。

③ 同上书，第 191 页。

第三节　为国家经济建设创造良好国际环境论①

和平稳定的国际环境是社会主义经济建设的重要条件。十月革命胜利后，面临错综复杂的国际形势，为了巩固新生的苏维埃国家政权，谋求经济建设良好国际环境，列宁领导苏维埃俄国，采用了一系列斗争策略。研究列宁关于为国家经济建设创造良好国际环境的思想策略与实践，对于指导我们妥善应对当前国际局势，巩固和发展我国经济建设的良好国际环境，具有重要指导意义。

一　和平稳定的国际环境是社会主义经济建设的重要条件

在列宁看来，争取和平稳定的国际环境，既是保存新生工农苏维埃政权的需要，更是集中力量发展生产，建设社会主义国家经济的迫切要求。然而，十月革命胜利时，苏俄面临的国际环境却异常复杂。在军事上，苏俄当时还没有退出在原沙皇政府主导下参加的第一次世界大战，与以德国为首的同盟国处于交战状态，随时面临着德国的武装进攻；在经济上，以美国为首的帝国主义国家不仅不承认苏维埃政府，而且联合起来对苏俄实行经济封锁。一时间，对苏俄实行经济封锁的国家相继达到 14 个；在外交上，为了彻底孤立苏维埃俄国，所有的西方国家都先后同苏俄断绝了外交关系，并建立了一条"由反苏政府的东欧国家组成的封锁线，以便把西欧同布尔什维克病毒隔离开来"②，新生的苏维埃俄国几乎成了一个"红色孤岛"；此外，国际帝国主义还对苏维埃政权大肆进行政治舆论围剿，它们宣称武装进攻苏维埃俄国，是为了恢复民主制度，把俄国人民从"布尔什维克的暴政下"解放出来。特别是以考茨基为代表的早已背叛无产阶级革命的第

---

① 本节中的部分内容以《列宁为经济建设谋求和平稳定国际环境的策略与启示》一文，载于《求索》2013 年第 5 期。

② ［美］拉·贝茨：《美国史（1933—1973）》（上册），人民出版社 1984 年版，第 24 页。

二国际机会主义者们更是加入了国际反苏反共大合唱。他们接连不断地发表文章，出版小册子，攻击布尔什维克党，攻击十月革命及无产阶级专政。总之，十月革命胜利时，苏俄面临着国际帝国主义的军事干涉、经济封锁、外交孤立与政治围剿，所处的国际环境错综复杂。列宁深知，在这样的国际环境下，要"着手进行我们一心向往的、迫切需要的和早就吸引着我们的经济建设事业"，是根本不可能的，必须采取策略为经济建设争取有利的国际环境。为此，十月革命胜利的第二天，列宁就发布了首个苏维埃政权对外政策法令——《和平法令》，呼吁所有参战国家立即开始关于全面停战并缔结普遍的、公正的、民主的和约的谈判。当这一建议遭到英、法、美等协约国拒绝后，苏俄单独与德国进行和谈，并最终签订和约，退出了帝国主义间的战争。外国武装干涉期间，即使遭到协约国的武装进攻，列宁仍期望与协约国和平共处，发展同包括协约国在内的一切国家的合作关系。列宁说："我们的和平政策同以前一样"①，我们愿意"同各国人民和平共居"②，共产主义将是用示范的力量而不是武装的力量为自己开辟道路，共产主义和资本主义可以进行和平的竞赛。1920年12月，苏俄虽然赢得了反对外国武装干涉战争的胜利，但列宁也深刻认识到，社会主义的苏维埃将要与资本主义长期共存，为此，列宁采取多种策略发展同资本主义国家的合作关系，以此创造良好的国际环境，以便"把全力从事战争的整个苏维埃政权机器转上和平建设的新轨道"，恢复生产，发展国家经济。这一时期，苏俄先后与英国、德国、奥地利、挪威、意大利、丹麦、捷克斯洛伐克、瑞典等国签订贸易协定，建立外交关系。

二　为了获得一个喘息的时机，我们应该善于退却

善于退却，是列宁为保存新生的苏维埃政权，争取和平建设环境，在敌我力量实力对比悬殊的情况下而采取的一种灵活机动的斗争

---

① 《列宁全集》（第37卷），人民出版社1986年版，第200页。

② 《列宁全集》（第38卷），人民出版社1986年版，第158页。

策略。众所周知，1917 年十月革命胜利时，新生的苏维埃俄国在第一次世界大战中，与以德国为首的同盟国仍处于交战状态。为了尽快结束战争转入和平建设，在列宁的倡导下，苏俄与以德国为首的同盟国展开了和谈。在谈判中，德方凭借自己的优势，一开始就向俄方提出相当苛刻的条件，包括割让波兰、立陶宛、爱沙尼亚的局部和拉脱维亚、白俄罗斯的全部并赔款 30 亿卢布等。当这些条件遭到俄方拒绝后，德方更是变本加厉，不仅疯狂地提出更加苛刻的要求，而且向苏俄发动全线进攻，先后占领了拉脱维亚、爱沙尼亚、白俄罗斯和乌克兰，并一度逼近彼得格勒和莫斯科。面临德帝国主义的强大进攻，在要不要作出妥协以缔结和约的问题上，苏俄国内出现了分歧。先进的工人和农民懂得，苏维埃共和国已经无力再战，必须忍痛签订和约，否则事态的发展还将会使苏俄陷于更加不利的境地。然而，一些把自己装扮成"伟大爱国者"的立宪民主党人、孟什维克和社会革命党人等，则认为接受和约条件就是出卖民族利益，极力主张同德国交战。就是在布尔什维克党内，以布哈林、奥新斯基、拉狄克、斯米尔诺夫等为代表的"左派共产主义者"集团，也坚决反对签订和约，主张胜利进军。他们认为同帝国主义达成的任何协议都是不能容忍的，他们甚至提出为了国际革命的利益，哪怕"丧失苏维埃政权也是适当的"。当时任和平谈判苏维埃代表团团长的托洛茨基则认为德国人不会发动真正的进攻，主张"不战不和"，"宣布结束战争状态，让士兵复员回家，但拒绝签订和约"。

面临立宪民主党人、孟什维克和社会革命党人特别是布尔什维克党内的不同意见，列宁坚决主张实施退却。在列宁看来，数年的帝国主义战争已使整个国家民穷财尽，国家经济濒于崩溃，客观现实要求苏维埃政权不得不接受苛刻条件，以争取一个和平喘息的时机，否则，如果继续战争，无异于葬送新生的苏维埃共和国。列宁认为，签订极苛刻的和约，虽然要付出代价，但可以使新生的苏维埃俄国"从帝国主义战争的铁钳中挣脱出来"①，从而腾出手来恢复与发展生产，

---

① 《列宁全集》（第 34 卷），人民出版社 1985 年版，第 74 页。

进行国家建设。

　　为了争取与德国签订和约，列宁与"左派共产主义者"集团进行了坚决斗争。列宁讽刺他们是迷恋"胜利进军"的"超人知识分子"，列宁说：俄国十月革命的胜利，"只是利用了国际帝国主义的暂时故障"，"即两大强盗集团，无论哪一个都不能马上向对方猛扑过去，也不能立即联合起来对付我们"，并不表明我们有能力对付得了国际帝国主义，那种主张胜利进军的观点是"不符合俄国革命的客观情况的"①。列宁还对"左派共产主义者"集团提出的"欧洲革命已经成熟，俄国只有通过反对帝国主义的革命战争去唤醒和促进欧洲无产阶级革命，才能最终巩固苏维埃政权"的观点进行了驳斥。在列宁看来，欧洲范围的无产阶级革命一定会到来，但是，"目前这还只是一个非常动听、非常美妙的童话"②，如果给人民群众讲这种童话，那就是在欺骗他们，就是"在自己的想象中，在自己的愿望里克服历史所造成的困难"③。列宁说："如果德国无产阶级将来能够行动起来，那当然很好"④，但现实的局面是"欧洲的革命不顾我们的愿望，竟然迟迟没有爆发，而德帝国主义不顾我们的愿望，竟然发动了进攻"⑤，在这种情况下，用空话掩盖不住令人万分痛心而可悲的现实；在这种情况下，"把胜利进军这种解决斗争问题的旧方式搬用到新的历史时期，是毫无益处的冒险"⑥；在这种情况下，"应该善于退却"⑦，并使退却稍微有些秩序，否则，"事件的发展必然是：最严重的失败将迫使俄国缔结更加不利的单独和约，并且缔结这个和约的将不是社会主义政府，而是某个其他的政府（诸如资产阶级拉达和切尔诺夫派的联合政府，或者其他类似的政府）。因为被战争弄得疲惫不

----

① 《列宁全集》（第34卷），人民出版社1985年版，第7页。

② 同上书，第16页。

③ 同上。

④ 同上。

⑤ 同上书，第15页。

⑥ 同上书，第9页。

⑦ 同上书，第15页。

堪的农民军队受到最初的几次挫折以后，甚至过不了几个月，只要过几个星期，大概就会把社会主义的工人政府推翻。"①

此外，列宁还对托洛茨基"不战不和"的主张提出了批评。他说："'我们可以宣布战争状态已经结束。既不进行战争，也不签订和约。'但是，如果德国人进攻呢？'不会的，他们无法进攻。'可是你们有权利拿来孤注一掷的不是国际革命的命运，而是这样一个具体问题：如果德国人一旦发动进攻，你们岂不成了德帝国主义的帮凶了吗？"② 列宁认为："德军是不敢前进的"，这是一句革命的空想，是对事态的十分令人痛心的过高估计。列宁还对一些人认为签订和约就是"背叛理想和朋友"的论调提出了批评。他说："我们没有背叛任何事和任何人，……我们从来没有拒绝尽自己的所能和所有去帮助任何患难朋友和同志。"③ 在列宁看来，一个率领被击溃的残余部队向腹地撤退并在万不得已的情况下用签订极其苛刻极其屈辱的和约的办法掩护这种退却的统帅，虽然无力援助被敌人分割开的兄弟部队，但却是一个尽了自己职责的统帅。列宁说："一个真正的社会主义者，在遭受严重失败的时候，既不应当硬充好汉，也不应当悲观失望。说什么我们只能在两种死亡中选择一种，或者是缔结极其苛刻的和约而'无声无息地'死去，或者是进行无法取胜的战斗而'壮烈'牺牲，此外别无出路，这是不对的。"④

在列宁的推动下，1918 年 3 月，苏俄与德国最终在布列斯特—里托夫斯克签订和约。该和约的签订虽然使苏俄割让了 323 万平方公里领土，赔偿了 60 亿马克，但却以空间换取了时间，为苏俄争取了宝贵的和平喘息的时机，使苏俄军队得到了短暂的休整，为后来投入对协约国的作战做好了准备。两年后的 1920 年 4 月，列宁在《共产主义运动中的"左派"幼稚病》一文中对当初为什么要对德国妥协签订布列斯特和约再次进行了注解，他把当时向德帝国主义的妥协比喻成

---

① 《列宁全集》（第 33 卷），人民出版社 1985 年版，第 253 页。

② 《列宁全集》（第 34 卷），人民出版社 1985 年版，第 11 页。

③ 同上书，第 75 页。

④ 同上。

向武装强盗的妥协，即我给他钱、武器、汽车，他让我安全脱险，列宁说："很难找到一个没有发疯的人会说这种妥协'在原则上是不能容许的'，或者说实行这种妥协的人是强盗的同谋者。我们同德帝国主义强盗的妥协正是这样一种妥协。"① 在列宁看来，共产党人不能一味热衷于"强攻"，不能不顾客观形势，反对一切妥协，而"应当把对共产主义思想的无限忠诚同善于进行一切必要的实际的妥协、机动、通融、迂回、退却等等的才干结合起来。"② 布列斯特和约的签订体现了无产阶级革命导师列宁高瞻远瞩的战略眼光及审时度势、适时退却的斗争艺术，是实行革命妥协策略的一个光辉典范。

三　"你打痛了敌人，他就来讲和"③

和平并不等于反对一切战争，要争取和平，有时战争也是必要的。列宁深知其中的道理。外国武装干涉期间，面临帝国主义的武装干涉与进攻，列宁果断地将全部国家生活转入战时轨道，宣布全国为统一军营，实行战时共产主义政策，集中力量，痛打敌人，逼迫敌人讲和。既保卫了新生的苏维埃政权，又为苏俄国家经济建设争取了宝贵的和平。

在列宁看来，战争是一种野蛮和残暴的行为，无产阶级是爱好和平的，然而，和平绝不是金苹果，长在树上等人去摘，它是靠斗争得来的。列宁说："和平是战争的喘息时机，战争是获得某种更好一点或更坏一点的和平的手段"④，"当刀子一直还搁在我们脖子上的时候，……发誓决不采取在军事战略方面可能成为进攻的行动，那我们不仅是傻瓜，而且是罪犯。"⑤ 革命无产阶级不是和平主义者，不会断然拒绝对于社会主义可能是必要的革命战争，不会自己束缚自己的手脚，听凭强盗的宰割。

---

① 《列宁全集》（第39卷），人民出版社1986年版，第17页。
② 同上书，第74页。
③ 《列宁全集》（第37卷），人民出版社1986年版，第307页。
④ 《列宁全集》（第34卷），人民出版社1985年版，第20页。
⑤ 《列宁全集》（第40卷），人民出版社1986年版，第170页。

正是基于这种认识，列宁把战争视为争取和平的重要手段，并高度重视苏俄武装力量建设。十月革命胜利后不久，列宁充分吸取因为没有正规军队而被迫与德国签订屈辱和约的教训，立即转变过去关于取消国家常备军的主张（1905 年他在《军队和革命》一文中指出："常备军到处都成了反动势力的工具，成了资本用来反对劳动的奴仆，成了扼杀人民自由的刽子手。在我国伟大的解放革命中，我们不要停留在一些局部要求上。我们要铲除祸根。要从根本上取消常备军"①），并冲破党内"军事反对派"反对建立正规红军的阻力，果断提出建立社会主义新型常备军。列宁说："我们不仅生活在一个国家里，而且生活在许多国家组成的体系里，苏维埃共和国和帝国主义国家长期并存是不可思议的。最后不是这个胜利就是那个胜利。在这个结局到来之前，苏维埃共和国和资产阶级国家间的一系列最可怕的冲突是不可避免的。这就是说，统治阶级即无产阶级只要愿意统治并继续统治下去，就应当也用自己的军事组织来证明这一点。"② 在列宁的组织指导下，到 1918 年秋，苏俄工农红军达到近 100 万人。正是这支武装力量，为后来粉碎协约国的武装进攻提供了重要保障。国内战争结束后转入和平建设时期，列宁也始终不忘把组织红军和加强红军力量作为重要任务。他告诫说："任何一个重大问题，在任何一次革命，都只能用一系列的战争来解决"，这个教训不能忘记，"我们军队是使帝国主义列强丝毫不敢轻举妄动、不敢侵犯我国的切实保障"③，我们"要像保护眼珠一样保护我们国家和我们红军的防御能力"④。在列宁的指导下，国内战争结束后，苏俄仍保持了一支强大的武装力量，这支力量为苏俄维持与资本主义国家的均势，争取经济建设的和平国际环境，起到了重要作用。列宁关于加强国家武装力量建设，以战争争取和平环境的思想体现了无产阶级革命家的唯物辩证法，对当今的我国具有重要启示。

---

① 《列宁全集》（第 12 卷），人民出版社 1987 年版，第 104 页。

② 《列宁全集》（第 36 卷），人民出版社 1985 年版，第 126 页。

③ 《列宁全集》（第 38 卷），人民出版社 1986 年版，第 278 页。

④ 《列宁全集》（第 42 卷），人民出版社 1987 年版，第 328 页。

四　运用世界共同的经济联系

充分运用世界共同的经济联系来为经济建设争取一个稳定的较长时期的和平国际环境，这是列宁的又一重要策略。列宁说："我们俄国有小麦、亚麻、白金、钾碱和很多矿产，这些都是全世界迫切需要的。世界终究会到我们这里来要这些东西，不管我们这里实行的是布尔什维主义或者不是布尔什维主义。"① 在列宁看来，在一个生产力普遍发展和世界交往普遍发展的共同世界里，资本主义与社会主义不可避免地要发生经济联系，这种共同的经济联系的力量"胜过任何一个跟我们敌对的政府或阶级的愿望、意志和决定"，"正是这种关系迫使它们走上这条同我们往来的道路。它们沿着这条路走得愈远，（我们的）前景就会展现得愈广阔愈迅速。"② 因此，无产阶级完全可利用这种共同的经济联系，维持与资本主义的和平共处，从而为国家经济建设创造良好的国际环境。列宁曾对那些反对利用这种联系的人提出过严厉的批评。他指出，既然社会主义国家同资本主义国家生存在同一个星球上，那么为什么不可以相互间发生联系？"按照这种观点，处在帝国主义列强中间的社会主义共和国，……如果不飞到月球上去，那就无法生存。"③ 列宁认为必须利用同资本主义国家间的共同经济联系，把这种共同的经济联系建立得越紧密，社会主义经济发展所需要的和平国际环境就越稳固、越长久。

基于这种认识，国内战争结束后，列宁把发展同资本主义国家的经济交往与争取国内经济建设的良好国际环境联系在一起。1921 年反对外国武装干涉战争结束后，列宁选择英国作为突破口，积极发展与资本主义国家间的贸易关系，并与英国率先签订贸易协定。该协定不仅约定恢复两国贸易关系，而且还约定两国政府相互保证放弃任何反对另一方的敌对行动和宣传。列宁对这个协定给予了高度评价，并把

---

① 《列宁全集》（第 38 卷），人民出版社 1986 年版，第 166—167 页。
② 《列宁全集》（第 42 卷），人民出版社 1987 年版，第 332 页。
③ 《列宁全集》（第 33 卷），人民出版社 1985 年版，第 419 页。

它称作"一个具有世界意义的通商条约"①。苏英贸易协定签订后，在国际上引起了巨大反响，各个资本主义国家，如德国、奥地利、挪威、意大利、丹麦、捷克斯洛伐克等，由于害怕自己被挤出苏俄这个巨大的市场，纷纷与苏俄签订了贸易协定。这些贸易协定，改变了苏俄同资本主义国家的关系，使之从战争敌对关系变为和平和贸易关系，为创造和平的经济建设国际环境提供了条件。此外，列宁还广泛利用租让制等形式开展与资本主义国家的经济合作，列宁曾要求"用更广泛的方式把企业租给最大的帝国主义辛迪加：租出四分之一巴库，四分之一格罗兹尼，以及四分之一我们最好的森林资源。"② 列宁认为："那些要打仗的人是不会接受租让的。租让的存在就是反对战争的经济根据和政治根据。"③ "对这件事情的任何其他看法都是目光短浅"④。总之，上述这些措施，极大地改善了苏维埃政权国际生存空间，并为苏俄经济建设创造了良好的国际环境。

五　帝国主义并非铁板一块，要善于利用它们之间的矛盾，分化瓦解它们

列宁认为，"帝国主义列强之间已经白热化的纠纷，对于我们来说，才是实际的而不是纸上的和平保证"⑤，无产阶级要争取有利的国际环境，就必须利用它们之间的对立与矛盾，分化瓦解它们。其实，早在十月革命前，列宁就对帝国主义国家之间的内在对立与矛盾做过深入分析。他说：垄断不能消除帝国主义国家间的矛盾，反而使矛盾尖锐化了，"几个大国争夺霸权，即争夺领土，其目的与其说是直接为了自己，不如说是为了削弱对方，破坏对方的霸权。"⑥ 第一次世界大战就是这种霸权争斗的现实表现，列宁正是抓住了这种霸权争斗所

① 《列宁全集》（第41卷），人民出版社1986年版，第143页。

② 同上书，第17页。

③ 《列宁全集》（第40卷），人民出版社1986年版，第78页。

④ 同上书，第79—80页。

⑤ 《列宁全集》（第34卷），人民出版社1985年版，第153页。

⑥ 《列宁全集》（第27卷），人民出版社1990年版，第403—404页。

造成的难得机遇，夺取了十月革命的胜利。十月革命胜利后，列宁又利用同盟国与协约国之间的对立，与德国单独缔结和约，为刚刚诞生的苏维埃共和国赢得了难得的和平喘息时机。这正如列宁后来所说："我们处在两个敌人之间。如果不能同时战胜这两个敌人，那就应该想办法使他们互相打起来，因为两贼相争，好人总会得利。"① 在列宁看来，无产阶级即使在一国内推翻了资产阶级而且夺取了政权，但在很长一段时期内无产阶级的力量仍然要比资产阶级弱，"要战胜更强大的敌人，就必须尽最大的努力，……利用敌人之间的一切'裂痕'，哪怕是最小的'裂痕'。"② 列宁说："谁不懂得这一点，谁就是丝毫不懂得马克思主义，丝毫不懂得现代的科学社会主义。谁要是没有在相当长的时期内和在各种相当复杂的政治形势下，在实践上证明他确实会运用这个真理，谁就还没有学会帮助革命阶级去进行斗争，使全体劳动人类从剥削者的压榨下解放出来。"③ 列宁还特别指出，"以上所说的一切，对于无产阶级夺取政权以前和以后的时期，都是同样适用的。"④

　　国内战争结束后的和平建设时期，列宁继续利用帝国主义国家间的对立与矛盾，瓦解帝国主义列强的封锁。首先是利用美日之间的矛盾。列宁说："虽然太平洋两岸相隔 3000 俄里，但是它们不能和睦相处。""如果认为比较强大的资本主义不会抢走比较弱小的资本主义所掠夺到的一切东西，这种想法是很可笑的。"在这种情况下"共产党的政策的实际任务是利用这种仇视，使他们互相争吵"⑤，为此，列宁把当时仍被日本占领的堪察加租让给美国，"让美帝国主义去反对日本帝国主义"⑥。此外，列宁还看到了当时德国与美国等协约国之间的矛盾，认为德国是最强大最先进的资本主义国家之一，它不可能忍受

---

① 《列宁全集》（第 40 卷），人民出版社 1986 年版，第 61 页。
② 《列宁全集》（第 39 卷），人民出版社 1986 年版，第 50 页。
③ 同上。
④ 同上。
⑤ 《列宁全集》（第 40 卷），人民出版社 1986 年版，第 63 页。
⑥ 同上书，第 99 页。

凡尔赛条约，它必然要寻找同盟者来反对全世界的帝国主义。为此在1922 年 4 月召开的热拉亚欧洲国际会议上，列宁利用德国与美国等协约国之间的矛盾争取德国，与德国签订《拉巴洛条约》，并建立正常的外交关系，瓦解了帝国主义的反苏联合阵线，开辟了长达十年（1922—1932）的德苏合作时代（历史上称为"拉巴洛时代"），为苏维埃俄国恢复国民经济和开展大规模经济建设创造了有利的国际环境。

　　总之，在列宁看来，新生的苏维埃政权想要争取一个良好的外部环境，就必须充分利用帝国主义间的对立与矛盾，"要争取美国反对日本，争取整个协约国反对美国，争取整个德国反对协约国。"① 列宁认为，这种利用一个国家去反对另一个国家的做法，并没有违反共产主义原则，"因为我们是作为一个社会主义国家采取这种做法的，这个国家正在进行共产主义宣传，而且不得不利用形势给予它的每一小时尽快巩固起来。"②

六　全世界无产者和被压迫民族联合起来

　　在争取良好国际环境方面，列宁提出的另一个重要思想策略就是，联合全世界无产者和被压迫民族，共同反对帝国主义，维护世界和平。列宁这一思想策略是以马克思无产阶级世界革命理论为基础发展起来的。1848 年马克思、恩格斯在其《共产党宣言》中指出："现代的工业劳动，现代的资本压迫，无论在英国或法国，无论在美国或德国，都是一样的，都使无产者失去了任何民族性"③，反对本国的和国际的资产阶级，是各国无产阶级的共同任务，为此，马克思、恩格斯号召："全世界无产者，联合起来！"④ 19 世纪末 20 世纪初，随着自由资本主义发展到垄断资本主义与帝国主义，"资本主义已成为极少数'先进'国对世界上绝大多数居民实行殖民压迫和金融扼杀的世

---

① 《列宁全集》（第 40 卷），人民出版社 1986 年版，第 71 页。

② 同上书，第 64 页。

③ 《马克思恩格斯选集》（第 1 卷），人民出版社 1995 年版，第 283 页。

④ 同上书，第 307 页。

界体系"①，无产阶级与资产阶级、帝国主义与广大殖民地半殖民地人民等之间的矛盾空前尖锐。列宁根据帝国主义时代国际阶级斗争的新变化，进一步把世界民族划分为压迫民族和被压迫民族，号召"全世界无产者和被压迫民族联合起来！"②

十月革命胜利后，列宁把这一思想策略运用到争取有利的国际环境上。一方面，列宁联合全世界无产者，推动世界无产阶级革命，共同反对国际帝国主义；一方面，通过成立共产国际、对各国共产党定向资助、派遣大批干部作为顾问帮助他们组织革命力量、制定政策方针、开展斗争行动等，对世界各国工人运动给予大力支持，以此推动世界无产阶级革命，壮大了世界苏维埃阵营；另一方面，积极争取各国工人阶级的支持与援助，共同抵制国际帝国主义的武装干涉。仅在1919 年和 1920 年的头几个月，列宁就先后七次向美、英、法等协约国人民发出呼吁书，号召他们制止本国政府干涉俄国事务。这些呼吁得到了各国无产阶级的积极响应，他们在"不许干涉俄国"的口号下，为声援和支持苏俄进行了各种形式的斗争。如：在法国，工人举行反战集会，拒绝装运用来进攻苏俄的武器弹药致使数以万计枪炮没能起运；被派往进攻苏俄的水兵发动起义，拒绝向俄国革命工人开炮，要求立即回国，停止干涉苏俄的战争，迫使法国统帅部不得不调回自己的干涉军；在英国，工人阶级成立不许干涉苏维埃俄国"行动委员会"，并通过决议，"抗议协约国对俄国所进行的不断干涉，无论这种干涉方式是施加武力，供应军火，给予财政援助，还是实行商务封锁"③，他们还警告英国政府：他们将用他们的全部力量来挫败协约国指使波兰进行的反苏战争④；在美国，工人成立"苏俄之友联盟""技术援助苏俄协会""支持从俄国召回美国士兵协会"等各种工人组织，他们拒绝装运弹药、拒绝出海，甚至扣留为高尔察克运送军火的船只等。这正如列宁所说："只要国际资产阶级对我们动起手来，

---

① 《列宁全集》（第 27 卷），人民出版社 1990 年版，第 327 页。
② 《列宁全集》（第 40 卷），人民出版社 1986 年版，第 73 页。
③ 《世界通史资料选集现代部分》（第一分册），商务印书馆 1985 年版，第 365 页。
④ 方连庆：《国际关系》（现代卷），北京大学出版社 2001 年版，第 27 页。

他们的手就会被本国工人抓住。"① 总之，列宁成功运用全世界无产者联合起来这一策略，既坚定支持各国无产阶级工人运动，又积极争取各国工人阶级的支持与援助，分散了帝国主义国家围困、绞杀新生苏维埃政权的注意力，为苏俄赢得国内战争胜利并争取和平国际环境发挥了重要作用。

另一方面，除了联合全世界无产者之外，列宁还特别重视联合全世界被压迫民族。他说："帝国主义的特点，正如我们所看到的那样，就是现在全世界已经划分为两部分，一部分是为数众多的被压迫民族，另一部分是少数几个拥有巨量财富和强大军事实力的压迫民族。世界人口的大多数属于被压迫民族。"② 在列宁看来，广大殖民地半殖民地被压迫民族的人民，长期深受帝国主义的残酷剥削和掠夺，他们是一支反对帝国主义、维护世界和平的重要力量。列宁把苏维埃俄国的反帝斗争与被压迫民族人民反殖反帝的民族解放运动结合起来，积极"实行使一切民族解放运动和一切殖民地解放运动同苏维埃俄国结成最密切的联盟的政策"③，对各国的苏维埃运动和反殖反帝的民族解放运动从各个方面给予坚定的支持，如废除旧沙皇政府签订的一切掠夺条约，积极发展与殖民地、半殖民地国家的关系，支持殖民地附属国和附属民族采用自决方式决定自己民族的命运等，有力促进了殖民地半殖民地人民争取民族独立和民族解放运动的蓬勃兴起，这不仅分散了帝国主义国家集中力量围困、绞杀新生苏维埃政权的注意力，而且使得不少殖民地半殖民地人民赢得了国家独立，壮大了维护世界和平的力量。

总之，十月革命胜利后，列宁领导苏维埃俄国，机智灵活地运用外交策略与斗争艺术，坚持既斗争又联合，把原则性的斗争与必要的让步结合起来，不仅粉碎了帝国主义列强企图孤立和封锁苏俄的阴谋，巩固了苏维埃政权，而且为苏俄实施大规模社会主义经济建设争取了和平有利的国际环境。

---

① 《列宁全集》（第 39 卷），人民出版社 1986 年版，第 322 页。

② 同上书，第 229 页。

③ 同上书，第 162 页。

第四节　提升布尔什维克党宏观经济管理能力论①

十月革命胜利后，以列宁为首的布尔什维克党在领导苏俄进行社会主义经济建设的伟大实践中，一方面提出无产阶级政党应保证对经济工作实行坚定的领导，另一方面就如何提升布尔什维克党宏观经济管理能力问题进行了不懈探索，形成了极为丰富的理论成果与历史经验。这些理论成果、历史经验构成了列宁宏观经济管理思想的重要内容。然而一直以来，学界在对列宁宏观经济管理思想的研究中，对有关列宁提升布尔什维克党宏观经济管理能力的思想涉及较少，致使列宁这一宝贵思想未能完整准确呈现，从而造成列宁宏观经济管理思想体系完整性的缺失。因此，系统归纳并深入挖掘列宁关于提升布尔什维克党宏观经济管理能力的重要思想主张，对于再现列宁宏观经济管理思想体系的完整内涵，对于借鉴列宁宝贵历史经验提升中国共产党宏观经济管理能力具有重要意义。

一　通过苏维埃国家机关实现党对经济工作的领导

执政党对国家经济工作的领导方式问题是一个事关执政党宏观经济管理能力建设的根本问题。经过十月革命后的反复探索，列宁第一次提出了"无产阶级政党通过苏维埃国家机关实现党的对经济工作的领导"的主张。实际上，列宁这一思想主张的形成经过了一个曲折的探索过程。十月革命胜利后的初期，列宁的主张是依靠人民群众直接管理国家及其经济事务，其理论逻辑是：无产阶级成为统治阶级后必须充分发扬民主，而民主意味着承认公民都有管理国家事务的平等权利。然而，这一主张在实践中却遇到了现实的难题，即：人民群众的知识水平和管理能力远达不到直接管理国家的要求，致使在经济管理

---

① 本节中的内容以《论列宁关于提升布尔什维克党宏观经济管理能力思想》一文，载于《湖南社会科学》2014年第1期，并被中国人民大学报刊复印资料《马克思列宁主义研究》2014年第4期全文转载。

中出现混乱。在现实与需要面前，列宁想到了执政的布尔什维克党。他认为，在革命后的客观实际与先前的预想相去甚远的情况下，作为无产阶级和劳动人民利益的忠实代表，党不仅要用自己的力量来领导国家的政治与军事斗争，还要担负起直接领导和管理国家经济的重任。在这一思想的指导下，十月革命胜利后的很长一段时期，俄共（布）直接承担了管理国家经济的职责，把本属于苏维埃政权机关的经济管理权力集中在自己手中，而苏维埃机关主要起鼓动和宣传作用。这种直接领导方式虽然在革命胜利后的初期，在苏维埃政权机关尚未普遍建立起来的情况下，对于保证党对经济工作的坚定领导，起到了重要作用，但在实践中也暴露出不少弊端：一方面，它使党"不得不去过分注意管理中的琐事"①，从而转移和分散了党的注意力；另一方面又使得苏维埃机关和工作人员缺乏工作责任心和主动性，以致把许多具体事务搬到中央政治局。对此，列宁明确地说："在我们党同苏维埃机构之间形成了一种不正常的关系"，党对苏维埃机关的具体事务干预过多，"于是一切问题都从人民委员会弄到政治局来了"②。为此，列宁要求改变党对国家经济工作的领导方式，"明确地划分党（及其中央）和苏维埃政权的职责"③，使党从日常琐碎的管理事务的泥坑中挣脱出来，去关注那些"应当特别注意的总的任务"。在列宁的提议与推动下，俄共（布）八大、九大、十一大，先后作出决议，明确：党组织在处理与苏维埃的相互关系方面，应当遵守非常明确的界限，党只是"在某一方面的经济问题真正要求党作出原则性的决定的情况下，党组织才能亲自解决这方面的经济问题。"④"党应当通过苏维埃机关在苏维埃宪法的范围内来贯彻自己的决定，党努力

---

① 《列宁全集》（第36卷），人民出版社1985年版，第36页。

② 《列宁全集》（第43卷），人民出版社1987年版，第110—111页。

③ 同上书，第64页。

④ 《苏联共产党代表大会、代表会议和中央全会决议汇编》（第2分册），人民出版社1964年版，第183页。

领导苏维埃的工作，但不是代替苏维埃。"① 这些决议正式确定了党与苏维埃国家机关的关系，确立了俄共（布）通过苏维埃国家政权机关来领导和管理国家经济的原则。

不过，需要指出的是，尽管列宁提出了党通过苏维埃国家机关领导管理国家经济的思想主张，尽管布尔什维克党内对这一主张也存有共识，但在实践中，布尔什维克党一直没有处理好与苏维埃国家机关的关系。在很多情况下，布尔什维克党还是承担了直接管理国家经济的职责。这说明，在执政党对经济工作的领导方式问题上，列宁只是点了这个题，至于怎样破它，并没有找到行之有效的办法。

二　善于制定正确的经济政策与策略，并监督执行

列宁认为，党对经济工作的领导应该是"总的领导"，而这种"总的领导"，就是政策与策略的领导。因此，党制定经济政策与策略的能力直接关系到执政党的宏观经济管理能力。列宁在领导布尔什维克党进行国家经济建设的过程中，十分注重党的经济政策与策略的制定，并就如何制定党的经济政策与策略，提出了许多宝贵的方法论见解。他认为，党制定经济政策与策略时，首先应明确要把主要力量集中在什么地方，要解决的主要问题与矛盾是什么。列宁说："在历史事变的链条里，各个环节的次序，它们的形式，它们的联接，它们之间的区别，都不象铁匠所制成的普通链条那样简单和粗陋"②，在那里，一定存在关键环节。政治家的全部艺术就在于善于在每个特定时机找出链条上的特殊环节，并全力抓住这个环节，而不能想抓哪个环节就挑哪个环节。列宁的这种"链条—环节"思想，体现了马克思关于主要矛盾与次要矛盾、矛盾的主要方面与次要方面的哲学思想，对提高党的政策策略水平，具有重要指导意义。其次，要把党的经济政策与策略"建立在它应当依据的唯一牢固的基础上，即建立在事实的

---

　　① 《苏联共产党代表大会、代表会议和中央全会决议汇编》（第 12 分册），人民出版社 1964 年版，第 571 页。

　　② 《列宁全集》（第 34 卷），人民出版社 1985 年版，第 185 页。

基础上"①。在列宁看来，实事求是，一切从实际出发，既是无产阶级政党思想认识路线的核心内容，又是无产阶级政党制定政策与策略的根本要求。党的经济政策与策略必须以确切的、有凭有据的事实为前提，否则就是自取灭亡的政策。事实是政策的基础，"马克思主义者应该竭尽全力对种种事实进行科学的研究"②。列宁反对党制定政策时从群众的革命情绪出发，他说："俄国过于长久的惨痛的血的经验，使我们确信这样一个真理：绝不能只根据革命情绪来制定革命策略。"③ 列宁还反对党制定政策策略时从本本和原则出发，即使是对于马克思主义理论，也不能把它当作死的教条。马克思主义的原理是颠扑不破的，无论什么时候都不能忘记它，必须善于应用它，理论是灰色的，而生活之树常青，"只有不可救药的书呆子，才会单靠引证马克思关于另一历史时代的某一论述，来解决当前发生的独特而复杂的问题。"④ 最后，要善于根据客观条件的变化而迅速急剧地改变政策。在列宁看来，生活像激流一般，客观形势迅速地急剧地发生着变化，如果原先的政策在当前这个时期证明不合适，走不通，就应该选择另一条政策来达到我们的目的，绝不能固守旧政策、旧口号，让党的政策策略凝固化。列宁认为，"党向群众提出的任何口号都有凝固僵化的特性，甚至在这个口号必须提出时所依据的条件已经发生了变化，它还继续对许多人发生效力。这种弊病是不可避免的，如果不学会防止和克服它，就不能保证党的政策正确。"⑤ 列宁对那些"戴着旧时的眼镜"，固守旧政策、旧口号的人给予过辛辣的讽刺。他说："他们不敢正视由于客观条件的改变而必然发生的急剧变化，而继续重复那种简单的、背熟了的、初看起来是不容争辩的真理：三大于二。然而政治与其说象算术，不如说象代数，与其说象初等数学，不如说更象高等数学。实际上，社会主义运动的一切旧形式中都已注入了新内

---

① 《列宁全集》（第 29 卷），人民出版社 1985 年版，第 17 页。

② 《列宁全集》（第 32 卷），人民出版社 1985 年版，第 105 页。

③ 《列宁全集》（第 39 卷），人民出版社 1986 年版，第 43 页。

④ 《列宁全集》（第 3 卷），人民出版社 1984 年版，第 13 页。

⑤ 《列宁全集》（第 35 卷），人民出版社 1985 年版，第 190 页。

容，因此在数字前面出现了一个新符号即'负号'，可是我们那些圣哲仍然（现在还在）固执地要自己和别人相信：'负三'大于'负二'。"① 此外，列宁还特别强调党在制定政策策略时必须加强调查研究。在这方面，列宁本人为无产阶级政党做出了表率。例如，1921年年初，为了制定用粮食税代替余粮收集制政策，他亲自访问莫斯科省农村，亲自参加非党农民代表会，并与农民直接谈话，征求他们的意见，为制定新经济政策收集大量的第一手材料。

列宁说："从一般的决定、一般的指示变成某种实际的东西，这中间的距离有多么大。"② 因此，党制定了正确的经济政策之后，应当把注意力转到监督国家政权执行党的政策策略的层面上来。列宁认为，这种监督，无论在理论上或实践上都是必要的。"从理论上来说，是为了通过事实，通过经验来证实已经通过的决议是否正确和正确的程度如何，决议通过以后发生的政治事变要求我们对决议作哪些修改；从实践上来说，是为了真正学会贯彻这些决议，学会把它们看作应立即直接运用到实际中去的指示。"③ 为了加强对国家政权机关执行党的经济政策的检查与监督，列宁要求在所有苏维埃组织中建立严格服从党的纪律的党团或党组，以此来监督各级苏维埃机关贯彻党的纲领与政策。病重期间，他还特别提出要改组工农检查院，从工作上和组织上把党的中央监察委员会和苏维埃工农检查院结合起来，提高工农检查院的地位和威信，加强对经济政策与指令落实情况的监督检查。

三　善于挑选和培养经济管理人才

列宁认为，在革命与夺取政权时期，特别需要有鼓动家才能的人才。然而，组织管理社会化大生产，则特别需要有组织管理才能的人才，没有杰出的管理人才，再好的政策、方针也难以发挥作用。为此，他要求各级机关把工作重心从草拟法令和命令转到选拔人才上

---

① 《列宁全集》（第39卷），人民出版社1986年版，第81页。

② 《列宁全集》（第41卷），人民出版社1986年版，第347页。

③ 《列宁全集》（第11卷），人民出版社1987年版，第126页。

来。他甚至说，"法令是一堆粪土。发现人才，检查工作——这才是一切。"① 为了解决管理人才来源问题，列宁提出，一方面要借助于被我们推翻了的那个阶级出身的人来从事管理。列宁认为，资产阶级民主革命成功后借用了封建主，改造他们，让他们来进行管理；同理，夺取政权的无产阶级也可以借用资产阶级的管理人才。在列宁看来，无产阶级政党虽然有社会主义的知识，但是没有组织千百万人的知识，没有组织和分配产品等等的知识。因此，无产阶级夺取政权后，为了解决燃眉之急，必须借用资产阶级管理人才。另一方面，列宁也高度重视从无产阶级的队伍中培养、选拔管理人才。列宁认为，"在'老百姓'即工人和不剥削别人劳动的农民中，有大量有组织家才能的人"②，他们的组织管理才能在资本主义社会被扼杀、压制、摧残、毁灭、抛弃了，新生的社会主义有责任把他们的这种才能发挥出来。为此，列宁强调，要"经常地、坚定不移地、成百成百地把他们提升到更高的职位上去"③，"让有组织才能的人在实践中脱颖而出，……他们，而且只有他们才能在群众的支持下拯救俄国，拯救社会主义事业。"④ 列宁还对当时这一工作进展缓慢提出了批评，要求在选拔优秀管理人才方面应该更加大胆一些，要大胆地打破常规，给这些人在广阔的工作领域中施展才能和一显身手的机会。

四　加强自身学习做管理的内行

在列宁看来，"管理的本领不会从天上掉下来，不会凭空就有的，不会因为这个阶级是先进阶级，于是一下子就有了管理的本领。"⑤ 先进的阶级，代表着新的生产力，但并不等于说天生就具备先进的科学技术知识和管理才能。为此，列宁要求共产党员要加强学习，要给自

①　《列宁全集》（第 42 卷），人民出版社 1987 年版，第 393 页。

②　《列宁全集》（第 34 卷），人民出版社 1985 年版，第 173 页。

③　《列宁全集》（第 41 卷），人民出版社 1986 年版，第 230 页。

④　《列宁全集》（第 33 卷），人民出版社 1985 年版，第 211 页。

⑤　《列宁全集》（第 38 卷），人民出版社 1986 年版，第 282 页。

己提出这样的任务："第一是学习，第二是学习，第三还是学习"①，然后是加强检查，使学到的东西真正深入血肉，真正地完全地成为生活的组成部分，而不是学而不用，或只会讲些时髦的词句。在怎样学习、向谁学习的问题上，列宁特别强调：一是要向资产阶级专家、资本家、承租者和托拉斯的组织者学习。他曾语重心长地指出，在组织管理国家经济问题上，"布尔什维克党的历史没有什么可以炫耀的"②，共产党员不要害怕向资产阶级学习，只要被实践检验证明学到了真本领，取得了成效就行。他一再告诫那些对于向资产阶级学习经济管理有抵触情绪的干部和共产党员，要摒弃门外汉和官僚主义的狂妄自大，要反对貌似激进实则是不学无术的自负。二是要向自己的错误学习。在列宁看来，无产阶级政党第一次取得执政地位，第一次将社会主义从理想憧憬变成具体实践，开始这样一个全世界从未有过的事业，不可能不犯这样或那样的错误，但问题的关键在于要善于从错误与失败中总结教训，纠正错误，更好地前行。通观十月革命后列宁的著作、讲话和报告，不难发现多处出现"我们失败了""我们错了""看法根本改变了"之类的语言，这说明列宁勇于承认失败和错误，敢于从自己的失败与错误中学习。新经济政策就是列宁总结战时共产主义政策教训并向自己的错误学习的结果。在列宁看来，犯错误对先进的无产阶级政党来说并不可怕，可怕的是不敢承认并改正错误。列宁说："不犯错误的人是没有而且也不可能有的"③，"如果能从错误中学习，如果能从中得到锻炼，那么，错误常常是有益的。"④列宁还说："公开承认错误，揭露犯错误的原因，分析产生错误的环境，仔细讨论改正错误的方法——这才是一个郑重的党的标志。"⑤ 此外，列宁还强调学习要有耐心，要持久，不要因为短期内不能学会一

---

① 《列宁全集》（第 43 卷），人民出版社 1987 年版，第 380 页。
② 《列宁全集》（第 34 卷），人民出版社 1985 年版，第 239 页。
③ 《列宁全集》（第 39 卷），人民出版社 1986 年版，第 16 页。
④ 《列宁全集》（第 42 卷），人民出版社 1987 年版，第 505 页。
⑤ 《列宁全集》（第 39 卷），人民出版社 1986 年版，第 37 页。

切而悲观失望，"重要的是我们应该比我们的敌人学得快"①。

　　总之，列宁从领导方式、领导方法、领导人才及加强执政党自身学习等方面，回答了布尔什维克党如何提升自身宏观经济管理能力的问题。列宁提升布尔什维克党宏观经济管理能力思想，是对布尔什维克党领导管理国家宏观经济经验与教训的科学总结，是对马克思主义关于无产阶级政党执政理论的丰富与发展，是列宁宏观经济管理思想的重要组成部分。它对于实现布尔什维克党从革命党向执政党的转变，对于加强布尔什维克党宏观经济管理能力建设起到了重要作用，对于当前指导中国共产党加强宏观经济管理能力建设，提高科学驾驭社会主义市场经济的能力，仍然具有指导意义。

---

① 《列宁全集》（第38卷），人民出版社1986年版，第240页。

第四章

列宁社会主义宏观经济管理思想的
历史地位与当代价值

第一节　列宁社会主义宏观经济管理
思想的历史地位

列宁社会主义宏观经济管理思想系统回答了社会主义经济建设的战略地位、国家宏观经济管理体制、宏观经济调节、宏观经济监督、宏观经济发展动力及宏观经济发展环境与提升布尔什维克党宏观经济管理能力等一系列问题，它是一个科学、完整的理论体系，它在实践中发展了马克思社会主义宏观经济管理理论，是列宁主义思想体系中的主体内容与重要组成部分，并为毛泽东、邓小平等中国化的马克思社会主义宏观经济管理理论提供了重要思想来源。

一　马克思社会主义宏观经济管理理论在实践中的新发展

关于资本主义社会之后的未来社会的宏观经济管理问题，马克思、恩格斯虽然根据那个时代所掌握的材料提出过一些设想与预测，但未能及其细目。列宁第一个把社会主义从理想憧憬拖入现实生活，并在鲜活的现实中具体探索了社会主义国家的宏观经济管理问题，在鲜活的实践中发展了马克思社会主义宏观经济管理理论。这正如最早向中国大众系统宣传和介绍列宁主义的早期中国共产党人瞿秋白所说：列宁主义是马克思主义，但"列宁主义始终不就是等于马克思主义，列宁主义之中有许多成分是马克思主义中原来所没有的，或者虽有亦很不详尽，还未发展的。"① 作为"实现社会主义的第一人"，列宁在实践中对马克思社会主义宏观经济管理理论进行了创新与发展。

列宁关于社会主义经济建设的战略地位思想，丰富和发展了马克思关于"无产阶级上升为统治阶级后必须尽可能快地增加生产力总量"的思想。众所周知，科学生产力理论是马克思主义理论宝库中的重要部分，马克思认为，"手推磨产生的是封建主的社会，蒸汽磨产生的是工业资本家的社会"②，一切社会的发展，"都是以生产力的巨大增长和高度发展为前提的"③，同样，共产主义的实现，也必须以普遍发展的生产力为"绝对必须"前提。因此，在《共产党宣言》中马克思、恩格斯明确指出，"工人革命的第一步就是使无产阶级上升为统治阶级"，然后"利用自己的政治统治，一步一步地夺取资产阶级的全部资本，把一切生产工具集中在国家即组织成为统治阶级的无产阶级手里，并尽可能快地增加生产力的总量。"④ 在这里，马克思、恩格斯清楚地告诉我们：无产阶级革命的任务，首先是夺取政权，然后，要利用自己的政治统治迅速地致力于发展生产，增加生产力的总量。然而，任何理论的产生都有其自身产生的社会条件和时代背景。在当时的历史条件与时代背景下，马克思、恩格斯面对的主要问题是而且只能是革命的第一个步骤，即无产阶级为什么要夺取政权及怎样夺取政权的问题，而对无产阶级夺取政权后如何尽可能快地增加生产力总量，当时的实践未被提出，马克思、恩格斯的论述也不充分。十月革命胜利后，列宁把马克思关于无产阶级革命的第二步骤从理论预测与理想憧憬变成现实生活中的具体实践。在这一伟大实践中，列宁根据马克思关于"无产阶级上升为统治阶级后必须尽可能快地增加生产力总量"这一理论原则，一方面，明确提出无产阶级在夺取政权和巩固政权的任务基本完成后，必须把发展生产、提高劳动生产率这一"根本任务"提到首位，并从巩固无产阶级政权、奠定社会主义的物

---

① 《瞿秋白文集政治理论编》（第 3 卷），人民出版社 1989 年版，第 24 页。

② 《马克思恩格斯选集》（第 1 卷），人民出版社 1995 年版，第 142 页。

③ 同上书，第 86 页。

④ 同上书，第 293 页。

质基础、保证新社会制度取得胜利、最终实现无产阶级自身解放等多个角度阐释了发展社会生产、增加生产力总量的必要性与重大战略意义；另一方面，根据落后俄国的具体国情，反复探索并系统提出了发展俄国社会主义经济的战略措施与具体途径。如：把党和国家工作重心转向经济建设，组织社会主义劳动竞赛，发展社会主义大机器工业，加强社会主义计划管理，利用资本主义商品货币关系，借鉴资本主义先进管理经验，激发人民群众的主体潜能，争取借经济建设的良好国际环境，提升布尔什维克党宏观经济管理能力等。毫无疑问，列宁的这些观点主张，从理论上丰富和发展了马克思关于"无产阶级上升为统治阶级后必须尽可能快地增加生产力总量"的思想。

　　列宁关于社会主义宏观经济管理二重性思想发展了马克思管理二重性理论。马克思认为，任何社会制度下的管理都具有二重性，即具有组织共同劳动及实现生产力的一般职能属性和维护生产关系及生产资料所有者利益的阶级职能属性。马克思运用管理二重性原理重点揭示了资本主义制度下管理的剥削性，指出："资本家的管理不仅是一种由社会劳动过程的性质产生并属于社会劳动过程的特殊职能，它同时也是剥削社会劳动过程的职能。"① 列宁充分肯定马克思关于资本主义管理剥削性的思想，并提出"资本家所关心的是怎样借掠夺来管理，借管理来掠夺"② 这一著名论断。但是，相对于马克思为了揭露资本主义剥削实质并以此号召广大劳苦群众起来推翻资产阶级统治从而强调资本主义管理的剥削性而言，列宁从建设新社会的时代使命出发，从借鉴资本主义先进管理经验的角度，更加注重资本主义管理在组织共同劳动与发展生产力方面的一般属性及其与社会主义管理的互通性，并反复强调要向资本主义学习，借鉴资本主义最新的进步的东西。此外，列宁还创造性地提出：不仅资本主义在组织共同劳动与发展生产力方面的先进经验可以为社会主义所借鉴，而且资本主义在其生产关系方面的某些具体形式、方法和手段，如资本主义的商品货币

---

① 《马克思恩格斯选集》（第44卷），人民出版社2001年版，第384页。

② 《列宁全集》（第33卷），人民出版社1985年版，第205页。

关系等，也可以为社会主义所利用，等等。这些思想观点创造性地发展了马克思管理二重性理论。

列宁关于社会主义宏观经济管理体制的思想观点与实践探索，发展了马克思主义关于未来社会宏观经济管理体制的构想。关于未来社会的宏观经济管理体制问题，马克思和恩格斯虽然没有专题论述，但是从他们的一些分散在各处的研究成果中不难看出，他们就该问题所提出的一些初步构想。马克思、恩格斯设想：未来社会，生产资料由全体社会成员共同所有；商品货币关系、市场等不复存在，价值规律对社会生产的自发调节将被"社会的有计划的调节"所取代，全部社会生产将按统一的计划进行；那时由于阶级消失，国家也随即消亡，因此整个社会的一切生产将由公社集中管理；这种"公社"将不再是一个阶级对另一个阶级的暴力机器，而是管理社会生产并按照社会需求调节社会生产的非政治性的管理机构。显然，马克思、恩格斯构想的这种未来社会的经济管理体制，是建立在产品经济基础上、以计划为管理手段的高度集中的管理体制，这种体制具有"计划性、直接性、集中性、统一性"①等特点。然而，它只是一种理论预测，并未得到实践检验。十月革命后，列宁把马克思的这种体制构想运用于苏维埃俄国的经济管理实践，并在实践中对这一构想进行了丰富和发展。这种发展主要体现在两个方面：其一，提出在社会主义历史阶段依然存在国家，并认为在社会主义历史阶段集中管理社会经济的不应该是公社而仍然是国家。列宁认为，在社会主义历史阶段，国家还不能消亡，为了对付资产阶级的反抗，为了组织千百万人民群众对产品的生产与分配实行最严格的监督，无产阶级必须利用国家这一强力组织来管理社会经济。在列宁看来，相对于公社而言，国家具有强制性、暴力性，它比公社更能有效地实行对整个社会经济的"领导"。他说："无产阶级需要国家政权，中央集权的强力组织，暴力组织，既是为了镇压剥削者的反抗，也是为了领导广大民众即农民、小资产

---

① 王元璋：《社会主义政治经济学 从马克思恩格斯到列宁的发展》，高等教育出版社 1994 年版，第 475—476 页。

阶级和半无产阶级来'调整'社会主义经济。"① 显然，相对于马克思关于未来社会整个社会的一切生产将由公社集中管理的构想来说，它是一种创新与发展。其二，新经济政策时期列宁提出建立"上面实行集中、下面实行自由"的宏观经济管理体制，这是列宁在实践中对马克思关于社会主义宏观经济管理体制设想的一次重大突破和重大发展。十月革命后不久，特别是在国内战争时期，列宁根据马克思关于社会主义经济集中统一管理的设想，建立了人类历史上第一个以计划为手段的高度中央集权的宏观经济管理体制。这一体制虽然较好地适应了战争的需要，对于集中全国资源，夺取战争胜利，起到了重要作用，然而，当战争结束转向和平建设时，这种高度集中的中央集权管理体制却暴露出了严重弊端，不能保证和平时期的建设需要。为此，列宁进行了深刻反思，明确指出："在理论上，不一定要认为国家垄断制从社会主义观点看来是最好的办法"②，"可以把'绳子'放得更松些"③，"在一些大国的无产阶级革命还没有到来以前，经济关系或经济体制的类型 = 上面实行集中 + 下面实行农民的自由贸易……"④以此为构架，列宁先后对苏俄工农业经济管理体制进行了全面改革，如废除余粮收集制，改行粮食税，允许自由贸易，放弃共耕制，大力推行合作制；撤销最高国民经济委员会所属各管理总局，将其管理企业的职能转给托拉斯，压缩国家直管企业的范围，实行经济管理的地方分权原则，给企业松绑，赋予了企业广泛的自主权，按商业原则办事，建立企业经济核算制、经济责任制及一长制等。显然，列宁这种把统一性和灵活性相结合、集中与自由相结合的新类型体制不同于马克思所设想的宏观经济管理体制。它是列宁依据马克思的设想并把这种设想与苏俄具体实践相结合的产物，是对马克思未来社会宏观经济管理体制设想的一次重大突破和重大发展。

　　列宁关于社会主义"社会化的计划经济"思想及计划管理实践，

---

① 《列宁全集》（第31卷），人民出版社1985年版，第24页。

② 《列宁全集》（第41卷），人民出版社1986年版，第63页。

③ 同上书，第366页。

④ 同上书，第377页。

发展了马克思关于社会主义"社会的有计划的调节"理论。马克思认为，社会生产有计划按比例发展是一条"首要的经济规律"，在不同社会条件下能够发生变化的只是这一规律借以实现的形式，但这一规律绝不可能被社会生产的一定形式所取代。马克思还预言，社会主义社会的生产将不再通过市场的自发波动来进行调节，而是"按照社会总体和每个成员的需要对生产进行的社会的有计划的调节"①。马克思认为，只有这样，才能"结束无时不在的无政府状态和周期性地动荡这样一些资本主义生产难以逃脱的劫难"②，才能使人"在一定意义上最终脱离动物界，从动物的生存条件进入真正人的生存条件"③。马克思的这些论述只是对社会主义有计划的调节作一般性预测，没有对这种计划调节和计划工作作出全面、完整的具体说明。十月革命胜利后，列宁领导苏维埃俄国，在人类历史上第一次进行了社会主义经济的计划管理实践。在这一伟大实践中，列宁一方面坚持马克思社会主义计划管理思想，并将社会主义条件下有计划地组织全部社会生产称为"计划经济"；另一方面把马克思的计划管理理论与苏俄的具体社会实际相结合，就如何制订社会主义经济计划提出了一系列宝贵的思想主张，如：计划应具有精确的科学依据并建立在科学的基础上；要把短期计划与长期计划结合起来；既要强调计划的集中统一，协调一致，又要考虑地方的特点；既要经常自觉地保持国民经济各部门的平衡，又要分清轻重缓急，突出重点，绝不能搞平均主义；要根据仔细研究过的实际经验来补充、修改和调整计划；等等。这些思想观点是对马克思计划管理思想的创新与发展。

新经济政策时期，列宁关于重视并发挥商品货币关系与市场作用的探索，为马克思主义科学社会主义理论的发展提供了一个理论思维上的全新境界。众所周知，在未来社会主义社会是否需要发挥市场作用的问题上，马克思、恩格斯是持否定态度的。在马克思、恩格斯看来，资本主义社会后的未来社会，生产资料将由全体社会成员共同占

①　《马克思恩格斯选集》（第3卷），人民出版社1995年版，第754页。

②　同上书，第60页。

③　同上书，第757页。

有，私有制将被消灭，商品货币关系将完全消失，市场也将消亡，整个社会生产将按照一个"总的计划"进行。十月革命前及十月革命后一段时间内，列宁虽然也认为社会主义与商品货币关系不相容，社会主义要求消灭货币的权力、消灭商品货币关系，并一度采取了一些消灭货币，取缔市场，禁止私人贸易的措施，但是进入新经济政策时期后，通过对战时共产主义政策的深刻反思，列宁发现，在社会主义制度下，为了巩固工农联盟，为了发展国家经济，仍需利用商品货币关系与市场。列宁曾明确地说："用大工业（'社会化'工业）的产品来交换农民的产品，这就是社会主义的经济实质。"① 列宁还描绘了一幅社会主义条件下的商品货币关系运行图，即：无产阶级国家政权掌握物质基础从而掌握商品储备和商品的成批运送，然后通过合作社把它们卖给工人和职员以换取货币，或者卖给农民以换取粮食。列宁认为这是完全可能的，他说："这就是资本主义＋社会主义"②。列宁的这些论述与实践，虽然不能说明列宁完全放弃了商品货币关系、市场的资本主义属性立场，承认了社会主义条件下存在商品货币关系与市场，解决了商品、货币、市场与社会主义的关系问题，但他第一次提出了社会主义与商品、市场关系等这样一些重大的理论问题，将马克思主义者们带入一个理论思维上的全新境界，给马克思主义者留下了一个深入思考社会主义建设实践的广阔空间。它包含着"新的理论和实践的生长点"③，对马克思社会主义政治经济学理论的创新与发展具有不可估量的意义。

二　列宁主义思想体系的重要组成部分

十月革命胜利后，列宁把马克思主义的基本原理与落后俄国的具体实际相结合，就如何组织管理与发展国家经济提出了一套完整的思想主张，这些思想主张涉及国家宏观经济管理体制、宏观经济调节、

---

① 《列宁全集》（第41卷），人民出版社1986年版，第376页。

② 《列宁全集》（第50卷），人民出版社1988年版，第206页。

③ 张传平：《列宁探索社会主义道路的历史轨迹与理论价值新探》，《南京大学学报》2005年第2期。

宏观经济监督、宏观经济发展动力及宏观经济发展环境与提升布尔什维克党宏观经济管理能力等方方面面。它们构成了列宁社会主义宏观经济管理思想的完整体系，是列宁主义思想体系中的主体内容与重要组成部分。

然而，对于列宁社会主义宏观经济管理思想在整个列宁主义思想体系中的地位，却长期被人们所忽视。这种忽视是从斯大林开始的。1924 年列宁去世后，斯大林成为苏联的最高领导者，自然也成为列宁主义及其思想体系的权威解释者。他在《论列宁主义的基础》及《论列宁主义的几个问题》等著作中，虽然肯定了列宁主义思想体系的完整性，肯定"列宁主义不是由各色各样的成分拼凑起来的可以分割的折衷主义理论"[①]，但在整体定位上却把列宁主义看作"无产阶级革命尤其是无产阶级专政的理论和策略"，从中丝毫看不出本应占有十分重要地位的列宁社会主义经济建设与管理理论。俄共（布）早期领导人布哈林同样忽视列宁社会主义经济建设与管理理论，仅把列宁主义的思想体系归纳为关于帝国主义理论和民族殖民地的理论，关于国家、无产阶级专政和苏维埃政权的理论，关于工人阶级和农民关系的理论等。20 世纪五六十年代兴起的以迈耶尔、佩奇、丹尼尔斯等为代表的"西方列宁学"派，出于意识形态斗争的需要，打着研究列宁主义的旗号，歪曲和否定列宁主义。他们一方面否定列宁主义思想体系，把"模糊性"与"矛盾性"看成列宁主义最本质特征，诬蔑"列宁主义是由一套不能令人满意和极易引起争议的思想组成"[②]；另一方面，他们全然忽视列宁社会主义经济建设与管理理论，只将列宁主义思想内容定位在帝国主义理论、俄国革命理论及无产阶级政党理论上。20 世纪 80 年代，以哈订、阿克顿、罗伯特·塔克等为代表的"重评派"，虽然提出要加强对列宁主义的学术研究，重新评价列宁主义，反对无谓的政治攻击和谩骂，并肯定了列宁主义的思想体系，认为列宁主义是"一种全面的、有内在联系的当代理论"[③]，但他们重

---

① 《斯大林全集》（第 6 卷），人民出版社 1956 年版，第 305 页。

② Alfred G. Meyer. Leninism ［M］. Harvard University Press，1957：1.

③ Harding Neil, Leninism, Duke Uniyersity Press，1996，p. 269.

点强调的仍然是列宁的阶级斗争、革命理论等，列宁社会主义建设及
社会主义宏观经济管理理论，并未在他们的研究视线之内。中国共产
党的早期人物，如瞿秋白、毛泽东等，他们由于受到"列宁主义的权
威解释者"——斯大林的影响，同时也从中国革命的实际需要出发，
基本上也多是强调列宁主义中无产阶级革命理论部分。总之，由于受
传统认识的影响，人们误以为似乎在列宁主义那里只有无产阶级革命
和专政的理论，而列宁社会主义建设及社会主义宏观经济管理理论却
长期被忽略。

诚然，无产阶级革命和无产阶级专政问题，是十月革命以前和十
月革命过程中列宁理论与实践的一个重点，这方面的理论的确在列宁
主义思想体系中占有重要地位，为世界无产阶级特别是俄国无产阶级
夺取政权并巩固政权提供了重要的理论指导。然而，十月革命胜利
后，对列宁来说，思考更多的是如何改变苏俄落后的经济文化现状，
如何组织苏俄国家宏观经济建设与管理问题。围绕这一问题，经过实
践中的反复探索，他提出了一系列宝贵的思想主张，如：要把党和国
家工作重心从夺取政权、剥夺剥夺者转向经济建设；要加强对国家宏
观经济的集中统一管理，建立"上面实行集中＋下面实行自由"的国
家宏观经济管理体制；要坚决地实行有计划地调整生产，重视并发挥
商品货币关系与市场的作用；要加强国家宏观经济监督；要借助于伟
大革命所产生的热情，并同个人利益结合；要保证党对经济工作实行
坚定领导，提升布尔什维克党宏观经济管理能力；要为国家经济建设
创造良好国际环境；等等。这些思想主张明确回答了无产阶级政党执
政后的战略重点及组织管理国家宏观经济的体制、途径、手段、方法
及如何提高布尔什维克党宏观经济管理能力、如何为国家宏观经济发
展创造良好国际环境等一系列问题，为无产阶级执政党科学组织管理
国家宏观经济指明了方向。这些思想主张虽然散见于他十月革命前夕
及十月革命后写成的众多文章、著作和报告中，而不是由某几本专门
的学术著作集中系统呈现出来，但却是列宁对执政党组织管理国家宏
观经济进行深入研究、深入思考的结果，具有深刻的理论性；这些思

想主张是列宁"撕下任何原理、教条等等的偶像化外衣"①，立足于俄国落后的经济文化实际，从实际出发，大胆创新的结果，具有鲜明的实践性。这些思想主张不仅立足于打破一个旧世界，更立足于建设一个新世界，是列宁为马克思主义所增添的最重要的新东西，是列宁主义思想体系中"最具历史意义和现实意义的内容"，是列宁主义思想体系中的"主体性内容和最具代表性的内容"②，是列宁主义思想体系的精华。

三 毛泽东、邓小平等中国化马克思社会主义宏观经济管理理论的重要思想来源

列宁社会主义宏观经济管理思想不仅为苏俄社会主义经济建设与管理实践提供了理论指导，而且还深深影响了毛泽东、邓小平等中国马克思主义者对社会主义国家宏观经济管理问题的思考。毛泽东曾说："十月革命一声炮响，给我们送来了马克思列宁主义"③，"列宁还有关于社会主义建设的学说"④，"依照列宁的精神去工作"⑤，"时刻记得列宁的话"⑥。邓小平也曾经指出："列宁号召多谈些经济，少谈些政治。我想，……这句话今天仍然适用"⑦，"可能列宁的思想比较好，搞了个新经济政策"⑧，等等。这充分表明列宁思想对中国马克思主义者所产生的深刻影响。这种深刻影响不仅体现在方法论层面，也体现在具体思想观点与政策主张层面。从社会主义宏观经济管理的视角看，列宁对毛泽东、邓小平等中国马克思主义者的影响主要体现在以下方面：

列宁关于社会主义经济建设的战略地位思想，为中国马克思主义

---

① 《布哈林文选》（上），东方出版社1988年版，第179页。

② 俞良早：《创论"东方列宁学"》，南京师范大学出版社2004年版，第5页。

③ 《毛泽东选集》（第4卷），人民出版社1991年版，第1471页。

④ 《毛泽东选集》（第5卷），人民出版社1977年版，第322页。

⑤ 《毛泽东选集》（第3卷），人民出版社1991年版，第842页。

⑥ 《毛泽东选集》（第1卷），人民出版社1991年版，第317页。

⑦ 《邓小平文选》（第2卷），人民出版社1994年版，第167页。

⑧ 《邓小平文选》（第3卷），人民出版社1993年版，第139页。

者转移党和国家工作重心、确立并坚持以经济建设为中心，提供了重要的思想来源。十月革命胜利后，列宁从无产阶级政党的最终历史使命出发，从赢得战争胜利、保卫无产阶级国家政权的角度；从创造比资本主义更高的劳动生产率并最终战胜资本主义的角度；从奠定社会主义的物质基础并最终建成社会主义的角度；从消灭阶级，消灭城乡之间、体力劳动者和脑力劳动者之间的差别，最终实现无产阶级自身解放等多个角度阐述了经济建设在党和国家工作中的战略地位，并将从事国家经济建设视为无产阶级夺取政权后"主要的政治"。列宁的这方面的理论观点，无论是对中国老一辈无产阶级革命家，还是对改革开放后中国新的领导集体致力于发展生产力、确立经济建设中心地位、实现党和国家工作重心转移均产生过较大影响。例如，受列宁影响，早在1945年抗日战争即将取得胜利之际，毛泽东就在七大报告中明确指出："中国一切政党的政策及其实践在中国人民中所表现的作用的好坏、大小，归根到底，看它对于中国人民的生产力的发展是否有帮助及其帮助之大小，看它是束缚生产力的，还是解放生产力的。"① 新中国成立前夕，毛泽东在西柏坡召开的七届二中全会上更是明确要求："从接管城市的第一天起，眼睛就要向着这个城市生产事业的恢复和发展"，并为此特别强调"务须避免盲目地乱抓乱碰，把中心任务忘记了"②。新中国成立之后，毛泽东进一步从"落后就要挨打""发展不快就要被开除球籍"③ 的高度强调恢复生产、发展经济的紧迫性，并将改变国家落后状况视为一种民族责任，明确提出要把党和国家工作重点转向经济建设。期间，有一段时间，虽然党和国家工作在"以阶级斗争为纲"的错误路线指引下偏离了经济建设这个正确轨道，但1978年党的十一届三中全会以后，以邓小平为核心的中国共产党人果断扭转航向，拨正航船，恢复了经济建设中心地位，并用"横下心来""扭着不放""顽固一点""毫不动摇""不受任何干扰"等具有强烈感情色彩的言辞告诫全党要抓住经济建设这个中

---

① 《毛泽东选集》（第3卷），人民出版社1991年版，第1079页。

② 《毛泽东选集》（第4卷），人民出版社1991年版，第1428页。

③ 《邓小平文选》（第7卷），人民出版社1999年版，第89页。

心。从此，以江泽民、胡锦涛为代表的中国共产党人紧紧抓住经济建设中心不放松，大力发展生产力，开辟了一条振兴国家经济、复兴中华民族的康庄大道。当前，以习近平同志为总书记的新的中央领导集体高举中国特色社会主义伟大旗帜，以邓小平理论、"三个代表"重要思想、科学发展观为指导，明确提出"只要国内外大势没有发生根本变化，坚持以经济建设为中心就不能也不应该改变"[①]，坚持以经济建设为中心不动摇，全面深化经济体制改革，积极谋划中国经济发展的新常态，推进着中华民族伟大复兴的事业不断前进。总之，坚持以经济建设为中心，是中国化的马克思主义理论成果的核心，这一核心理论成果的形成，既是中国马克思主义者长期实践探索的结果，更是列宁社会主义宏观经济管理思想指导的结晶。

列宁关于建立"上面实行集中＋下面实行自由"的社会主义国家宏观经济管理体制思想，为中国马克思主义者探索改革国家宏观经济管理体制模式，提供了理论起点。十月革命胜利后，以列宁为首的布尔什维克把马克思主义关于未来社会宏观经济管理体制的预言和设想与俄国的具体实践相结合，围绕社会主义国家宏观经济管理体制问题进行了不懈探索。在这一探索中，列宁冲破马克思关于"未来社会的生产将由一个'中央管理机构'集中统一管理"的理论观点的束缚，先后提出"不一定要认为国家垄断制从社会主义观点看来是最好的办法""在一些大国的无产阶级革命还没有到来以前，经济关系或经济体制的类型＝上面实行集中＋下面实行农民的自由贸易……"等重要观点主张。以这些理论成果为起点，中国马克思主义者围绕正确处理国家、地方、企业三者关系，建立社会主义国家宏观经济管理体制，进行了深入探索。1956 年，毛泽东在《论十大关系》中明确提出要正确处理中央和地方，国家、生产单位和生产者个人的关系。他说，"我们的国家这样大，人口这样多，情况这样复杂，有中央和地方两个积极性，比只有一个积极性好得多"，"我们不能把什么都集中到中央，把地方卡得死死的，一点机动权也没有"，"应当在巩固中央统一

---

① 《习近平谈治国理政》，外文出版社 2014 年版，第 153 页。

领导的前提下，扩大一点地方的权力，给地方更多的独立性，让地方办更多的事情。"① 毛泽东还说："不给工厂一点权力，一点机动的余地，一点利益，恐怕不妥"②，"各个生产单位都要有一个与统一性相联系的独立性，才会发展得更加活泼"③。进入改革开放时期，以邓小平为代表的中国共产党人以市场化为导向，不断赋予并强化企业的市场主体地位，正确处理政府与市场、市场与企业的关系，全方位推动国家宏观经济管理体制改革，逐步建立了具有中国特色的国家宏观经济管理体制。中国马克思主义者的这些理论与实践探索，既以列宁社会主义国家宏观经济管理体制思想为起点，同时又极大地丰富和发展了列宁关于社会主义宏观经济管理体制的思想。

列宁关于社会主义要重视并发挥商品货币关系及市场作用的思想，为中国马克思主义者深入探索把社会主义与市场经济结合起来提供了最早的理论源头。列宁是探索在社会主义条件下通过商品货币关系与市场发展社会主义经济的第一人。他一方面认为，社会主义大机器工业和以前各个阶段不同，它坚决要求有计划地调整生产，另一方面他又指出，计划不能无所不包，要给市场留有一定的作用领域和空间，要重视并发挥市场的作用，把统一集中的计划管理与发挥市场的作用结合起来。列宁的这一思想主张对改革开放的总设计师邓小平曾给予了很大启发，他曾经在思考社会主义究竟是什么样子，是否可以利用市场配置社会资源促进经济发展时，对列宁的新经济政策给予了肯定的评价。他说："社会主义究竟是个什么样子，苏联搞了很多年，也没有完全搞清楚，可能列宁的思路比较好，搞了个新经济政策。"④ 在这里，邓小平肯定了列宁利用商品货币关系与市场的新经济政策，说明邓小平从列宁那里得到了启示，也说明列宁关于社会主义要重视并发挥商品货币关系及市场作用的思想为邓小平推动中国市场化改革提供了思想源头。在列宁新经济政策的启迪下，邓小平对社会主义的

---

① 《毛泽东文集》（第 7 卷），人民出版社 1999 年版，第 31 页。

② 同上书，第 29 页。

③ 同上。

④ 《邓小平文选》（第 3 卷），人民出版社 1993 年版，第 139 页。

市场进行了创造性的探索。他认为，市场只是一种"经济手段"，它不体现也不代表社会制度的性质，各种不同社会制度的国家都可以利用。他指出，"计划和市场都得要"①，"只要对发展生产力有好处，都可以利用"②，等等。这些理论成果的源头无疑是列宁关于社会主义要利用商品货币关系的思想。

列宁关于社会主义经济发展动力思想为中国马克思主义者构建社会主义经济发展动力机制提供了理论来源。列宁认为：在资本主义社会，经济发展的动力来自生产资料所有者——资本家对剩余价值的无限追求，劳动者受饥饿的驱使被迫参加生产劳动，处于被奴役、被剥削、被支配的被动地位；社会主义社会，生产资料实现全体人民共同所有，"人民群众在文明社会史上破天荒地第一次站起来"③，他们既是生产资料的主人，又是社会劳动者和生产者，他们是社会经济发展动力主体，调动人民群众积极性必须"借助于伟大革命所产生的政治热情"，依靠"同个人利益的结合"。以毛泽东为首的老一辈无产阶级革命家，继承列宁人民群众动力主体论思想，将人民群众视为历史的创造者，提出了"人民，只有人民，才是创造世界历史的真正动力"④的著名论断。同列宁一样，毛泽东也非常强调激发人民群众的革命热情，强调"要保持过去革命战争时期的那么一股劲，那么一股革命热情，那么一种拼命精神，把革命工作做到底"。同时，毛泽东也重视通过物质利益的刺激来调动人民群众的生产积极性。早在土地革命时期，他就曾指出："一切空话都是无用的，必须给人民以看得见的物质利益。"⑤不过，毛泽东更加重视对人民群众的精神激励。他认为，"把物质刺激片面化、绝对化，不把提高觉悟放在重要地位，这是很大的原则性错误"。进入改革开放的新时期，以邓小平为代表的中国马克思主义者打破平均主义的"大锅饭"，构建以物质利益为

---

① 《邓小平文选》（第 3 卷），人民出版社 1993 年版，第 364 页。
② 同上书，第 203 页。
③ 《列宁全集》（第 31 卷），人民出版社 1985 年版，第 112 页。
④ 《毛泽东选集》（第 3 卷），人民出版社 1991 年版，第 1031 页。
⑤ 《毛泽东选集》（第 2 卷），人民出版社 1993 年版，第 467 页。

主要导向的经济发展动力机制。在邓小平看来，物质利益是人们从事一切社会活动的最终目的，是社会历史发展的根本动力，要调动人民群众生产劳动积极性，就必须创造条件满足人们群众的物质需要。他曾经指出："不重视物质利益，对少数先进分子可以，对广大群众不行，一段时间可以，长期不行。革命精神是非常宝贵的，没有革命精神就没有革命行动。但是，革命是在物质利益基础上产生的，如果只讲牺牲精神，不讲物质利益，那就是唯心论。"① 在这一思想的指导下，邓小平先后推行了联产承包、市场经济改革（发挥市场经济的刺激和促进作用）、鼓励一部分人通过诚实劳动合法经营先富起来等政策措施，极大地调动了人民群众生产劳动积极性，推动了我国社会经济的发展。以毛泽东、邓小平为代表的中国马克思主义者关于社会经济发展动力的这些理论观点，既来源于中国革命与建设实践中的探索，更来源于列宁关于社会主义经济发展动力的宝贵思想。

列宁关于为社会主义经济建设创造良好国际环境的思想与策略，为中国共产党人争取经济建设的良好国际环境，提供了思想来源与理论指导。在列宁看来，和平稳定的国际环境是国家经济建设的重要条件。十月革命胜利后，为争取经济建设的良好国际环境，列宁付出了巨大的努力。十月革命胜利的第二天，列宁就亲自起草《和平法令》，建议交战国立即就缔结公正的、民主的、没有兼并（即不侵占别国领土，不强制归并别的民族）没有赔款的和约开始谈判，结束战争。《和平法令》颁布后，列宁领导苏俄积极与德国开展和平谈判，并于1918 年 3 月最终签订《布列斯特和约》。外国武装干涉开始后，尽管帝国主义列强以武力的方式拒绝了苏俄的和平建议，但列宁仍不放弃和平外交原则，积极向干涉国发出和平建议，当西方列强不接受苏俄建议时，苏俄把和平外交重点转向波罗的海沿岸国家，亲切地向他们伸出和平之手，并与爱沙尼亚、立陶宛、拉脱维亚、芬兰签订和约。国内战争结束后，列宁意识到社会主义与资本主义将在较长时间内共存，并加快与西方资本主义和平共处的步伐，相继与英、德、日、

---

① 《邓小平文选》（第 2 卷），人民出版社 1994 年版，第 146 页。

意、法等国签订贸易协定或实现关系正常化。此外，为争取和平的国际环境，列宁还采取了一系列灵活机动的斗争策略，如善于退却以获取喘息时机，痛打敌人逼迫讲和，利用世界共同的经济关系和平共处，利用帝国主义国家间的对立与矛盾分化瓦解它们，联合全世界无产者和被压迫民族等。列宁为社会主义经济建设创造良好国际环境的这些宝贵的思想策略为中国共产党人争取经济建设的良好国际环境，提供了重要的理论指导。新中国成立初期，毛泽东就在多个场合阐明中国需要一个和平的国际环境。他曾指出，"经常打仗不好办事，养许多兵是会妨碍经济建设的"，"我们要继续创造一个和平的国际环境"，"谁要打仗，就反对他"①。新中国成立初期，为了打破帝国主义阵营的军事威胁和经济封锁，尽可能地为恢复和发展国家经济创造有利的国际环境，以毛泽东为首的老一辈无产阶级革命家选择与以苏联为首的社会主义阵营，发展全方位合作关系，争取了外部资金、技术、设备援助，促进了我国国民经济的恢复。20 世纪 60 年代初，中苏关系破裂，我国处于两面受敌的不利态势。此时，毛泽东相继提出"两个中间地带"及"三个世界"理论，广泛联合第三世界国家，共同反对美苏霸权主义，维护世界和平。20 世纪 70 年代初，毛泽东利用美苏两个霸权国家间的矛盾，积极发展与美国的关系，利用美国反对苏联霸权主义，有力改善了我国的安全环境。毛泽东在利用外交手段争取和平国际环境的同时，从不放弃积极备战与自卫战争。毛泽东曾说："我们希望和平。但是如果帝国主义硬要打仗，我们也只好横下一条心，打了仗再建设。"② 他还说："世界上的事情总是那样，你准备不好，敌人就来了；准备好了，敌人反而不敢来。"③ 毛泽东明确强调"要准备打仗"，要从物质上和精神上作好打仗准备。正是因为从物质上和精神上作好了打仗准备，才有效遏制了大规模战争，争取了和平的国际环境。十一届三中全会以后，以邓小平为核心的第二代

---

① 《毛泽东文集》（第 6 卷），人民出版社 1999 年版，第 340 页。

② 《毛泽东文集》（第 7 卷），人民出版社 1999 年版，第 2326 页。

③ 逢先知、金冲及：《毛泽东传（1949—1976）》（下），中央文献出版社 2003 年版，第 1391—1392 页。

中央领导集体，奉行独立自主的和平外交政策，坚持"冷静观察、稳住阵脚、沉着应付、韬光养晦、有所作为"的对外工作方针，积极发展与世界各国的友好合作关系，有效化解了以美国为首的西方世界对我国的"制裁"，巩固了和平稳定的国际环境。当前，在新的历史时期，以习近平为总书记的党中央全面分析国际形势和我国外部环境的变化，从维护我国发展战略机遇期及实现"两个一百年"奋斗目标的高度充分认识谋求良好国际环境的重要性，高举和平、发展、合作、共赢的旗帜，坚持互利共赢、亲诚惠容、与邻为善、以邻为伴的周边外交方针，大胆创新，着力树立我国对外工作"中国特色、中国风格、中国气派"，灵活务实地推动中国特色的大国外交，全方位发展与世界各国的友好合作关系，打造周边命运共同体，不断改善国际环境。总之，中国共产党人为国家经济建设争取良好国际环境的思想策略与列宁思想主张具有高度的统一性。列宁关于为社会主义经济建设创造良好国际环境的思想与策略，为中国共产党人争取经济建设的良好国际环境提供了理论指导。

此外，列宁关于学习并借鉴资本主义先进的管理方式和管理技术的思想、关于实行党对经济工作的坚定领导并提高布尔什维克党宏观经济管理能力的思想等，都为邓小平等中国马克思主义者提供过理论指导。尤其是"讲究实际"这一列宁社会主义宏观经济管理思想之精髓，为邓小平等中国化的马克思主义宏观经济管理理论的形成与发展提供了重要的思想路线指导。

第二节　列宁社会主义宏观经济管理思想的当代价值

列宁社会主义宏观经济管理思想是马克思主义基本原理与俄国具体实际相结合的产物，它系统回答了社会主义经济建设的战略地位、社会主义宏观经济管理属性、社会主义宏观经济管理体制、社会主义宏观经济调节、社会主义宏观经济监督、社会主义宏观经济发展动力及社会主义宏观经济发展环境与提升执政党宏观经济管理能力等一系列问题。这些问题初看起来，仿佛是一些纯而又纯的理论问题、历史问题，但实际上在问题的深处，却跳动着时代脉搏，闪耀着当代价值。

一　坚持经济建设的中心地位，绝不能因为其他方面的建设要求而丢掉这个中心

尽可能快地增加生产力总量，把"斗争的重心逐渐转向经济方面的政治""国家建设的政治"，这是列宁十月革命胜利后党和国家工作的重要主线之一。列宁认为，无产阶级在夺取政权和巩固政权的任务基本完成后，必须把组织和发展国家经济这一"根本任务"提到首位。只有完成这一根本任务，才能巩固无产阶级国家政权，才能最终建成社会主义。列宁关于无产阶级根本任务的思想，对于当前我们坚持以经济建设为中心，并牢牢抓住经济建设这个中心不动摇，具有重要启示。

以经济建设为中心，是党的十一届三中全会以来坚持的一个重要战略思想。所谓以经济建设为中心，是指在党和国家的各项工作中，经济建设处于中心地位。这种"中心"地位，一是体现在党的基本路线中，"无论是坚持四项基本原则，还是坚持改革开放，……都要围绕经济建设这个中心来进行，都要自觉服从和服务于这个中心"[1]；二是体现在中国特色社会主义建设的"五位一体"的总布局中，在中国特色社会主义的民主政治、先进文化、和谐社会、生态文明等的建设中，经济建设必须始终处于中心地位；三是体现在改革、发展、稳定的关系中，无论是改革也好，稳定也好，说到底是为了发展，尤其是经济的发展，"稳定和协调也是相对的，不是绝对的，发展才是硬道理"[2]。以经济建设为中心，作为生产力标准的通俗表达，它是马克思科学生产力理论的逻辑必然，是我党在深刻总结历史经验、吸取历史

---

① 《江泽民文选》（第1卷），人民出版社2006年版，第256页。
② 《邓小平文选》（第3卷），人民出版社1993年版，第377页。

教训尤其是"文化大革命""以阶级斗争为纲"的历史教训基础上作出的战略抉择，是我国经济建设取得举世瞩目成就的重要保障，也是党赢得人民群众拥护与支持的关键所在。

改革开放以来，"以经济建设为中心"作为党的基本路线、基本理论、基本经验的核心内容，本已成为全党和全国人民的共识。然而，近年来，随着我国经济社会发展进入新的历史阶段，不少人开始对此提出异议。比如：有的学者认为：中心工作不是一成不变的，从建设和谐社会的总体目标出发，党和政府的工作需要经历一个从以经济建设为中心到以社会建设为中心的转变①，"社会建设将是写好未来30年中华民族复兴这篇大文章的基本线索和必然要求"②；有的学者提出："调整新时期的政治路线时机已成熟"，今后我国的政治路线需要调整为"以经济建设为基础、以社会建设为中心、兼顾政治建设"③；还有的学者认为："以经济建设为中心是针对物资异常匮乏，人的物质需要与现实供给之间存在巨大落差，人民群众连温饱都无法满足，人与人之间整天搞斗争，内耗不断而提出来的"，而现阶段，社会生产力有了比较大的发展，"社会主要矛盾显然已经不是落后的生产力与人民群众日益增长的需求之间的矛盾了"，"以经济建设为中心已不能概括当今发展的主题，解决不了发展面临的一系列问题"，"新的历史环境、人民群众新的需求，要求党和国家的发展重心作适当的调整，国家的战略目标应及时从以经济建设为中心转到以社会建设为中心"④；甚至还有学者更是提出，"中国的一切乱象来源于以经济建设为中心"，只有改变以经济建设为中心的战略，才能更好地治理中国面临的社会问题，如此等等。上述这些观点无论具体表述如何，都有一个共同点，那就是否定"以经济建设为中心"，否定十一

---

① 王小章：《从"以经济建设为中心"到"以社会建设为中心"》，《浙江学刊》2011年第1期。

② 竹立家：《未来30年社会建设是中心》，《人民论坛》2010年第12期下。

③ 党国英：《政治路线的演替与调整必要》，《人民论坛》2010年第12期下。

④ 邹农俭：《从以经济建设为中心到以社会建设为中心》，《社会科学》2007年第7期。

届三中全会确定的党的基本路线，是典型的"中心转移论""多中心论"或者是"中心负面论"。

诚然，改革开放三十多年来，我国经济迅猛发展，在世界经济总量排名中跃居第二，占比也由1978年的1.8%提高到2013年的12.3%，人均国民总收入已由1978年的190美元上升至2013年的6767美元，进入中上等收入国家行列，国家经济实力明显增强，人民生活显著改善。成绩固然骄人，我们离民族复兴的梦想也从未像今天这样接近。然而，离两个一百年目标，我们依然还有很长的路要走。而要实现这两个百年宏伟目标，物质资料的生产始终是基础。为此，我们必须继续坚持党的基本路线不动摇，坚持以经济建设为中心，推动经济又好又快发展。只有这样，"才能筑牢国家发展繁荣的强大物质基础，才能筑牢全国各族人民幸福安康的强大物质基础，才能筑牢中华民族伟大复兴的强大物质基础"①。

此外，经过改革开放三十多年的发展，目前我国经济社会的发展虽然已进入一个新的历史时期，但是在新的历史时期，"我国仍处于并将长期处于社会主义初级阶段的基本国情没有变，人民日益增长的物质文化需要同落后的社会生产之间的矛盾这一社会主要矛盾没有变，我国是世界上最大的发展中国家的国际地位没有变。"②我国人均经济总量水平依然较低，人民群众整体生活水平和质量还不高，一句话，我国仍是不发达或欠发达国家，经济社会的发展还只是社会主义初级阶段内的量变，不足以改变经济建设的中心地位。我们必须对当前我国所处的历史方位保持清醒头脑，毫不动摇地坚持以经济建设为中心。绝不能因为日子好过了一点就忘乎所以，对坚持以经济建设为中心发生动摇。

不可否认，随着我国经济社会发展进入新的历史阶段，各种社会问题和矛盾也纷纷显现，有些还十分突出，如政治、文化、社会事业与经济发展不协调的问题、收入分配差距过大问题、社会公平正义问

---

① 胡锦涛：《在庆祝中国共产党成立90周年大会上的讲话》，人民出版社2011年版，第96页。

② 同上书，第20页。

题、资源与环境问题、制度自信问题等等。但是这些问题的最终解决，还是要靠发展。正如胡锦涛在十八大报告中指出的那样，"发展仍是解决我国所有问题的关键"①。的确，中国的事情，千头万绪，纷繁复杂，但其中的关键还是经济建设，经济建设上去了，许多问题也就迎刃而解了。以经济建设为中心是兴国之要，是党和国家兴旺发达和长治久安的根本要求。经济建设仍然是当今中国最大的政治。我们必须牢牢坚持经济建设这个中心，咬定青山不放松，一张蓝图干到底，绝不能因为其他方面的建设要求而丢掉这个中心，搞两个中心或者新中心，"否则一切良好的愿望都会因为丧失物质基础而流于空谈。"② 正如改革开放总设计师邓小平所指出的那样："现代化建设的任务是多方面的，各个方面都需要综合平衡，不能单打一。但是说到最后，还是要把经济建设当作中心。离开了经济建设这个中心，就有丧失物质基础的危险。"③

当前，我国发展面临的国际国内环境，与过去相比，虽然发生了一些变化，我国经济建设面临着 21 世纪以来前所未有的复杂环境。但是，尽管如此，国际力量对比总体上看仍然是在朝着有利于世界和平与发展的方向发展，和平、发展、合作仍是时代主题，我国仍处于可以大有作为的重要战略机遇期。我们应该吸取过去因错失机遇而落后、因落后而挨打的教训，牢牢抓住和用好 21 世纪头二十年这一重要战略机遇期，继续坚持以经济建设为中心，抓住一切机会，集中力量发展自己，不断增强综合实力。只有这样，我们的腰杆子才能更硬，在国际上说话才能更有分量。

总之，新的历史时期，"三个没有变"的现实国情、"两个一百年"的宏伟目标及我国仍处于可以大有作为的重要战略机遇期的大背景，都要求我们必须继续坚持以经济建设为中心，绝不能离开这个中

① 胡锦涛：《坚定不移沿着中国特色社会主义道路前进　为全面建成小康社会而奋斗——在中国共产党第十八次全国代表大会上的报告》，人民出版社 2012 年版，第 19 页。

② 庞元正：《一个关乎中国发展成败的重大问题——论坚持以经济建设为中心不动摇》，《中国党政干部论坛》2005 年第 10 期。

③ 《邓小平文选》（第 2 卷），人民出版社 1994 年版，第 250 页。

心，更不能干扰和冲击这个中心。正如习近平总书记所指出的那样："落后就要挨打，发展才能自强"①，"经济建设是党的中心工作，……只要国内外大势没有发生根本变化，坚持以经济建设为中心就不能也不应该改变。这是坚持党的基本路线100年不动摇的根本要求，也是解决当代中国一切问题的根本要求"②，"我们要坚持发展是硬道理的战略思想，坚持以经济建设为中心，全面推进社会主义经济建设、政治建设、文化建设、社会建设、生态文明建设，深化改革开放，推动科学发展，不断夯实实现中国梦的物质文化基础。"③

需要特别指出的是，新的发展阶段与发展形势下，我们坚持"以经济建设为中心"与改革开放初期坚持的"以经济建设为中心"在内涵与要求上均有所不同。我们必须根据时代要求，以科学发展观为指导，将经济建设这个中心契合到科学发展观的大框架中，克服过去实践中出现的一些偏差，打造"以经济建设为中心"的"升级版"。首先，经济建设必须更加突出以人为本，坚持发展成果惠及人民，防止经济建设的天平倒向"物的尺度"一面，实现"物的尺度"与"人的尺度"的统一④，否则，经济建设就失去其价值所在，就会无任何意义。其次，抓经济建设要更加注重统筹兼顾，绝不能搞单打一、将经济建设视为一切，搞唯经济建设论，必须妥善处理好经济建设与其他方面建设的关系，实现中国特色社会主义"五位一体"的协调发展。再次，要注重经济发展的可持续性，不能总把眼光盯在GDP上，盯在增长速度上，要考虑资源、环境等对经济高速增长的承受能力，特别是要摒弃"带血的GDP、破坏社会的GDP、通过人为制造浪费而得到的GDP及国家动员式的GDP"等各类异化的GDP，因为，这些"异化了的GDP使社会异化，使人异化，使社会不幸福，使人不幸

---

① 《习近平谈治国理政》，外文出版社2014年版，第36页。

② 同上书，第153页。

③ 同上书，第41页。

④ 物的尺度指的是生产力的发展和物质财富的增长，人的尺度强调的是人的需要的满足和人本身的发展。参见边立新：《论以经济建设为中心和以人为本的辩证统一》，《中共石家庄市委党校学报》2006年第4期。

福，并且 GDP 越高，越异化，越不幸福。"① 正如习近平总书记所说："我们不能再简单地以 GDP 增长率论英雄，必须强调以提高经济增长质量和效益为立足点。"② 要摆脱"投资—增长—通胀—紧缩—滞涨—投资"的投资冲动怪圈，适应新常态，保持战略上的平常心态，稳中求进，着力优化经济结构，"从高速增长转为中高速增长"，"从要素驱动、投资驱动转向创新驱动"，着力解决经济发展中的不平衡、不协调、不可持续的问题；要克服"什么事情都要宏观调控，经济增长率下来了，宏观调控，经济发生通胀了，宏观调控"的宏观调控依赖症，要深化经济体制改革，完善宏观经济的内在调节机制，处理好政府与市场的关系，使市场发挥决定性作用，政府发挥更好的作用，推动经济更有效率、更加公平、更加可持续发展。

综上所述，借鉴列宁的历史经验，结合新时期我国面临的新情况、新问题，我们必须既要继续坚持以经济建设为中心不动摇，同时又必须克服过去在贯彻落实以经济建设为中心的实践中出现的各种偏差，以科学发展观为指导，科学地坚持以经济建设为中心。总之，坚持以经济建设为中心是"一个关乎中国发展成败的重大问题"③，在这样的重大问题上，我们必须保持清醒的头脑，绝不能摇摆不定，发生任何动摇。

二　加强社会主义核心价值体系建设，在发挥利益驱动作用的同时绝不可忽视共同理想、民族精神对调动人民群众积极性、创造性和推动社会经济发展的巨大作用

"革命热情能够做很多事情"④，这是列宁的一句名言。"借助于伟大革命所产生的政治热情"，推动国家经济的恢复与发展，这是列宁十月革命胜利后调动人民群众生产积极性的重要手段。当然，列宁

---

① 郑永年：《GDP 主义是"中国梦"的最大敌人》，http：//theory. people. com. cn/。

② 《习近平谈治国理政》，外文出版社 2014 年版，第 345 页。

③ 庞元正：《一个关乎中国发展成败的重大问题——论坚持以经济建设为中心不动摇》，《中国党政干部论坛》2005 年第 10 期。

④ 《列宁全集》（第 29 卷），人民出版社 1985 年版，第 44 页。

并不否认物质利益在调动人民群众积极性方面的重要作用，但相对于物质手段，列宁更加强调精神力量的作用。十月革命一取得胜利，列宁就将劳动群众的革命热情及对新制度的向往引向国家经济建设，开展社会主义劳动竞赛。国内战争时期，列宁更是从苏维埃政权存亡的高度激发工农群众的革命热情，并将这种革命热情转化为发展生产、支援前线的强大动力，推行"共产主义义务劳动"及"战时共产主义"政策等。新经济政策时期，列宁虽然强调物质利益在调动劳动群众积极性中的作用，并为此实行了物质利益原则、商业原则等，但仍未忽视劳动群众的革命热情与精神力量的作用。这一时期，列宁在政治热情、军事热情的基础上，第一次明确提出了"经济热情"的概念。列宁关于借助于伟大革命所产生的政治热情推动国家经济恢复与发展的宝贵思想与实践启示我们：当前在发挥利益驱动作用调动人民群众积极性的同时决不可忽视共同理想、民族精神对调动人民群众积极性、创造性和推动社会经济发展的巨大作用。

实际上，物质因素和精神因素是调动人的积极性的两个基本要素，它们不可或缺地共同构成人的动力来源系统。马克思、恩格斯虽然强调存在决定意识，但也高度重视人的精神力量在推动社会发展、改造人类世界中的作用。恩格斯曾指出："根据唯物史观，历史过程中的决定性因素归根到底是现实生活的生产和再生产。……如果有人在这里加以歪曲，说经济因素是唯一决定性的因素，那么他就是把这个命题变成毫无内容的、抽象的、荒诞不稽的空话。经济状况是基础，但是对历史斗争的进程发生影响并且在许多情况下主要是决定着这一斗争的形式的，还有上层建筑的各种因素。"① 显然，在这里，恩格斯虽然强调经济因素对社会发展的影响，但并没有忽视精神力量的作用。对一个社会是如此，对一个人也是如此。

精神因素对调动人的积极性具有重要作用，然而，长期以来，特别是改革开放以来，我们过多地强调物质利益取向，强调对人物质利益的刺激，过分夸大物质利益在激发人的潜能方面的作用，忽视了对

---

① 《马克思恩格斯选集》（第4卷），人民出版社1995年版，第695页。

人精神的武装。这一方面造成一些人的精神空虚与信仰缺失；另一方面又造成一些人的物欲膨胀，一切都是钱为大，将所做的一切与个人利益挂钩，将个人所有物等同于成功的全部①。而一个只有原始的物质欲望，没有精神和信仰追求的民族，要多丑陋有多丑陋，要多可怕有多可怕。这不能不引起我们的反思。实际上，人类的生活除了物质的向度外，还有精神的向度，我们不能再在无度欲望中前行了，不能再把民众引向一个本能的道路了，必须在物质和精神的天平中找到平衡点。因为，再伟大的政党、再有能力的政府都不可能满足人的无度欲望，况且，被过度激发的民众欲望一旦得不到满足，将会严重影响积极性，甚至因怨气而瓦解党的执政基础。单靠调动和激发人们的财富欲望来推动经济社会发展是危险的，通过提升人的精神需要来调动人民群众积极性、创造性，已成为我们的不二之选。

其实，在我国革命和建设的各个历史时期，老一辈无产阶级革命家都非常注重发挥精神因素在调动人民群众积极性方面的作用。毛泽东曾经指出："人是要有一点精神的"②，这种精神就是独立自主、艰苦奋斗，就是一不怕苦，二不怕死，就是全心全意为人民服务的决心与信念，这种精神构筑了推动中国革命和建设事业发展的强大动力。十一届三中全会以后，以邓小平为核心的第二代领导集体同样十分强调精神因素的作用。他对毛泽东关于"人是要有一点精神的"著名论断给予高度评价，并将这种精神概括为："严守纪律和自我牺牲精神，大公无私和先人后己精神，压倒一切敌人、压倒一切困难的精神，坚持革命乐观主义、排除万难去争取胜利的精神"③ 等，并说："我们要大声疾呼和以身作则地把这些精神推广到全体人民、全体青少年中间去，使之成为中华人民共和国的精神文明的主要支柱。"④ 进入改革

---

① 据益普索咨询公司（IPSOS）最近对 20 个国家进行的调查，71% 的受访中国人以自己拥有的物化东西作为衡量个人成功的指标，比排名第二的印度高 13 个百分点，而全球平均值为 34% 。

② 《毛泽东文集》（第 7 卷），人民出版社 1999 年版，第 162 页。

③ 《邓小平文选》（第 2 卷），人民出版社 1994 年版，第 368 页。

④ 同上书，第 367—368 页。

开放新时期，以江泽民为核心的党的第三代领导集体，继承和发扬毛泽东、邓小平的精神动力论思想，高度重视对人精神力量的塑造。他说：优良传统和革命精神，"是我们开拓前进、克服困难、战胜风险的重要条件"，"如果只讲金钱，只讲物质利益，而不讲理想、不讲精神动力，干部群众就会失去共同的奋斗目标，失去凝聚力，失去前进的创造力。"①

实际上，相对于物质利益刺激所产生的动力，因人民的共同理想、爱国情怀等因素所激发的精神动力更具活力，更能持久、稳定地发挥作用。它不像物质利益刺激所产生的利益动机那样，随着利益主体对利益期望值的增加，所产生的动力递减；它一旦形成，"往往会伴随人的一生，对人一生的实践活动产生持久的、终身的推动作用，甚至在个体的生命结束以后，还可能通过传播变成他人的精神力量，在他人身上延续下去，发挥作用。"② 它可以在个体间、群体或集团间相互渗透、相互融合，形成一种大于个体精神动力之和的新的整体的精神力量或精神动力（即国家的、民族的、社会的精神动力），从而对一定国家、民族的经济社会发展起持久的推动作用。总之，在调动人的积极性方面，精神因素的作用比物质利益刺激更加持久、更加有效。

当前，我国经济社会的发展正处于一个关键时期，一方面经济总量已跃居世界第二，国家经济实力明显增强，人民生活显著改善；另一方面，人均经济总量水平依然较低，我国仍未摆脱不发达状态。在此关键时期，要避免落入中等收入国家陷阱，进一步推动我国经济社会发展，实现两个百年目标，并最终实现中华民族的伟大复兴，就必须在发挥利益驱动作用、完善利益驱动机制的同时，特别注重加强社会主义核心价值体系建设，充分发挥共同理想、民族精神等对调动人民群众积极性、创造性和推动社会经济发展的巨大作用。

共同理想，是指作为社会共同意识的理想。坚定而崇高的共同理

---

① 《江泽民文选》（第 1 卷），人民出版社 2006 年版，第 576 页。

② 骆郁廷：《精神动力论》，武汉大学出版社 2003 年版，第 22 页。

想是一个国家、一个民族发展的不竭动力。在半殖民地半封建的黑暗时代，中国人没有共同理想，被西方视为一盘散沙、称为东亚病夫。自从马克思主义传入中国以后，中国共产党以马克思主义为指导，并与中国的具体实际相结合，确立反帝反封建、争取民族独立和人民解放的伟大纲领，从此，中国人民才有了共同理想，并在这一共同理想的激励下，集聚起强大的精神力量，取得了新民主主义革命的伟大胜利，建立了社会主义新中国；新中国成立以后，尤其是十一届三中全会以来，我们坚持和发展社会主义，把建设中国特色社会主义作为共同理想，在这一共同理想的指引下，积极探索社会主义建设规律，取得了改革开放和社会主义现代化建设的巨大成就。当前，党的十八大为我们绘就的经济发达、政治清明、文化繁荣、社会和谐、生态优美的现代中国蓝图，特别是习近平总书记提出的"国家富强、民族振兴、人民幸福"的中国梦，是中国人民共同事业基础上的共同理想，它符合中国社会历史发展的客观规律，描绘了我国经济社会发展的美好前景，它是推动我国经济社会发展的强大精神力量。我们必须"大力弘扬革命理想高于天的崇高精神"①，用中国特色社会主义共同理想指引方向、凝聚人心、鼓舞士气，巩固全国各族人民团结奋斗的共同思想基础，形成全民族奋发向上的精神力量。

民族精神是一个民族在长期的历史进程和积淀中形成的精神样态。它表现在一个民族的节操、气度、风范和日常行为上，尤其表现在一个民族身处逆境时所呈现出的镇定自若、奋发有为、自强不息、不屈不挠的志节和心情上。民族精神是一个民族独特人格的彰显。不同的民族，有不同的民族精神。对中华民族而言，源远流长、世代相传的爱国主义是中华民族民族精神的核心，它是中华民族历经劫难而不衰、历经百折而不挠的巨大精神动力，是激励和鼓舞中华儿女团结奋斗的一面旗帜。爱国主义作为一种对国家、民族的情感与责任，从来就不是空洞的、抽象的，而是历史的、现实的。正如毛泽东所指出

---

① 胡锦涛：《在纪念红军长征 70 周年大会上的讲话》，人民出版社 2006 年版，第 8 页。

的："爱国主义的具体内容，看在什么样的历史条件之下来决定"①。江泽民也强调，"爱国主义是一个历史范畴，在社会发展的不同阶段、不同时期有不同的具体内容"②。如果说，追求民族独立，实现人民解放，探寻中华民族救亡图存道路是近代爱国主义中心主题，那么，建设中国特色社会主义，实现中华民族伟大复兴则是当代爱国主义的时代主题。

习近平总书记说："一个没有精神力量的民族难以自立自强，形成强大的物质力量离不开深厚的精神海洋。"当代中国，中国特色社会主义共同理想与以爱国主义为核心的民族精神，二者间具有内在的统一性。我们必须把爱国主义精神同建设中国特色社会主义的共同理想结合起来，大力弘扬社会主义核心价值观，"用共同理想信念凝聚民族意志，用中国精神激发中国力量"，构筑推动中国特色社会主义建设事业不断前进的强大动力。

三　妥善处理国际争端与纠纷，努力为经济发展争取良好国际环境③

十月革命胜利后，列宁不仅坚定不移地致力于把党和国家工作重心放到经济建设上，而且高度重视为国家建设争取和平稳定的国际环境。十月革命胜利的第二天，列宁就主持通过了苏维埃政权的第一个对外政策法令——《和平法令》，呼吁所有参战国家立即开始关于全面停战并缔结普遍的、公正的、民主的和约的谈判。当这一建议遭到英、法、美等协约国拒绝后，苏俄单独与德国进行和谈，并最终签订和约，退出了帝国主义间的战争，为苏俄经济恢复争取了宝贵的和平喘息时机。外国武装干涉期间，列宁将全部国家生活转入战时轨道，集中力量痛打敌人，逼迫敌人讲和。战争结束后，列宁充分利用帝国主义国家间的相互对立与矛盾来打破国际帝国主义的外交孤立与经济

---

① 《毛泽东选集》（第 2 卷），人民出版社 1991 年版，第 520 页。

② 《江泽民文选》（第 1 卷），人民出版社 2006 年版，第 121 页。

③ 本节中的部分内容以《列宁为经济建设谋求和平稳定国际环境的策略与启示》一文，载于《求索》2013 年第 5 期。

封锁。列宁认为，帝国主义并非铁板一块，"共产党的政策的实际任务是利用这种仇视，使他们互相争吵"①，分化瓦解它们，为此，列宁把当时仍被日本占领的堪察加租让给美国，"让美帝国主义去反对日本帝国主义"②。列宁还充分运用世界共同的经济联系来为经济建设争取一个稳定的较长时期的和平国际环境，他明确指出：在一个生产力普遍发展和世界交往普遍发展的共同世界里，资本主义与社会主义不可避免地要发生经济联系，这种共同的经济联系的力量"胜过任何一个跟我们敌对的政府或阶级的愿望、意志和决定"，"正是这种关系迫使它们走上这条同我们往来的道路。它们沿着这条路走得愈远，（我们的）前景就会展现得愈广阔愈迅速。"③ 此外，列宁还把世界被压迫民族和压迫民族区别开来，视广大殖民地半殖民地民族人民为维护世界和平的重要力量，号召"全世界无产者和被压迫民族联合起来"，"实行使一切民族解放运动和一切殖民地解放运动同苏维埃俄国结成最密切的联盟的政策"④，共同反对帝国主义、维护世界和平。

　　当前，我国经济建设面临的国际环境同十月革命后苏俄社会主义经济建设面临的国际环境相比，虽不可同日而语，但也异常复杂。主要表现在：随着我国的快速发展，部分国家对华心态趋于复杂，我们运筹大国关系的难度加大；各种版本的"中国威胁论"不时泛起，国际舆论中的对华负面情绪上升；与周边国家的海洋领土主权纷争进入"多发期"，并呈现升级趋势；美国击毙拉登取得全球反恐战争的阶段性胜利后，越来越把中国作为最大的假想敌，积极推进其"重返亚太"或"亚太再平衡"战略，高调介入东海、南海地区事务，对我国构成牵制和威慑。我国经济建设面临着 21 世纪以来前所未有的复杂国际环境。在此背景下，重温列宁关于为社会主义经济建设谋求和平稳定国际环境的思想与实践，对于指导我们妥善应对当前国际局势，巩固经济建设的良好国际环境，维护国家战略机遇期，具有重要

---

① 《列宁全集》（第 40 卷），人民出版社 1986 年版，第 63 页。

② 同上书，第 99 页。

③ 《列宁全集》（第 42 卷），人民出版社 1987 年版，第 332 页。

④ 《列宁全集》（第 39 卷），人民出版社 1986 年版，第 162 页。

启示：

继续坚持把为经济建设营造和平稳定的国际环境作为对外工作的中心任务。为国家经济建设营造良好国际环境是国家对外工作的固有使命。新中国成立以来，我国对外工作在为经济建设创造良好国际环境方面取得了令人瞩目的成绩。新中国成立之初，为了打破以美国为首的帝国主义阵营的军事威胁和经济封锁，我国全方位发展与以苏联为首的社会主义阵营国家间的政治、经济、文化及贸易合作关系，争取了外部资金、技术、设备援助，促进了我国国民经济的恢复，保持了我国政治稳定。20世纪50年代至70年代中期，我国本着和平共处五项原则，积极发展与世界各国的友好合作关系，打开中美关系大门，实现与日本及一些西方国家关系正常化，恢复在联合国和安理会常任理事国中的合法席位，提高了我国在国际舞台上的地位。十一届三中全会以后，为了适应国家工作重心转移，我国调整对外战略，积极奉行独立自主的和平外交政策，不与任何一个超级大国建立同盟关系，不联合一家去反对另一家，拉开与美国的距离，改善与苏联的关系，从而使我国摆脱了东西方冷战的纠葛，为经济建设和改革开放的顺利进行创造了十分有利的和平国际环境。20世纪80年代末至90年代初，随着东欧剧变和苏联解体，战后形成的两极政治格局瓦解，国际关系发生深刻变化。特别是1989年后，以美国为首的西方世界对我国进行"制裁"，我国经济建设面临着前所未有的复杂国际环境。在此背景下，我国本着"冷静观察、稳住阵脚、沉着应付、韬光养晦、有所作为"的对外工作方针，积极开展多边外交，加强与周边国家的友好合作，努力恢复并发展同美国及西方国家的关系，很快摆脱了外交上的困境。进入21世纪，以胡锦涛为总书记的党中央，着眼于经济全球化、世界多极化的发展趋势，积极倡导建设持久和平、共同繁荣的和谐世界，坚持在和平共处五项原则的基础上同所有国家发展友好合作，为国家经济建设创造了全方位的和平稳定的国际环境、睦邻友好的周边环境、平等互利的合作环境、互信协作的安全环境、客观友善的舆论环境。当前，我国经济建设取得了举世瞩目的伟大成就，综合实力明显提升，经济总量跃居世界第二，但我国是世界上最大的发展中国家的国际地位没有变，处于并将长期处于社会主义初级阶段的基本国情没有变，人民群众日益增长的物质文化需要同落后的社会生产之间的矛盾这一社会主要矛盾没有变。经济建设仍然是我们一切工作的中心，努力为经济建设营造和平稳定的国际环境，精心维护好、巩固好我国发展的重要战略机遇期，仍是我国对外工作的中心任务，必须牢牢抓住，动摇不得。

始终不渝地走和平发展道路。和平发展传承了"以和为贵"的中华传统文化，打破了传统的"国强必霸"的大国崛起模式，是我国这个世界上最大的发展中国家基于自身国情探索出的一条新型发展道路。它既是社会主义中国对世界的庄严承诺，也是中国实现现代化和富民强国的战略抉择，更是中国自身赢得良好发展环境、谋求发展空间的客观要求。特别是当今世界正发生广泛而深刻的变化，各国相互联系、相互依存，利益交融达到前所未有的程度，共同利益变得越来越广，需要携手应对的问题越来越多，要和平、谋发展、促合作已成为不可阻挡的时代潮流。在这种情况下，那种以非和平方式谋求发展空间的霸权式发展，不仅自身会为霸权所累，而且会给人类带来灾难，既行不通，也没有出路。实践证明，各国唯有同舟共济而不是同舟共'挤'，同舟共渡而不是同舟共'斗'，和平发展而不是霸权式发展，才有出路。和平发展是基于对当今世界形势的冷静分析和科学判断而做出的顺应世界潮流的理性选择，是我国的国家意志，必须长期坚持，始终不渝。

把原则的坚定性与策略的灵活性统一起来。"达到了对立面同一的灵活性——这就是实质所在。……客观地运用的灵活性，即反映物质过程的全面性及其统一性的灵活性，就是辩证法。"① 十一届三中全会以来，以邓小平为代表的中国共产党人，把原则性与灵活性有机结合，既旗帜鲜明地反对霸权主义，又不因为反对霸权主义而使正常国家关系僵化，也不因为了改善国家关系而放弃反对霸权主义的立场。特别是在 1989 年北京政治风波后，我们既坚决反对以美国为首

---

① 《列宁全集》（第 55 卷），人民出版社 1990 年版，第 91 页。

的西方世界的强权政治和干涉我国内政的行径，又积极争取打破封锁和制裁，改善和发展同西方国家的关系，使我国取得了外交上的主动，既维护了国家的独立和主权，又为我国改革开放和现代化建设争取了有利的国际环境。当前我国发展的国际形势总体良好，但面临的周边情势日益复杂，国际纷争依然较多，如钓鱼岛问题、南海问题、涉藏问题等。我们必须既要坚持原则，旗帜鲜明地捍卫国家主权，维护国家核心利益，又要在坚持原则的前提下，讲究策略，有礼有节，表现出适度的克制与灵活，妥善化解各种纷争，即使一时解决不了的问题，也可以先放一放，不能因国家之间的分歧而影响友好往来，尤其是决不可四面出击，成为各方矛盾的焦点。

切实加强军事力量建设。当今世界，和平与发展虽然仍是时代主题，但霸权主义与强权政治依然存在，世界很不安宁。谋求和平国际环境，决不仅仅依赖于我们自身对和平的主观诉求，还须依赖强大军事力量的支持。诚然，在"和平与发展"的时代主题下，经济、政治、外交手段在处理国际争端中发挥着越来越重要的作用，但军事手段依然是最后的带决定性的有效途径。特别是种种迹象表明，中国的发展与强大越来越受到谋求世界性或区域性主导地位的现存"中心"大国的牵制与围堵。在此背景下，有好篱笆才有好邻居，和狼在一起，就要学狼叫，要保证国家长治久安，使经济建设有一个稳定的和平环境，我们决不可扮演连伊索寓言都视为笑柄的羊的角色——羊与狼同意解除戒备，并为表示诚意，请牧羊犬离去，结果羊却成了狼的晚餐，而必须建设一支强大的军队，具备强大的军事威慑能力，正如美国人自己在建国初期对"巴巴利"国家（今北非的伊斯兰国家）屡次让步媾和失败后得出的结论那样："摩尔人是一帮诡计多端、反复无常的坏蛋；只有一支值得尊敬的海军力量出现在他们附近，才能使他们保持安静。"① 军事力量是大国间保持张力与压力平衡的重要手段和支撑，建设一支坚强有力的国防军事力量，将成为中国谋求和平

---

① ［美］斯蒂芬·豪沃思：《驶向阳光灿烂的海洋——美国海军史（1775—1991）》，王启明译，世界知识出版社1997年版，第102页。

国际环境的重要条件。

继续坚持"韬光养晦、有所作为"的对外工作方针。"韬光养晦"是邓小平同志在20世纪80年代末90年代初我国面临复杂而严峻的国际形势时提出的。它作为20世纪90年代以后中国处理对外关系的基本方针,对指导我国沉着应对国际局势变化,妥善处理国际争端,为经济建设争取良好的国际环境起到了重要作用。当前,我国综合国力及国际影响力得到了极大提升,国际国内形势也发生了重大变化。面对这样的局面,很多人对"韬光养晦"这一对外方针的现实性提出了质疑。一些人认为,"韬光养晦"是邓小平针对特定历史环境提出来的"局部性策略方针",是权宜之计,不能作为长期指导我国对外工作的战略思想;还有些人认为,美国遏制中国崛起的战略是一种客观存在,不能回避,也回避不了,树欲静而风不止,中国今非昔比,"已经天下第二了,该是我们抖一抖的时候了。"总之,不少人对"韬光养晦"产生了种种质疑,认为应该放弃邓小平的这一政策。然而,理性分析、冷静思考后不难发现:其一,尽管中国的崛起是时代的逻辑归属,尽管经过改革开放30多年的飞速发展,我国的综合国力得到了极大提升,但还远未达到与美国抗衡的水平,美国仍是世界头号强国,经济实力首屈一指,军事实力无与伦比,天然优势绝无仅有,领导地位独一无二,我们还远没有挑战美国的实力;其二,历史上大国的崛起总带来腥风血雨,人类历史上也从来没有13亿人崛起的先例,中国的崛起必然要打破现成的利益格局,打破现成的利益格局人家就会不高兴,就会想办法来对付你;其三,今天,崛起到现在这个阶段的中国,已不可能无限度地向现存秩序"接轨",但也没有强大到要求其他国家向中国"接轨"的程度,与其他国家处于一种相互要求的相持阶段,各方都不会让步。总之,"今天的中国已经进入崛起过程中的最艰难的时刻"[①]。我们必须正视这些现实,继续保持清醒头脑,继续坚持"韬光养晦",谦虚谨慎,保持低调,正确认识和把握"崛起"进程的"时间表",埋头苦干,把自己的事办好,决不可头

---

① 郑永年:《中国崛起进程中最艰难的选择》,http://news.xinhuanet.com/。

脑发热，急于求成，否则，如果造成外部国际环境突然恶化，我国的崛起会遇到更大的困难。当然，"韬光养晦、有所作为"是一个整体，我们讲韬光养晦绝非无所作为，无原则的软弱退让，销声匿迹地任由国际时局变化。特别是随着我国的发展，国力更强、分量更重的中国在很多问题上想"超脱"也难以"超脱"，很多时候国际社会要看中国的态度，要听中国的声音，因此，在新的形势下，我们必须在秉持"韬光养晦"的同时，向"有所作为"倾斜，顺势谋事，积极参与国际事务，适时发出中国声音，量力承担国际责任，坚决捍卫核心利益，在习近平所倡导的"亲、诚、惠、容"外交新理念指导下，积极主动地为我国建设发展争取更加有利的国际环境。

此外，我们还必须善于利用各种国际矛盾，特别是一些国家对美国的离心倾向，以夷制夷，削弱美国拼凑制华同盟的能力；必须坚持政经分离，深化国家间经济合作，筑牢共同的经济联系，充分发挥共同经济联系的影响力；必须加强与周边国家及传统友好国家的友好关系，深化传统友谊，提高友好关系质量，建设尽可能多的全天候战略伙伴，壮大维护世界和平的力量。

习近平说："我国已经进入了实现中华民族伟大复兴的关键阶段，中国同国际社会的互联互动也已变得空前紧密，我国对世界的依靠、对国际事务的参与在不断加深，世界对我国的依靠、对我国的影响也在不断加深"，"国际社会日益成为你中有我、我中有你的命运共同体"。在新的历史时期，借鉴马克思主义经典作家的战略智慧，着眼大局、立足长远，综合运用各种策略与手段，努力为国内经济建设营造一个和平稳定的国际环境，依然是当前乃至今后相当长一段时间内我国处理国际关系问题的重要出发点与主要诉求之一。

四　既要社会主义的计划，又要社会主义的市场，把计划与市场结合起来

计划与市场的问题，是一个事关中国特色社会主义事业兴衰成败的重大问题，也是事关执政党国家经济治理能力与治理水平现代化的关键问题。如何处理社会主义条件下计划与市场的关系？列宁为我们进行了开创性探索。他在领导苏俄社会主义经济建设的伟大实践中，一方面提出，完整的、完善的、真正的计划是空想，计划不能无所不包，应该给市场留有一定的作用领域和空间；另一方面，又提出发挥市场作用的新经济政策"不是要改变统一的国家计划，不是要超出这个计划的范围，而是要改变实现这个计划的办法"①。列宁关于社会主义计划与市场的探索，对当前我们完善社会主义宏观经济管理体制具有重要启示。

首先必须毫不动摇地坚持社会主义市场经济的改革方向，防止出现回到过去传统计划经济体制老路上去的倾向。社会主义市场经济之路，是陈云、邓小平等老一辈无产阶级革命家及其后来者在列宁十月革命后的初步探索基础上，经过几十年艰辛探索而开辟的一条发展社会主义经济的光辉之路，它极大地调动了全社会的潜能，激发了社会内生力，使中国经济取得了举世瞩目的伟大成就。实践证明，把市场经济与社会主义制度有机结合起来，是中国共产党人的一大发明和创举。当前，确有一部分人在心底里对计划怀有一种情有独钟的情结，而对市场总抱有一种挥之不去的排斥心理。他们把转变经济发展方式多年而成效不彰归罪于市场改革，他们把收入分配拉大、环境破坏、社会道德缺失等种种社会问题归罪于市场改革。他们或以我国市场经济体制中暂存的种种不完善为借口，或以我国采取"一揽子计划"等宏观调控措施有效应对国际金融危机并取得举世公认的成效为论据，片面否定市场化改革。这种思潮必须引起我们的高度警惕。邓小平说得好，不改革就是死路一条，我们必须继续坚持市场经济的改革方向，以更大的政治勇气和智慧，坚定不移地推进社会主义市场化改革，使市场在资源配置中起决定性作用。实际上，市场经济已有几百年的历史，它是人类文明的结晶。资产阶级曾充分利用这种文明，在四五百年间创造了人类社会几千年乃至几万年所无可比拟的经济发展速度，创造了历史上任何社会无可比拟的社会文明。我国作为世界上最大的发展中国家，要实现建成小康社会和现代化国家的目标，也必

---

① 《列宁全集》（第52卷），人民出版社1988年版，第40页。

须更加自觉、更加有效地利用这种人类文明。正如新加坡国立大学郑永年所说，"中国现在面临的任务是打造升级版的经济体，这需要升级版的经济体制来支持，市场经济为导向的改革是唯一选择"①，我们必须坚定市场经济的改革方向，绝不能在这个问题上犯方向性错误，否则，改革就会停滞不前甚至倒退，已经取得的改革成果也会付之东流。

其次，必须坚持社会主义的计划调控，防止出现贬低和削弱国家计划调控作用的倾向。列宁说，社会主义坚决要求有计划地调整生产，"没有一个使千百万人在产品的生产和分配中严格遵守统一标准的有计划的国家组织，社会主义就无从设想。"② 这些论断不仅是列宁对马克思社会主义"社会的有计划的调节"思想的继承，更是列宁对十月革命后苏俄社会主义经济建设宝贵经验的总结。实际上，社会生产有计划按比例发展是一条"永恒的经济规律"，在不同社会条件下这一规律虽然实现的形式不同，但这一规律绝不可能被社会生产的一定形式所取代。当前，在强调市场化改革的同时，我们绝不可忽视市场的缺陷与不足。事实上，"即使市场机制是完全地发挥作用，也解决不了全部问题"③，"我们不能期望市场机制可以精确完善地规划不确定的未来，这个工作只能通过政府进行预测，尔后再对未来预先作出计划来进行。"④ 对此我们必须保持清醒的认识。为此，我们必须充分认识计划经济的长处，在发挥市场的决定性作用的同时，绝不可削弱政府的计划调控。正如习近平总书记所指出的那样："市场在资源配置中起决定性作用，并不是起全部作用"，"我国实行的是社会主义市场经济体制，我们仍然要坚持发挥我国社会主义制度的优越性、发

---

① 人民日报记者：《顺应经济规律的重大突破》，《人民日报》2013 年 11 月 20 日。

② 《列宁全集》（第 34 卷），人民出版社 1985 年版，第 279 页。

③ ［日］野尻武敏、百百和等：《经济政策学》，魏杰等译，陕西人民出版社 1990 年版，第 24 页。

④ ［英］米德：《明智的激进派经济政策指南：混合经济》，欧晓理、罗青译，上海三联书店 1989 年版，第 4 页。

挥党和政府的积极作用。"① 实际上，即使是在当代市场经济最成熟的资本主义国家，如法国、日本、德国、韩国等，也早已放弃早期市场经济中政府只做"守夜人"的传统观念，强调政府的计划调控，用"看得见的手"引导"看不见的手"，以弥补市场失灵与缺陷。我国作为社会主义国家，更应有效和更好地发挥政府计划的调控作用。

最后，必须把计划与市场有机结合起来。当前，在我国，计划与市场的问题，既不是孰优孰劣的问题，也不是彼此含量上的多与少的问题，而是一个"在既定的情况下，应当如何恰当地把这两者结合起来"② 的问题。实际上，计划与市场都是人类调节经济的有效手段，都是人类文明成果的结晶，本身并无绝对的好坏优劣之分，关键看我们在实践中如何运用，如何把它们有机地结合起来。判断这种结合好坏的标准，不是二者含量上的数量比例，而是二者在促进经济社会发展上形成的作用合力。当前，在我国，实现计划与市场的有机结合，不能简单地说是计划多一点，还是市场多一点，而必须既要完善社会主义的计划，又要完善社会主义的市场，提高计划与市场各自的有效性。其一，要完善我们的计划。一方面，要科学界定计划的作用领域与空间，凡是市场能解决好的，就让市场去解决，市场管不了或者管不好的，就由政府用政策和计划来管。政府该管的一定要管住，不该管的一定要放下去，也就是说，要放掉该放的权，管好该管的事，从"越位点"退出，把"缺位点"补上。另一方面，要改进我们的计划工作。要摆脱主观认识落后于客观发展、客观信息不对称及计划机构人员利益关系的局限性，使计划工作符合客观规律和情势的要求，进一步提高计划工作的科学化水平；要增强计划的战略性、预测性和前瞻性，完善计划调控政策实施的法律保障体系，健全计划完成情况的问责机制，强化计划的权威性、约束性，提高计划的执行力。其二，要完善我们的市场。既要克服某些领域（如资金、土地等生产要素）市场化不足的问题，又要克服某些领域（如教育、医疗、住宅等）市

---

① 《习近平谈治国理政》，外文出版社 2014 年版，第 77 页。

② ［美］格雷戈里、斯图尔特：《制学》，林志军、刘平等译，上海三联书店 1988 年版，第 13 页。

场化过度的倾向，要注重市场的公平竞争，给各类市场主体以平等的地位与权力，市场中的企业没有"长子""次子"之分，无论大中企业，还是小微企业，无论是国有企业，还是民营外资企业等，在获取资源方面应坚持一律平等。

总之，计划与市场相互协调，达到最优组合，"是社会主义经济管理的核心问题"①，然而，世界上从来就没有抽象的"计划"，也没有抽象的"市场"，有意义的，是在每一特定的社会实践中形成的计划与市场。计划与市场的结合在中国与在美国不同。世界上只有一个中国，特有的国情决定了这种结合具有唯一性，并无先例和现成模式可循，只能强调"实践理性"，在实践中不断地探索，不断地完善。

五　实践发展永无止境，改革永无止境，必须坚持不懈地推进社会主义宏观经济管理改革

列宁既是社会主义宏观经济管理体制机制的最初设计者，也是社会主义宏观经济管理的改革者。十月革命胜利后的初期，特别是在"战时共产主义"时期，列宁从马克思科学社会主义的经典原理出发，创立了人类历史上第一个以消灭商品货币关系、消灭市场、实行统一国家计划管理、高度国家垄断与中央集权为特征的社会主义宏观经济管理体制。这一体制虽然忠于了马克思科学主义的基本原理，也较好地满足了战争需要，但在和平建设时期却行不通，列宁转而实行新经济政策，提出"在理论上，不一定要认为国家垄断制从社会主义观点看来是最好的办法"②，"可以把'绳子'放得更松些，不要绷断它，'放得''松开些'"③，"在一些大国的无产阶级革命还没有到来以前，经济关系或经济体制的类型＝上面实行集中＋下面实行农民的自由贸易……"④ 以此为思路，列宁改革高度中央集权式的宏观经济管理体

---

① ［美］雷诺兹：《经济学的三个世界》，朱泱等译，商务印书馆1990年版，第134页。

② 《列宁全集》（第41卷），人民出版社1986年版，第63页。

③ 同上书，第366页。

④ 同上书，第377页。

制。在农村：废除余粮收集制，改行粮食税，允许农民把纳税后的余粮用于贸易，换取工业品和农产品；同时改革农村经济组织形式，放弃大规模的共耕制、公社制、集体农庄制，大力推行合作制。在城市：撤销最高国民经济委员会所属各管理总局，将企业的一切直接经营业务工作都转给托拉斯；压缩国家直管企业的范围，将一部分中小企业租给私人、合作社、股份公司，灵活经营；将部分企业下放给地方管理，扩大地方自主权；对企业实行经济核算制、经济责任制及一长制等，赋予了企业广泛的自主权力。从而创立了一个集权与分权相结合、计划与市场相结合的社会主义宏观经济管理的新体制，开辟了人类社会主义宏观经济管理改革的先河。"半亩方塘一鉴开，天光云影共徘徊。问渠哪得清如许？为有源头活水来。"列宁社会主义宏观经济管理的改革思想与实践，为当代社会主义宏观经济管理改革提供了源头活水，为我国社会主义宏观经济管理改革展现了理论星空，提供了宝贵借鉴。我们必须以列宁为榜样，坚持不懈地推进社会主义宏观经济管理改革。

实际上，社会主义宏观经济管理改革，是社会主义制度的自我革新与完善。从十一届三中全会开始，以邓小平为核心的中国共产党人，以巨大的政治勇气，冲破传统观念束缚，解放思想，实事求是，领导中国人民开启了社会主义经济体制改革的伟大航程。30 年来，经过一代又一代中国共产党人的不懈努力，我国已基本建立了与社会主义市场经济相适应的宏观经济管理体制，有力地推动了我国经济建设事业的发展。然而，实践发展永无止境，改革创新亦无止境。当前，随着我国经济社会发展进入新的历史阶段，我国宏观经济管理方面出现了一些新的情况、新的问题，比如：如何进一步理顺政府与市场的关系，如何完善统一开放、竞争有序的现代市场体系，如何进一步完善政府宏观调控，如何不断地增强国有经济的活力，如何有效地鼓励、支持、引导非公有制经济发展，等等。面临这些新情况、新问题，我们必须以列宁为典范，既不教条式地受马克思主义经典作家理论观点的束缚，也不拘泥于先辈们的先前结论，"抱住昨天的理论不放"，而必须"考虑生动的实际生活"，考虑"现实的确切事实"①，坚持不懈地推进社会主义宏观经济管理改革。实践证明，停顿和倒退没有出路，改革是当代中国发展进步的活力之源，不改革就是死路一条，改革只有进行时、没有完成时。

不改革没有出路，但改革也会遇到阻力与风险。尤其是当前，我国的改革正步入深水区，一是前30年带有"普惠式"特点的改革已基本结束，新一轮改革已经越过"帕累托改进"阶段，各方面普遍受益的改革措施越来越少，达成改革共识的难度越来越大；二是改革的对象正由体制外转向体制内，由过去更多的改别人转向改自己，各级政府、各行各业的主管者须主动革思想的命、削手中的权、去部门的利，这种"自我革命"说起来容易，做起来难；三是改革正由观念的调整转向利益的调整，而触及人的利益比触及人的灵魂还难；四是改革的阻力正由过去的碎片化转向集团化，各种既得利益集团已成为改革的深层次阻力。总之，改革越是向前推进，所触及的矛盾就越深，涉的利益就越复杂，碰到的阻力也就越大。用一句通俗的话来讲，好吃的肉都吃掉了，剩下的全是难啃的"硬骨头"，不能回避也回避不了。因此，我们必须克服曾被列宁批评过的那种"因循守旧""对最微小变革的畏怯心理"②，以更大的勇气，以勇敢的行动，冲破思想观念的障碍、突破利益固化的藩篱，真正把改革责任担当起来，以敢啃硬骨头、敢涉险滩的精神推进改革。正如习近平总书记指出的那样：改革"不可能都是四平八稳、没有任何风险。只要经过了充分论证和评估，只要是符合实际、必须做的，该干的还是要大胆干。"③ 改革有风险，不改革就有危险，"真正伟大的革命是从旧事物同改造旧事物的意向和追求新事物的抽象愿望这种矛盾中产生的"④，我们推进的社会主义宏观经济管理改革正是这种在新的时代条件下进行的新的伟大革命，必须拿出百倍的信心与勇气。

----

① 《列宁全集》（第29卷），人民出版社1985年版，第139页。

② 《列宁全集》（第43卷），人民出版社1987年版，第388页。

③ 《习近平谈治国理政》，外文出版社2014年版，第87页。

④ 《列宁全集》（第43卷），人民出版社1987年版，第388页。

　　推进社会主义宏观经济管理改革，必须从中国现有的实际出发。列宁是最大的从实际出发者，他的新经济政策就是其从苏俄落后的经济文化实际出发的光辉典范。当前，推进我国社会主义宏观经济管理改革也必须把从实际出发作为基本遵循，从实际出发决定改革方针，从实际出发思考改革路径，从实际出发设计改革政策。从实际出发推进社会主义宏观经济管理改革：首先必须立足我国长期处于社会主义初级阶段这个最大实际，坚持发展是硬道理，各项改革围绕发展来进行，围绕经济建设这个中心来开展，绝不能偏离这一正确轨道。其次，必须遵循循序渐进、积小为大、逐步推进的原则，绝不可指望一口吃出一个胖子。如：在市场化改革的过程中，要充分考虑我国市场规则还不健全、市场监管尚待完善的实际，做到有序推进，绝不可一放就乱，乱了再收；又如，在推进农村土地流转，实现农业规模化经营方面，要充分考虑农民千百年来形成的传统习惯，坚持循序善诱，自觉自愿，并辅之以政策激励，典型示范，真正让农民从流转中看到好处，得到利益，并允许农民在一旁等一等，看一看，这正如恩格斯所说："如果他们还不能下这个决心，那就甚至给他们一些时间，让他们在自己的小块土地上考虑考虑这个问题"①，绝不可采取半点强制；再如，在处理公平与效率的关系问题上，一定要立足于"初级阶段""发展中国家"这个实际，着眼于发展，在坚持兜好底的前提下把效率放在优先位置，激发社会活力，推动经济发展，避免陷入中等收入国家陷阱；等等。总之，初级阶段的基本国情、世界最大发展中国家的国际地位是我国当前的最大实际，我国社会主义宏观经济管理改革必须以此为出发点，充分考虑社会可承受的程度，因地制宜，先行先试，循序渐进，千万不可毕其功于一役。

　　推进社会主义宏观经济管理改革，必须深入进行调查研究。列宁说："事实是我们政策的基础"，"我们马克思主义者就应该竭尽全力对种种事实进行科学的研究。"② 事实上，开展调查研究、掌握确切的

————————

① 《马克思恩格斯选集》（第4卷），人民出版社1995年版，第500页。

② 《列宁全集》（第32卷），人民出版社1985年版，第105页。

事实，是一切行动决策的基础，推进社会主义宏观经济管理改革也不例外。当前，我国全面深化改革任务十分繁重，需要解决的问题异常复杂，每一个问题的改革方案只有在深入调查研究的基础上才能给出准确科学的解答。正如习近平总书记所说："调查研究是谋事之基、成事之道。没有调查，就没有发言权，更没有决策权"[①]，推进社会主义宏观经济管理改革，绝不能闭门造车、异想天开，必须进行全面深入的调查研究。只有这样，才能减少和防止失误，提高改革决策的科学性与针对性。

此外，推进社会主义宏观经济管理改革，必须注重改革的人民性。诚然，"改革天生具有'精英主义'特质"，改革在很大程度上是一项"由上而下强制推进的事业"，"改革者推进改革进程的能力和意愿对改革的成败具有决定性作用"[②]，然而，改革究其本质而言，是一个把蕴藏在每个人民大众身上的活力充分释放出来的过程，改革必然具有人民性。改革是亿万人民群众自己的事业，离开了人民大众身上所蕴藏的那股活力和动力，改革无从谈起。因此，改革绝不是改革者的独角戏，而是改革者与人民大众的大合唱。特别是我国的改革已经进入"啃骨头"的阶段，面临的困难与挑战前所未有，更需要发挥人民群众的创造性。实际上，人民群众是历史的创造者，是改革真正的推动力量，我们过去搞改革靠的是依靠人民群众，今后在新的历史起点上全面深化改革，同样必须紧紧依靠人民群众。正如邓小平所说："我们党提出的各项重大任务，没有一项不是依靠广大人民的艰苦努力来完成的"[③]，推进社会主义宏观经济管理改革也是如此。古人云："大鹏之动，非一羽之轻也；骐骥之速，非一足之力也"，推进社会主义宏观经济管理改革，必须走好群众路线，坚持人民评判标准，尊重人民主体地位，发挥群众首创

① 《习近平总书记系列重要讲话读本》，学习出版社、人民出版社 2014 年版，第181 页。

② 刘罡：《中国改革的"深水区"究竟在哪里》，《中国改革论坛》2013 年 10 月22 日。

③ 《邓小平文选》（第 3 卷），人民出版社 1993 年版，第 4 页。

精神，把自上而下的改革和自下而上的改革结合起来，最充分地调动中央、地方、企业和社会等各方面积极性，齐心协力推进改革。只要这样，我们的改革就没有越不过的坎，我们的改革就一定能取得最后的成功。

主要参考文献

（根据写作时参考的先后顺序排列）

[1] 《列宁全集》（第1—60卷），人民出版社1984—1990年版。

[2] 王东：《改革之路的真正源头》，北京大学出版社1990年版。

[3] 宋则行、樊亢：《世界经济史》（上、中、下卷），经济科学出版社1993—1994年版。

[4] 王元璋：《列宁经济发展思想研究》，武汉大学出版社1995年版。

[5] ［美］拉·贝茨：《美国史（1933—1973）》（上册），人民出版社1984年版。

[6] ［奥］卡尔·考茨基：《考茨基文选》，王学东编译，人民出版社2008年版。

[7] 安启念：《东方国家的社会跳跃与文化滞后——俄罗斯文化与列宁主义问题》，中国人民大学出版社1994年版。

[8] 彭进清：《对列宁社会主义经济建设与管理思想发展阶段划分的几点看法——兼对流行观点的商榷》，《湖南师范大学社会科学学报》2015年第3期。

[9] 赵轶峰：《历史分期的概念与历史编纂学的实践》，《史学集刊》2001年第4期。

[10] 苏共中央马克思列宁主义研究院编辑：《苏联共产党代表大会、代表会议和中央全会决议汇编》（第1、2分册），中共中央马克思恩格斯列宁斯大林著作编译局译，人民出版社1964年版。

[11] 《苏联共产党和苏联政府经济问题决议汇编》（第1卷1917—1928），梅明等译，中国人民大学出版社1984年版。

［12］《马克思恩格斯选集》（第1—4卷），人民出版社1995年版。

［13］苏联科学院经济研究所编：《苏联社会主义经济史》（第1—2卷），复旦大学经济系和外文系俄语教研组部分教员译，三联书店1979—1980年版。

［14］［美］路易斯·费希尔：《列宁的一生》，彭桌吾译，北京图书馆出版社2002年版。

［15］杨承训：《列宁后期思想探要1917—1923》，华中师范大学出版社1989年版。

［16］任洁：《唯物史观视野中的文化与制度变迁关系研究》，中国社会科学出版社2010年版。

［17］彭进清：《苏俄实行"新经济政策"的文化动因》，《光明日报》2014年9月6日。

［18］［美］路易斯·费希尔：《神奇的伟人——列宁》，彭卓吾译，中国社会科学出版社1989年版。

［19］彭进清：《列宁最后书信与文章中的社会主义经济建设与管理思想解读》，《求索》2014年第6期。

［20］［法］莱文（Lewin，M.）：《列宁的最后斗争》，叶林译，黑龙江出版社1983年版。

［21］《马克思恩格斯文集》（第1—10卷），人民出版社2009年版。

［22］《马克思恩格斯全集》（第1—48卷），人民出版社1995—2008年版。

［23］《马克思恩格斯选集》（第1—4卷），人民出版社1995年版。

［24］［苏］普列汉诺夫：《普列汉诺夫文选》，张光明编译，人民出版社2010年版。

［25］［苏］普列汉诺夫：《普列汉诺夫机会主义文选》（上、下），虚容译，三联书店1964、1973年版。

［26］［苏］普列汉诺夫：《在祖国的一年》，杨永、王荫庭译，三联书店1980年版。

［27］［苏］克鲁普斯卡娅等：《回忆列宁》（第1卷），人民出版社1982年版。

［28］［苏］布哈林：《过渡时期经济学》，余大章、郑异凡译，三联书店 1981 年版。

［29］《布哈林文选》（上、中、下），中共中央马恩列斯著作编译局译，东方出版社 1988 年版。

［30］郑异凡：《布哈林论》，中央编译出版社 2006 年版。

［31］《托洛茨基言论》（上册），中共中央马恩列斯著作编译局译，三联书店 1979 年版。

［32］《卢森堡全集（第 1—4 卷）》，科学辅导出版社 2000 年版。

［33］彭进清：《论列宁对马克思管理二重性思想的继承与发展》，《管理学文摘》2013 年第 1 期。

［34］彭进清：《列宁对社会主义宏观经济管理体制的早期探索及当代启示》，湖南师范大学社会科学学报 2014 年第 3 期。

［35］［美］格雷戈里、斯图尔特：《比较经济体制学》，林志军、刘平等译，上海三联书店 1988 年版。

［36］唐士润：《列宁的新经济政策与改革》，成都科技大学出版社 1992 年版。

［37］任晓伟：《苏联计划经济模式的历史原点——论德国“一战”期间的计划经济及其对列宁的影响》，《当代世界社会主义问题》2007 年第 3 期。

［38］卫兴华：《列宁的商品经济、市场与政府理论的再评析》，《中共中央党校学报》1997 年第 3 期。

［39］彭进清、彭大成：《从“军事共产主义”到新经济政策——列宁关于社会主义探索的重大转变》，《湖南师范大学社会科学学报》2013 年第 4 期。

［40］彭进清：《列宁提出了社会主义商品经济思想吗?》，《求索》2015 年第 6 期。

［41］袁志刚、徐宝侠：《试论十月革命后列宁对商品货币关系认识的三个阶段》，《求实》1992 年第 3 期。

［42］王晶雄：《列宁——社会主义商品经济理论的开拓者》，《空军政治学院学报》1996 年第 4 期。

［43］刘莉、何才全等：《列宁在新经济政策中对社会主义商品经济理论的探索》，《杭州师范学院学报》1994 年第 4 期。

［44］《克尔日札诺夫斯基全集》（第 2 卷），1934 年莫斯科俄文版。

［45］张传平：《列宁探索社会主义道路的历史轨迹与理论价值新探》，《南京大学学报》2005 年第 2 期。

［46］黄百炼：《列宁社会主义监督理论的核心及其体系》，《湖南师范大学社会科学学报》1987 年第 5 期。

［47］彭进清：《论列宁社会主义经济管理思想演进的历史倾向》，《求索》2012 年第 4 期。

［48］彭进清：《列宁为经济建设谋求和平稳定国际环境的策略与启示》，《求索》2013 年第 5 期。

［49］《世界通史资料选集现代部分》（第 1 分册），商务印书馆 1985 年版。

［50］方连庆：《国际关系》（现代卷），北京大学出版社 2001 年版。

［51］彭进清：《论列宁关于提升布尔什维克党宏观经济管理能力思想》，《马克思列宁主义研究》2014 年第 4 期。

［52］《瞿秋白文集政治理论编》（第 3 卷），人民出版社 1989 年版。

［53］王元璋：《社会主义政治经济学　从马克思恩格斯到列宁的发展》，高等教育出版社 1994 年版。

［54］《斯大林全集》第（1—13 卷），人民出版社 1953—1958 年版。

［55］Alfred G. Meyer. Leninism. Harvard University Press，1957.

［56］Harding Neil. Leninism. Duke Uniyersity Press，1996.

［57］叶卫平：《西方"列宁学"研究》，中国人民大学出版社 1991 年版。

［58］俞良早：《创论"东方列宁学"》，南京师范大学出版社 2004 年版。

［59］施秀莉、张士海：《"西方列宁学"列宁主义观之批判——以迈耶尔为个案》，《马克思主义理论研究》2008 年第 11 期。

［60］俞良早：《关于列宁主义的定义、体系和方法等问题——评斯大林对列宁主义的阐释》，《湖北行政学院学报》2003 年第 2 期。

[61] 张士海：《"列宁主义观"历史流变研究》，山东大学出版社2012年版。

[62] 《毛泽东选集》（第1—4卷），人民出版社1991年版。

[63] 《毛泽东选集》（第5卷），人民出版社1977年版。

[64] 《邓小平文选》（第1—3卷），人民出版社1993—1994年版。

[65] 《习近平谈治国理政》，外文出版社2014年版。

[66] 《毛泽东文集》（第1—8卷），人民出版社1993—1999年版。

[67] 逄先知、金冲及：《毛泽东传（1949—1976）》（下卷），中央文献出版社2003年版。

[68] 《江泽民文选》（第1—3卷），人民出版社2006年版。

[69] 王小章：《从"以经济建设为中心"到"以社会建设为中心"》，《浙江学刊》2011年第1期。

[70] 竹立家：《未来30年社会建设是中心》，人民论坛2010年第12期下。

[71] 党国英：《政治路线的演替与调整必要》，人民论坛2010年第12期下。

[72] 邹农俭：《从以经济建设为中心到以社会建设为中心》，《社会科学》2007年第7期。

[73] 胡锦涛：《在庆祝中国共产党成立90周年大会上的讲话》，人民出版社2011年版。

[74] 胡锦涛：《坚定不移沿着中国特色社会主义道路前进　为全面建成小康社会而奋斗——在中国共产党第十八次全国代表大会上的报告》，人民出版社2012年版。

[75] 庞元正：《一个关乎中国发展成败的重大问题——论坚持以经济建设为中心不动摇》，《中国党政干部论坛》2005年第10期。

[76] 骆郁廷：《精神动力论》，武汉大学出版社2003年版。

[77] 胡锦涛：《在纪念红军长征70周年大会上的讲话》，人民出版社2006年版。

[78] 秋石：《革命理想高于天——学习习近平同志关于坚定理想信念的重要论述》，《求是》2013年第21期。

［79］〔美〕斯蒂芬·豪沃思：《驶向阳光灿烂的海洋——美国海军史（1775—1991）》，王启明译，世界知识出版社 1997 年版。

［80］郑永年：《中国崛起进程中最艰难的选择》，http：//news. xin-huanet. com/。

［81］〔日〕野尻武敏、百百和：《经济政策学》，魏杰等译，陕西人民出版社 1990 年版。

［82］张传平：《市场逻辑与社会主义》，人民出版社 2002 年版。

［83］〔英〕米德：《明智的激进派经济政策指南：混合经济》，欧晓理、罗青译，上海三联书店 1989 年版。

［84］〔美〕雷诺兹：《经济学的三个世界》，朱泱等译，商务印书馆 1990 年版。

［85］《习近平总书记系列重要讲话读本》，学习出版社、人民出版社 2014 年版。

［86］刘罡：《中国改革的"深水区"究竟在哪里?》，《中国改革论坛》2013 年 10 月 22 日。

［87］人民日报评论部：《宁要微词，不要危机》，人民日报 2012 年 2 月 25 日。

［88］郑永年：《GDP 主义是"中国梦"的最大敌人》，http：//theo-ry. people. com. cn/。

［89］彭进清：《列宁社会主义经济管理思想研究》，博士论文，湖南师范大学，2012 年。